Waarom witte wijn beter smaakt
wanneer je naar Blondie luistert

Waarom witte wijn beter smaakt wanneer je naar Blondie luistert

En andere ingrijpende inzichten

Russell Jones

FONTAINE UITGEVERS

Oorspronkelijke titel: *Sense*
Verschenen in 2020 bij Welbeck, Londen
© Tekst: Russell Jones

Voor de Nederlandstalige uitgave:
© 2020 Fontaine Uitgevers, Amsterdam
www.fontaineuitgevers.nl

Vertaling en bewerking: Tekstbureau Neelissen/Van Paassen
Eindredactie: Marjolein Brokkelkamp
Zetwerk: ZetSpiegel, Best
Omslagontwerp: Main Studio

ISBN 978 94 6404 003 6
NUR 770

Voor Linus

Inhoud

7

Inleiding

De paradox van de Provençaalse rosé

Stel je voor dat je op vakantie bent in Zuid-Frankrijk. Je zit te lunchen op een terras voor een oud, rustiek eethuisje waar je toevallig langskwam en je geniet van een biefstuk met frietjes. Tot aan de einder zie je golvende velden vol lavendel. De zachtjes roezemoezende Franse stemmen, het tikkende bestek en de rinkelende glazen om je heen zorgen voor een rustige en typisch mediterrane achtergrond voor dit zeer fotogenieke tafereeltje. De zon is warm; je bent ontspannen en je voelt je op je gemak. Een kelner brengt een aardewerken karaf met perfect gekoelde rosé. Hij is heerlijk; lichtroze en de perfecte begeleider voor dit moment, de locatie en het uitzicht. Je vraagt hem waar deze zalige drank vandaan komt, en hij vertelt je dat de rosé afkomstig is van een wijngaard even verderop. Op de terugweg naar de villa ga je er langs en tot je verbazing kost de wijn slechts twee euro per fles. Je koopt er dozen vol van en drinkt de rosé de hele vakantie met veel genoegen – en je neemt natuurlijk ook een doosje mee naar huis.

Inmiddels is het februari. Je gaat weer op in de dagelijkse sleur en de eentonigheid van het bestaan. Sinds enkele weken voel je je ellendig door de aanhoudende duisternis en de ijskoude regen buiten. Zoals gewoonlijk deprimeert je werk je. Maar deze avond is het feest, want je hebt een paar oude vrienden te eten gevraagd. Het gesprek komt op je zalige vakantie in de Provence de vorige zomer en je vertelt over de mooie rosé die je daar hebt gedronken. Maar twee euro per fles! En heerlijk; er liggen een paar flessen in de koelkast. Je gasten laten genoeglijke, verwachtingsvolle kreuntjes horen en beamen hoe mooi de kleur is terwijl je de glazen inschenkt.

Je neemt een slokje; hij is walgelijk, azijnachtig en zuur. Echt goedkope bocht. 'Hij is bedorven!' roep je uit. Wat zonde – hij heeft de terugreis achter in de auto vast niet overleefd door die hobbelige Franse wegen en de hitte natuurlijk. Maar nee, je bent ten prooi gevallen aan de 'paradox van de Provençaalse rosé'. De wijn is niet veranderd, al het andere is veranderd. Je zit niet meer ontspannen in de warme gloed van de Provençaalse middagzon. Je wordt niet omgeven door de geluiden, geuren en kleuren die bijdroegen aan de ervaring waaraan je die heerlijke herinnering hebt overgehouden; de omgeving en je emotionele toestand gezamenlijk veranderden je perceptie en zorgden dat die wijn zo goed smaakte.

Maar het is niet allemaal verloren – door een zintuiglijk toneel te creëren dat dat moment oproept, kunnen we die smaak terughalen. Je kunt bijvoorbeeld een geurkaars met lavendelgeur opsteken om dat lichte aroma op te wekken. Schenk de wijn in een aardewerken karaf. Leg een rood-wit geblokt kleed op tafel. Zet muziek van Edith Piaf op of het rumoer van Frans gebabbel. Als je de zintuiglijke omgeving opnieuw vormt, de herinneringen terugroept en dezelfde emoties opwekt, zal de wijn opnieuw je verhemelte strelen. Misschien niet zo dorstlessend, bezielend zalig als op dat Franse terras, maar wel veel beter dan het bocht dat je nu proeft.

Dit verhaal vertel ik al zo'n tien jaar bij wijze van inleiding op mijn presentaties in bestuurskamers om te illustreren hoe onze waarnemingen door alles om ons heen worden beïnvloed. Om te laten zien dat onze zintuigen en emoties op elkaar inwerken en zo onze ervaring van de wereld om ons heen beïnvloeden. Dat één zintuig, dat volgens ons geheel zelfstandig werkt en altijd de waarheid vertelt – in dit geval smaak – in werkelijkheid het product is van verscheidene triggers en stimulansen die we tegelijkertijd door middel van alle andere zintuigen opvangen; onze ervaring wordt bovendien gekleurd door onze emotionele toestand. We zijn multizintuiglijke wezens, maar we zijn geneigd per zintuig te bestaan en te denken. Zo werkt het niet.

Onderzoek uit de neurowetenschappen, experimentele psychologie en gedragspsychologie heeft laten zien hoe verrassend sterk ons gedrag en onze perceptie worden beïnvloed door ogenschijnlijk arbitraire factoren uit onze omgeving. Zoals het feit dat koffie zoeter smaakt als je die uit een rode, ronde beker drinkt. Of dat de tijd sneller lijkt te verstrijken als we ons in een blauw vertrek bevinden waar rustige muziek te horen is. Geuren die het verleden in herinnering roepen, moedigen ons aan om nieuwe ideeën te onderzoeken. We kopen meer luxeartikelen als we het koud hebben. Eten smaakt 11 procent lekkerder als het met zwaar bestek wordt gegeten. En witte wijn is 15 procent sprankelender als je tegelijkertijd naar Blondie luistert. Ik pas dit onderzoek naar zintuigen al enige tijd toe op mijn werk: ik ontdek neurowetenschappelijke inzichten in de wisselwerking tussen onze zintuigen, en gebruik die om op een wetenschappelijk bewezen manier betere producten, merken, ruimtes en belevingen te ontwerpen.

Een goed voorbeeld hiervan is het volgende: mijn bureau werd benaderd door een wereldwijd ijscomerk dat wilde uitdragen dat hun hoorntje het ultieme krokante had. Wij moesten de belangrijkste componenten definiëren die voor die sensatie zorgen en hun productieteam instructies geven. Ons proces is bij elk project hetzelfde: we bestuderen eerst de literatuur en bekijken bestaand onderzoek dat ons mogelijk een richtlijn geeft voor waar we heen moeten. Zo bleek de wetenschapper Zata Vickers tussen eind jaren zeventig en begin jaren negentig de eigenschap krokant grondig te hebben onderzocht. Volgens haar onderzoek komt het vrijwel geheel aan op wat je hoort: als iets niet krokant klínkt, dan is het ook niet krokant. Zij en haar medewerkers stelden bovendien dat het ultiem krokante zich binnen een bereik van toonhoogten bevindt, daarboven wordt een geluid als knapperig ervaren. Op basis hiervan toetsten we enkele ideeën. We namen een hap in het hoorntje van onze cliënt op en maakten versies van dat geluid op diverse toonhoogten. Vervolgens deden we online een onderzoek waarin we mensen vroegen naar de geluiden te luisteren en in te schatten hoe krokant de hoorntjes volgens hen waren, en hoezeer het idee om er eentje te eten hun aanstond. De toonhoogte van het hoorntje van de cliënt was te hoog en beslist knapperig; een versie met een iets lagere toonhoogte werd de meest krokante van allemaal gevonden, en dat was het exemplaar dat de mensen het liefst wilden eten. We hadden uiterst nauwkeurig vastgesteld wat 'het ultiem krokante' was. Daarna gingen we naar professor Barry Smith, de directeur van het Centre for the Study of the Senses van de University of London en we voerden een experiment uit. We lieten proefpersonen voor een microfoon ijsjes eten en het geluid via een computer naar de koptelefoon gaan die ze droegen. We konden beïnvloeden wat ze hoorden terwijl ze het ijsje aten. Als we het geluid een hoge toon gaven, smaakte het hoorntje luchtig en knapperig. Door het geluid te dempen, konden we ze oudbakken laten lijken. En door het geluid binnen het bereik van 'het ultiem krokante' te brengen, smaakte het hoorntje krokant en was het lekkerder. Het ijs zelf smaakte ook voller en romiger, dankzij het zogenoemde 'halo-effect'; wanneer één zintuig tevreden is, volgen de andere vaak het voorbeeld.

Aan de hand van deze uitkomsten hielden we een pleidooi voor een nieuw hoorntje. De wetenschappers van de afdeling Ontwikkeling gingen terug het lab in en maakten er een dat precies dat geluid maakte als je erin beet. Gewapend met dit nieuwe product voerden we opnieuw onderzoek uit onder consumenten; mensen zeiden dat het ijsje krokanter, romiger en beter was en verklaarden dat ze er 20 pence meer voor zouden betalen. Het enige wat was veranderd was het geluid van een hap in het hoorntje.

Mijn aanpak houdt rekening met de complete zintuiglijke ervaring van het kopen en eten van een product, en dus lieten we het hier niet bij. We bekeken het taalgebruik in de reclames en op de verpakking: hoe de gebruikte termen de verwachtingen over de smaak van het product kunnen beïnvloeden – scherpe en staccato klanken wijzen op iets krokants, terwijl zachte woorden langzaam en soepel vloeien. We onderzochten verschillende texturen voor de verpakking zodat die bij het openen krokant zou aanvoelen en klinken. We onderzochten het uitpakproces – konden je bewegingen de smaak op een of andere manier versterken? Een draaiende beweging zou een romig gevoel geven, terwijl het geluid ervan krokant was. We maakten ook een krokant 'sonisch geheugensteuntje' (het geluid bij het logo en de productafbeelding aan het eind van een reclame) en we kozen muziek met 'krokante' gitaren en een staccato ritme. Vanaf het moment dat consumenten de reclame zien en horen, het product pakken en uitpakken, worden ze meegenomen op een zintuiglijke reis die verwachtingen wekt en uiteindelijk vanaf de eerste hap voor een krokante ervaring zorgt.

Sommigen zullen deze aanpak beschouwen als manipulatie – 'Jullie hebben de smaak niet echt verbeterd!' werpen ze misschien tegen. 'Worden mensen niet voor de gek gehouden om ze te laten geloven dat het is verbeterd?' Nou, waar het om gaat, is dat het ook echt beter ís. We verbeterden de smaak en zorgden ervoor dat het ijs lekkerder was, maar dat kregen we voor elkaar door te bestuderen hoe mensen de buitenwereld ervaren via alle zintuigen, allemaal tegelijkertijd.

We beleven elk moment van ons leven op deze multizintuiglijke manier, al beseffen de meesten van ons dat niet. Ik ben er heilig van overtuigd dat elke ervaring rijker zou worden als we dat wel deden. De wetenschap van de zintuigen dient voor het verbeteren van training, slaap, werk, voeding en seks, maar het is een kunst om die toe te passen op ons leven: te weten welke geluiden, geuren, kleuren en texturen samen een bepaalde reactie opwekken. Dat doe ik nu al heel lang, voor van alles en nog wat, van ijs tot whisky en bier en van chique auto's tot warenhuizen.

Met de budgetten van het bedrijfsleven achter me en duidelijk gedefinieerde doelen vond ik een manier om de praktische toepassing van het academisch onderzoek te verkennen en de wetenschap te gebruiken om situaties uit de werkelijkheid te beïnvloeden en te versterken. Gedrag en perceptie door middel van de kleinste verandering in de zintuiglijke omgeving te beïnvloeden; of het doel nu was om mensen winkelpersoneel te laten aanspreken of om een bepaalde whisky zoeter en voller te laten smaken. Ik heb een carrière opgebouwd en in zekere zin een bedrijfstak uitgevonden door vanuit een multizintuiglijk oogpunt te kijken naar het ontwerp van alles wat we doen. In dit boek laat ik je zien hoe je dit ook in je eigen leven kunt toepassen en meer multizintuiglijk kunt leven, terwijl je tegelijkertijd de wetenschap erachter begrijpt en je je bewust bent van je zintuigen. Als je dat eenmaal doet, beland je in een vrolijker en levendigere omgeving, zoals Dorothy wanneer ze terechtkomt in de heldere kleuren van Oz.

Laten we voor we aan onze multizintuiglijke reis door de dag beginnen, onderzoeken op welke manier onze zintuigen ons zo sterk beïnvloeden. Dit gebeurt op twee niveaus: op het eerste niveau gaat het om emoties en herinneringen, zoals de paradox van de Provençaalse rosé, en op het tweede niveau om diepgewortelde 'intermodale' verbanden. In werkelijkheid zijn ze niet zo duidelijk afgebakend, maar volgens mij schetst dit idee de wereld die we zo meteen gaan betreden duidelijk genoeg. Laten we ons om te beginnen dieper in onze herinneringen en emoties wagen.

We zijn voelende machines

'We zijn geen denkende machines die voelen, maar voelende machines die denken.' Dit geweldige citaat is afkomstig van professor Antonio Damasio, uit diens boek *De vergissing van Descartes*. Het vat samen waarom onze zintuigen zoveel invloed hebben op onze daden; we kunnen wel denken dat we rationele wezens zijn die goed doordachte, intelligente beslissingen nemen, maar dat is niet zo. We zijn emotionele machines; we nemen emotionele beslissingen die we achteraf rationaliseren. En door middel van de zintuigen beïnvloed je de emoties.

Een klassiek voorbeeld hiervan is de aankoop van een huis. Gewapend met een lijst verstandige criteria begin je aan je zoektocht: het moet binnen een bepaalde afstand van scholen en het station staan of het moet een extra kamer hebben die als werkruimte kan dienen. Maar wanneer je binnenkomt in het huis van je dromen, verdwijnen alle criteria als sneeuw voor de zon. Je hebt een gevoel en je weet in één oogopslag dat dit jouw huis móét worden. Door iets ongrijpbaars kwam een stoot endorfine vrij waardoor je het gevoel kreeg dat dit 'het' is. Je kunt het een soort buitenzintuiglijke waarneming noemen, maar het is eigenlijk een moment van 'multizintuiglijke perceptie', een combinatie van elementen die samenkwamen en gevoelens opwekten die staan voor wat 'thuis' of 'gezin' voor jou betekent. Misschien is het een evocatieve geur of de manier waarop warm daglicht de kamer binnenstroomt. Het zachte, gedempte geluid waardoor het vertrek gastvrij aanvoelt. Foto's of decoraties die gedachten aan gelukkige gezinnen en eeuwige liefde oproepen. Een of andere zintuiglijke harmonie in de hele woning, en door al deze elementen samen gaan deze gevoelens de hoofdrol spelen in je gedachten. Je overtuigt jezelf van je zojuist bijgestelde emotionele standpunt met rationele argumenten. Er is weliswaar geen kamer over, maar je kunt achter in de tuin een kantoor bouwen; het is trouwens wel zo fijn om een werkruimte te hebben die los staat van het huis. En het is eigenlijk helemaal niet erg om zo ver van het station te wonen: zo krijg je voldoende lichaamsbeweging, aangezien je er elke ochtend heen moet.

We leren in de loop van ons leven, terwijl we de wereld ervaren en herinneringen vormen, verschillende gevoelens te associëren met de zintuiglijke elementen om ons heen. Zo worden we gelukkig van de geur van zonnecrème, omdat we altijd gelukkig zijn als we die gebruiken. De kleur groen doet ons denken aan de natuur en is verbonden met noties van gezondheid. Deze geuren, kleuren en geluiden veranderen in opwekkers van de gevoelens en betekenissen waarmee ze worden geassocieerd, en de emotie is er altijd als eerste, voor je beseft waar de herinnering vandaan komt of wat haar opwekte.

Denk eens aan de keer dat je toevallig muziek hoorde waar je als kind vaak naar luisterde; onmiddellijk komt het gevoel uit die tijd in je boven, om jezelf vervolgens voor je kop te slaan omdat je niet op de naam van de zanger kunt komen. Als deze emoties of verbanden bovenkomen, worden ze toegankelijk voor ons besluitvormende brein, en het wordt waarschijnlijker dat je denkproces en gedragingen die kant op gaan wanneer ze voor een keuze staan. Een oude beeldspraak hiervoor is die van 'de ruiter en de olifant'. De ruiter is het rationele deel van de hersenen – de prefrontale cortex – en de olifant is je emotionele brein – het limbisch systeem; de zintuigen, en dan vooral geluid en geur, vormen de digitale snelweg daarnaartoe. Als de olifant iets opvangt wat zijn interesse wekt, gaat-ie ervandoor, en daar kan de ruiter niets aan veranderen. Misschien bracht een geur hem de tijd dat hij een kalf was in herinnering, toen hij naar hartenlust het oerwoud kon verkennen. Nostalgische gevoelens van avontuur en nieuwsgierigheid borrelen op in zijn geest, en de ruiter kan niets anders doen dan meerijden. Als we begrijpen welke emoties de olifant motiveren en welke zintuiglijke prikkels bepaalde gedachteprocessen of gedragingen zullen uitlokken, dan kan de ruiter de teugels weer in handen nemen.

Onderzoekers in Nieuw-Zeeland bekeken bijvoorbeeld hoe verscheidene zintuiglijke prikkels in een winkelomgeving onze keuzes kunnen beïnvloeden als het gaat om de aanschaf van gezond of ongezond voedsel. Deelnemers werd gevraagd op een computer rond te kijken in een 'virtuele supermarkt' en voor drie dagen boodschappen te doen. Verschillende groepen voerden deze taak uit terwijl de geur van ofwel verse kruiden ofwel gebakken koekjes in de lucht werd geblazen, zo zwak dat het nauwelijks opviel (slechts 5 procent van de deelnemers merkte de geur op). De mensen uit de groep met de kruidengeur kozen gemiddeld gezondere artikelen en kochten meer natuurlijke voeding dan de groep die werd blootgesteld aan bakluchtjes. De subtiele achtergrondgeur wekte noties op van versheid, groene kruiden en natuur, die opborrelden in de gedachten van de deelnemers, zodat ze gezondere producten kochten.

Hoe kunnen we deze emotionele reactie in ons eigen voordeel benutten? Hoe kunnen we de olifant in bedwang houden? Onze keuze van zintuiglijke prikkels wekt herinneringen en emoties op die onze acties en waarneming rechtstreeks beïnvloeden. Daarom moeten we ervoor zorgen dat alle componenten in een omgeving samen tot een gewenst resultaat leiden, of het nu gaat om het beïnvloeden van je gedrag of je denken, of om je meer van een glas rosé te laten genieten.

De synesthetische geest

Onze zintuiglijke ervaring van de wereld kent nog een ander niveau, dat een overlap van de zintuigen laat zien die rechtstreeks naar de kern van ons wezen gaat: de synesthetische geest. Dit verwijst naar het feit dat we allemaal verschillende zintuiglijke eigenschappen met elkaar verbinden. Als start van het onderzoek naar deze interzintuiglijke wereld stel ik een eenvoudige vraag, waarop je bij voorkeur zonder nadenken een antwoord geeft: smaakt een citroen snel of langzaam?

Wat komt als eerste in je op? Vrijwel iedereen zegt dat citroen snel smaakt. Ik heb die vraag aan een zaal met tweehonderd man voorgelegd en ze riepen in koor: 'Snel.' Op de vraag naar de reden geven ze soms vrij rationele, of op z'n minst begrijpelijke antwoorden: 'Omdat de smaak je onmiddellijk raakt.' 'Omdat ze levendig zijn.' Ik heb ook verklaringen gehoord die richting het bizarre gingen: 'Omdat ze torpedovormig zijn.' 'Omdat ze geel zijn en dat zijn sportwagens ook.' Het gaat erom dat geen van de antwoorden logisch is, maar ze laten stuk voor stuk onze vreemde maar instinctieve vermenging van de zintuigen zien.

Neem deze versie. Bekijk de twee vormen hieronder – de ene is puntig en de andere is rond en bolvormig. Welke van de twee is de smaak van citroen?

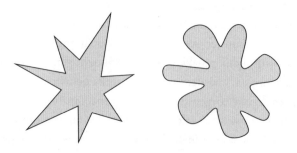

Ik heb goede hoop dat ik je antwoord kan voorspellen. De smaak van een citroen is scherp en hoekvormig. Als ik zou vragen welke van de twee vormen melkchocolade is, wat zou je dan zeggen? Welke is verfrissender? Welke is actiever?

Het fascinerende is dat we vrijwel alle smaken, geuren, sensaties en gevoelens op een schaal tussen deze twee vormen kunnen aangeven. En we kunnen nog verder gaan, naar textuur, gewicht, kleur en toonhoogte. Deze instinctieve verbanden tussen een kenmerk dat we ervaren door middel van het ene zintuig en een eigenschap die we toeschrijven aan een ander zintuig onthullen een extra dimensie van de menselijke ervaring waarvan we ons niet eens bewust zijn – maar die is er altijd en vormt en kleurt onze waarneming en ons gedrag. En schijnbaar zijn we het erover eens wat bij wat hoort. Ongeacht waar ter wereld mensen zich bevinden, zijn ze het er hoogstwaarschijnlijk over eens dat de smaak van citroen snel, schel van toon en felgekleurd is.

Wat er gebeurt kan tot op zekere hoogte worden beschreven als een vorm van synesthesie op bescheiden niveau, of 'verbonden waarneming'. Ongeveer één op de tweehonderdvijftig mensen heeft volledige synesthesie. Zo iemand ervaart twee of meer zintuigen tegelijk, op een volkomen echte manier. Sommigen zien een waterval van kleuren bij het beluisteren van muziek. Of ze horen muzikale tonen als ze naar verschillende kleuren of kleurcombinaties kijken. Sommige synesthetische mensen spreken een woord uit en proeven smaken op hun tong, alsof ze daadwerkelijk iets proeven. Jamie Ward schrijft in het boek *The Frog Who Croaked Blue* over een man die aardbeien proefde als hij 'Parijs' zei en room als hij 'teddybeer' zei. Hem werd gevraagd of hij aardbeien met room proefde als hij 'Parijs teddybeer' zei, maar toen hij dat probeerde proefde hij iets heel anders en tamelijk bitters.

Van heel veel creatieve mensen, met name beeldend kunstenaars en musici, is bekend dat ze synesthesie hebben, misschien dankzij de unieke kijk op de wereld die de toestand je bezorgt. Een beroemd voorbeeld is de Russische schilder Wassily Kandinsky, die muziek hoorde als hij kleuren zag en die kleuren zag als hij muziek hoorde. Hij zou zich op schilderen zijn gaan toeleggen na een bijzonder krachtige synesthetische ervaring bij een uitvoering van Wagners *Lohengrin*. Later beschreef hij dit ingrijpende moment: 'Ik zag al mijn kleuren in mijn geest, voor mijn ogen. Woeste, bijna krankzinnige lijnen werden voor me getekend.' Ook Duke Ellington en Leonard Bernstein zagen kleuren als ze muziek speelden, beluisterden of componeerden. Bernstein beschreef dat hij de texturen en timbres van klanken die beschikbaar zijn in een orkest, koos alsof ze van een kleurenpalet afkomstig waren, en dat elk voltooid stuk een evenwichtig landschap van tinten en 'muzikale kleuren' was. Marilyn Monroe zou ook chromesthesie hebben gehad, de vorm van synesthesie waarbij muziek en kleuren samenkomen. Norman Mailer schreef over haar: 'Zij heeft die verschuiving van de zintuigen waarvoor anderen drugs gebruiken'. Vladimir Nabokov had grafeem-kleursynesthesie – hij nam kleuren waar als hij letters uitsprak. In de blauwe groep zaten volgens hem de 'staalblauwe x, onweers-

21

wolkkleurige z en bosbeskleurige k (…) voor mij is de q bruiner dan de k, en s is niet het lichtblauw van c, maar een vreemd mengsel van azuurblauw en parelmoer'. De lijst van creatieve mensen met synesthesie is veel langer, van Billy Joel tot de acteur Geoffrey Rush, Vincent van Gogh tot Mary J. Blige en, naar het schijnt, Kanye West.

Er schijnt geen concreet antwoord te zijn op de vraag waarom we dit door elkaar heen lopen van zintuigen hebben en hoe dat komt. Een verklaring is dat het is aangeleerd als gevolg van onze interactie met de wereld om ons heen en is afgeleid van de taal die we gebruiken. We zien fruit dat zoeter smaakt als het donkerrood is, dus de kleur beïnvloedt onze waarneming om het zoete waar te nemen in plaats van andere smaken. We hebben het over 'schreeuwende kleuren', 'scherpe smaken' en 'zoete muziek' – hebben deze uitdrukkingen ons aangeleerd deze zintuiglijke verbindingen te leggen of zijn ze geleidelijk ontstaan en vertegenwoordigen ze zintuiglijke verbanden die een deel van ons wezen zijn? Onderzoekers in Duitsland hebben vergelijkbare interzintuiglijke verbindingen bij chimpansees waargenomen en aangetoond dat ze net als wij schelle geluiden in verband brachten met witte vierkantjes en zachte geluiden met zwarte vierkantjes. De wetenschappers stelden dat de chimpansees het verband tussen toonhoogte en helderheid van kleur niet konden hebben geleerd door hun ecologische omgeving; volgens hen bewees het dat deze zintuiglijke overeenkomsten aangeboren moeten zijn en zijn ontstaan voor de evolutionaire paden van onze voorouders in de oertijd zich scheidden.

Wat belangrijk is, is dat deze verbindingen ontegenzeggelijk in ons allemaal bestaan. Als we de interzintuiglijke verbindingen die we allemaal hebben in één 'synesthetische ervaring' gebruiken, kunnen ze van elkaar profiteren en een versterkt effect sorteren – wat het 'superadditieve' effect wordt genoemd – zoals we verderop zullen onderzoeken. Als je een drank met citroensmaak drinkt uit een hoekvormig glas, zul je de citroensmaak als sprankelender en scherper ervaren. In een vertrek met hoekige voorwerpen en een scherpe, kruidige geur zul je je energieker voelen en scherper denken dan in een kamer met gewelfde meubels en een warm, zoet aroma.

Ik ben bedreven in het samenvoegen van al deze verschillende componenten en in dit boek zal ik proberen dit ook jou aan te leren. Ik benoem interzintuiglijke associaties en de effecten van herinneringen en emoties op ons gedrag en onze waarneming, maar ik kijk ook naar de fysiologische uitwerking die kleuren, licht, geluiden en geuren op ons hebben. We kunnen zelfs naar onze eigen natuurlijke cyclus door de dag heen kijken en vaststellen wanneer we meer ontvankelijk zijn voor bepaalde gedragingen en ideeën. Aan de hand van dit alles maak ik steeds een zogenoemd 'zintuiglijk voorschrift', waarin nauwkeurig uiteen wordt gezet welke zintuiglijke ingrediënten je nodig hebt om de ideale omgeving voor wat je wilt doen, voelen of ervaren te creëren.

Zintuiglijke voorschriften

Toen ik aan dit boek begon werkte ik aan een project voor John Lewis, het bekende Britse, chique warenhuis. Mijn zakelijke partner Jo en ik hielpen bij het design van de afdeling interieur van elke vestiging, waar klanten de inrichting van hun huis konden kiezen; hier kozen ze het kleurenpalet, de materialen, het meubilair, de verlichting en de decoratie. De ruimte moest een speels gevoel bij de klanten opwekken en hun creativiteit stimuleren. Ze moesten bovendien voldoende op hun gemak zijn om dingen vast te pakken, de producten en stalen aan te raken, maar ook om het personeel aan te spreken en een interactie met de omgeving aan te gaan. Wij Britten zijn tijdens het winkelen traditioneel tamelijk gereserveerd en gedragen ons alsof we in een museum zijn waar je niets mag aanraken en altijd zachtjes moet praten.

Jo en ik pakten het proces op de voor ons gebruikelijke manier aan: we zochten naar de zintuiglijke elementen die tot de gedragingen

23

aanzetten en de gevoelens opwekken waardoor deze ruimte beter tot haar recht zou komen. Nostalgische, 'op ervaring gebaseerde' aroma's, zoals de geur van pas gemaaid gras, moedigen aan tot 'door benadering gemotiveerde gedragingen', dat wil zeggen dat we eerder nieuwe dingen en ideeën zullen gaan onderzoeken. We zijn minder geremd en creatiever onder hoge plafonds en bij minder licht. Een gevoel van speelsheid is intrinsiek verbonden met fellere kleuren, en complexe, abstracte beelden maken ons speelser dan minimalistische designs of prozaïsche afbeeldingen. Zachte texturen en warme materialen sporen aan tot samenwerking. Er bestaat een optimaal geluidsniveau dat een gunstige mate van mentale afleiding veroorzaakt, waar creativiteit binnensluipt. Te hard, en het is opdringerig; te zacht, en we voelen ons niet op ons gemak. Al deze inzichten bij elkaar opgeteld vormen een verzameling zintuiglijke richtsnoeren voor creativiteit, onderzoek en samenwerking. Dit 'zintuiglijke voorschrift' gaven we vervolgens aan de ontwerpers met wie we samenwerkten. Alles bij elkaar zorgde de invoering van kleurige, abstracte kunst, gedempte verlichting, zachte materialen, nostalgische aroma's en zachte achtergrondgeluiden en -muziek voor een omgeving waarin klanten zich konden bevrijden van hun aangeboren Britse beleefdheid en hun creatieve sappen konden laten stromen. In de rest van dit boek is nog veel meer te lezen over deze inzichten en het onderzoek dat eraan ten grondslag ligt!

De term 'zintuiglijk voorschrift' ontstond door de gedachte dat we een recept voor een omgeving met geluiden, kleuren en geuren kunnen voorschrijven om bij een specifiek probleem te helpen, net zoals een arts een combinatie van medicijnen, dieet, rust en lichte activiteit (al blijft het meestal alleen bij medicijnen, helaas) voorschrijft. De term is zelfs nog toepasselijker wanneer je bekijkt welke voordelen het kan hebben op het gebied van de gezondheidszorg – de effecten kunnen psychologisch én fysiologisch zijn. Halverwege de jaren negentig werd in een Zweeds ziekenhuis een experiment uitgevoerd: patiënten die herstellende waren van een hartoperatie werden naar een afdeling met een vanillegeur gebracht, die een kalmerende uitwerking heeft. Deze geur werd gecombineerd met gekleurde verlichting met een tint die 'Baker-Miller-roze' wordt genoemd – die stress en agressie aantoonbaar vermindert; deze wordt gebruikt in het leger om agressieve opgesloten soldaten te kalmeren. De klank van rollende golven, die de hartslag en het stressniveau verlaagt, completeerde de sfeer.

De positieve effecten van het experiment waren significant. Patiënten hadden minder pijnstillers nodig, hadden minder stress en konden eerder naar huis. Ziekenhuizen zijn doorgaans in zintuiglijk opzicht tamelijk kil, en daarom is het onbegrijpelijk dat deze aanpak niet overal ter wereld wordt geïmplementeerd. Er moet meer over worden nagedacht hoe in een ziekenhuis lichaam en geest kunnen worden gekoesterd, in plaats van uitsluitend te kijken naar de vraag hoe ze functioneel zijn voor medische zorg.

Ik stel me voor dat het concept van zintuiglijke voorschriften op een dag zal worden toegepast in ziekenhuizen. Patiënten krijgen dan misschien een kaart die lijkt op een sleutel van een hotelkamer en die ervoor zorgt dat het licht aangaat met een specifieke kleur en felheid, maar ook dat er geluid en een geurverstrooier worden ingeschakeld nadat die kaart in een sleuf naast de deur (of hun 'wellnesssleuf' misschien!) is gestoken. Dit alles is dan ontworpen om patiënten sneller van hun specifieke aandoening te laten genezen. Dit is zeer goed te doen en onderzoek laat zien hoe effectief het juiste zintuiglijke voorschrift kan zijn. Voor het zover is kunnen we ons bekommeren om ons huis, onze werkomgeving en ons leven in het algemeen, dus daar beginnen we mee.

Ik heb dit boek gestructureerd rond een gemiddelde dag om zo veel mogelijk activiteiten aan de orde te stellen waar we in ons leven mee te maken kunnen krijgen. Vanaf het ontwaken, het ontbijt en sporten tot productief zijn en creatiever op je werk. En van het inrichten van een multizintuiglijk huis tot het eten van superzintuiglijke maaltijden, betere seks en een goede nachtrust.

Ik ben er altijd van overtuigd geweest dat we zintuiglijk bewuster moeten zijn en deze kennis heb ik altijd met veel plezier overgedragen. Als mensen me vragen wat ik doe, ontdek ik meestal dat ze geboeid zijn als ik daarover vertel. Het is een openbaring, maar het is ook volstrekt logisch en het voelt intuïtief juist aan. Door mijn inzicht en ervaring los te laten op elk aspect van een dagelijkse routine, hoop ik een methode te hebben ontdekt aan de hand waarvan mensen mijn kennis op een praktische manier kunnen toepassen op hun leven.

Ter begeleiding van veel van de momenten door de dag heen, heb ik geluiden, speellijsten met muziek en films gecreëerd, die via de *Sense*-website toegankelijk zijn.

Er staat heel veel informatie in dit boek; je hoeft slechts een fractie van de tips en inzichten te gebruiken om elk moment van je dag ten goede te veranderen. Nooit meer zul je wijn drinken terwijl je naar volstrekt disharmoniërende muziek luistert, of proberen te brainstormen aan een opgeruimd bureau onder een felle lamp; je zult de kennis hebben om van je wereld zintuiglijk gezien een meer stimulerende en harmonieuze plaats te maken. Ik hoop dat je er nuttig gebruik van maakt.

1

De ochtend

WE GAAN ERVAN UIT DAT deze dag begint zoals de meeste dagen zouden moeten beginnen, waarbij je na een vredige slaap in je eigen bed wakker wordt. Als je dit boek straks uit hebt en enkele lessen eruit in praktijk hebt gebracht, zou je nacht rustig moeten zijn geweest, en je lichamelijke klok zou gelijk moeten lopen met de cyclus van dag en nacht.

Om daar even bij stil te blijven staan: in dit boek wordt zo nu en dan verwezen naar onze inwendige lichamelijke klok en het 'circadiaans ritme', dus ik zal dit zeer belangrijke onderwerp eerst snel samenvatten. Het circadiaans ritme is een 24-uurscyclus van biologische processen die zich in vrijwel elk levend wezen voordoen, van microben en schimmels tot mensen. Het is een voorspelbaar patroon van functies zoals hormoonproductie, celregeneratie en hersengolfactiviteit, die betrokken zijn bij het reguleren van bijvoorbeeld onze slaap, stemmingen en cognitieve prestaties. Het is een inwendige klok die wordt geregeld door een gebiedje in het midden van de hersenen, de nucleus suprachiasmaticus, en deze zet zichzelf elke dag opnieuw overeenkomstig de omwenteling van de aarde.

In weerwil van dit astronomische verband wordt het circadiaans ritme ook beïnvloed door enkele plaatselijke externe en omgevingsfactoren, zogenoemde 'zeitgeber', een term die letterlijk 'tijdgevers' betekent en werd gemunt door Jürgen Aschoff, de Duitse fysioloog en de grondlegger van de chronobiologie. Deze zeitgeber kunnen dingen als licht of temperatuur zijn, of zelfs veranderingen in je emotionele stemming in de loop van de dag. Vanuit een multizintuiglijk standpunt speelt je omgeving dus een heel belangrijke rol voor het behoud van je ritme door je biologische klok gelijk op te laten lopen met je dagelijkse routine, zodat je de dag kunt beëindigen met een goede nachtrust en je optimaal uitgerust en klaar voor de volgende weer wakker wordt.

Ontwaken

In ons streven naar de beste manier van wakker worden hebben we een multizintuiglijke aanpak nodig die je uit je sluimering haalt en je klok voor de dag op gang brengt. De zintuigen die tijdens je slaap het meest actief zijn, zijn zicht en gehoor – reuk, die naar je zou denken altijd aanwezig is, staat in deze fase niet aan de start. Onderzoek heeft aangetoond dat aroma's tijdens de slaap wel worden geregistreerd in de hersenen, maar bij lange na niet genoeg om je uit je sluimer te halen. De vraag is: wat zijn de ideale aanblikken en geluiden om mee wakker te worden?

Zacht licht

Met betrekking tot ons circadiaans ritme is licht het best mogelijke ontwakingssysteem, zeitgeber nummer één. Het zit evolutionair in ons ingebakken bij daglicht wakker, cognitief en energiek te zijn en 's nachts uit te rusten en te herstellen. Was het mogelijk om elke morgen onder een prachtige blauwe hemel wakker te worden, dan zouden we er veel beter aan toe zijn. Bij een onderzoek in een slaaplaboratorium in Colorado werden het circadiaans ritme en de hoeveelheid melatonine, het slaaphormoon, van een groep kampeerders in de Rockies gemeten. Toen ze weer in hun eigen huis met elektrische verlichting waren, ontwaakten de kampeerders niet alleen later, maar trad de 'melatoninestart' in de ochtend, een stoot van het hormoon die tijdens de slaap hoort plaats te vinden, bovendien circa twee uur nadat ze waren opgestaan op, waardoor ze zich de eerste paar uur van de dag versuft voelden – een toestand die 'slaapinertie' wordt genoemd en waar mensen veel last van kunnen hebben. Tijdens het kamperen gingen de deelnemers twee uur eerder naar bed en stonden ze twee uur eerder op dan ze gewoonlijk deden, waardoor hun melatoninestoot in de ochtend ongeveer een uur voor ze wakker werden plaatsvond, precies op tijd. Door blootstelling aan langere perioden van natuurlijk licht zaten hun hormoon- en slaappatroon op één lijn, waardoor hun circadiaans ritme en hun lichamelijke klok op elkaar aansloten.

In ons normale dagelijks leven kunnen we niet altijd onder de sterren kamperen (en veel mensen willen dat ook niet). 's Nachts de gordijnen openhouden is voor de meeste mensen niet praktisch vanwege de lichtvervuiling en mogelijk voyeurisme van nieuwsgierige buren. Bovendien staan we ook niet allemaal bij het krieken van de dag op, vooral niet op donkere winterdagen. Maar we kunnen het ideaal wel benaderen met behulp van een op licht gebaseerde wekker. Onderzoeken naar de effecten van wekkers met 'kunstmatige dageraad' die de zonsopkomst simuleren, hebben zeer positieve resultaten opgeleverd. Onderzoekers in Nederland hebben lichtwekkers met verscheidene maten van intensiteit getest op mensen die last hadden van slaapinertie; het effect op hun hormonen was niet zo uitgesproken als bij natuurlijk licht, maar de symptomen van slaapinertie werden er sterk door verminderd, en de proefpersonen voelden zich na het ontwaken positiever en energieker. De resultaten waren herhaaldelijk het beste bij gebruik van heldere blauwwitte lampen die 6500 kelvin licht geven, een poging tot simulering van daglicht. Eén onderzoek van dezelfde groep in Nederland liet echter een positief effect zien met minder helder en warmer licht. Het team mat de reactiesnelheid van zestien vrouwen die wakker werden bij verschillende lichtcondities en stelden vast dat er meer verbetering was als de lichtsterkte 2700 K was – bij benadering de kleur en helderheid van een 60 watt-lamp. Dit is goed nieuws want de voordelen van energiek wakker worden, kunnen teniet worden gedaan door het onaangename van wakker worden in een kamer met felle tl-buizen. Alsof je bijkomt in een operatiekamer.

De optimale kleur en lichtsterkte om bij te ontwaken, is dus tamelijk helder, maar nog wel zacht en warm. Als we aangeleerde associaties en emoties in overweging nemen werpt een zachte, roze-achtige tint een frisser en positiever licht op de dag, en roept dat gedachten aan lentebloesem op. Maar als het gaat om in harmonie zijn met de dag, kan uiteindelijk niets daglicht vervangen. Met dit in gedachten is het absoluut noodzakelijk om naar buiten te gaan voor een goede nachtrust en om je slaap-waakcyclus aan te passen. Als je in de loop van de dag ten minste twee uur blootgesteld bent aan daglicht, zul je het voordeel daarvan ervaren; als dat niet mogelijk is, dan zorgt een lichtwekker voor minder slaapinertie en een beter humeur – vooral als je hier een geschikt muzikaal panorama aan koppelt.

Zachte, natuurlijke klanken

De gebruikelijke methode waarbij je abrupt wordt gewekt door het wagneriaanse lawaai van een wekker, wat een of andere ernstige noodsituatie aangeeft, is een tamelijk onaangenaam begin van de dag. Naar verluidt hebben we van nature twee aangeboren angsten – vallen en harde geluiden – dus lijkt het onverstandig 's morgens als eerste een evolutionair ontstaan ingebakken vecht-of-vlucht-mechanisme te stimuleren – het kan zelfs regelrecht gevaarlijk zijn. Volgens een artikel van dr. William B. White, hoofd van de afdeling Hypertensie en Klinische Farmacologie aan de University of Connecticut, kan onze bloeddruk tijdens de slaap met wel 30 procent dalen, om daarna bij het wakker worden omhoog te schieten naar soms wel 30 procent boven de normale waarde. Wat hij de 'bloeddrukstijging aan het begin van de ochtend' noemt, kan de kans op een hartstilstand gedurende de eerste uren van de dag statistisch verhogen. Het is dus geen goed idee om jezelf met een schok te wekken. En al helemaal niet op maandag! Een onderzoek in

Japan, waarbij de bloeddruk van 175 mensen uit een plaats op het platteland buiten Tokio werd gemeten, ontdekte dat de waarden op maandagochtend het hoogst lagen en op zondag het laagst. Dit komt overeen met het feit dat een statistisch significant aantal cardiovasculaire incidenten op maandag plaatsvindt.

Ons gehoor blijft terwijl we slapen aanstaan. Volgens de vermaarde slaapwetenschapper Charles Czeisler worden zelfs de geringste geluiden 's nachts geregistreerd door onze rustende geest, en dwingen deze ons tot een overgang naar een lichter slaapniveau. Hier kunnen we gebruik van maken. Wanneer we midden in een droom of tijdens diepe slaap worden gewekt, zijn we versuft, dus de ideale geluidswekker brengt ons naar steeds lichtere slaaptoestanden alvorens ons zachtjes te wekken. Het geluid moet zachtjes beginnen en geleidelijk in volume toenemen tot een aangenaam niveau.

Als je wordt gewekt door een kunstmatige piep, mis je de kans om jezelf aan het begin van de dag bloot te stellen aan iets wat emotioneel waardevoller is. We kunnen geluid gebruiken om een aangenaam gevoel op te wekken en diep ingebedde associaties op te roepen. We kunnen naar het circadiaans ritme kijken en zijn inwendige verbondenheid met het begin van de dag en het licht van de dageraad; opdat er ook een of ander evolutionair aangeleerd verband met de klánken van de ochtend zal zijn. De ideale soundscape zou dus bestaan uit zachtjes fluitende vogels, een geluid dat wordt geassocieerd met frisheid, natuur en wedergeboorte. Door die gevoelens op te roepen heb je ook een beter humeur en verkeer je in een betere mentale toestand bij het opstaan na een goede nachtrust. In lijn daarmee kunnen ook andere frisse, natuurlijke klanken worden gebruikt. Een poolwind of het geluid van een golfslag. Maar mogelijk heb je het dan ijskoud bij het wakker worden of plas je in bed. Volgens mij is vogelzang de veiligste keus.

De volmaakte wekker kan worden gevormd door geleidelijk aanzwellende vogelzang en zachte stemmen, waarvan het volume gedurende twintig minuten toeneemt om je geleidelijk naar lichtere slaaptoestanden te brengen. Muzikale elementen zoals het geklingel van een klokkenspel kunnen voor extra positieve gevoelens zorgen, waarbij een aanhoudend rumoer van activiteit toeneemt tot het besluit met een geluid van een bel in de verte – nog altijd aangenaam, maar iets luider, om er zeker van te zijn dat je wakker wordt. Dit zou een veel beschaafdere en sympathiekere geluidswekker zijn die perfect aansluit bij het licht, overeenstemt met je circadiaans ritme en je een ronduit vrolijk gevoel geeft voor de dag die voor je ligt. Sterker nog, het is zelfs zo goed dat ik het heb gemaakt, en ik heb het de Rose Garden Alarm, de rozentuinwekker, genoemd. Hij is te horen op de *Sense*-website, mocht je hem willen proberen.

De vogels kwetteren en je ervaart een gloed in de kamer, maar je hoeft je ogen nog niet te openen. Het wordt tijd om je zintuigen in te zetten voor wat ochtendoefeningen – wat mindfulness vermengd met ninjatraining om ervoor te zorgen dat je de hele dag multizintuiglijk kunt zijn.

Zintuiglijke training

Ik weet nog dat ik als kind kennismaakte met een oefening (in een 'handboek voor ninjatraining' dat ik had geleend in de bibliotheek) waar ik later in mijn leven echt veel aan heb gehad en waar ik als het even kan gebruik van maak. Het ging om het trainen van de zintuigen: je elke ochtend op de zintuigen concentreren om de wereld om je heen te beoordelen voor je je ogen opent. Het is handig om dit te proberen, niet alleen als je een onzichtbare krijger wilt worden; oefeningen om de zintuigen te trainen zijn in mindfulness, cgt en andere vormen van gedragstherapie heel gebruikelijk. Je zintuigen inzetten is een doeltreffende manier om jezelf naar het nu te brengen.

Probeer terwijl je in bed ligt in te schatten hoe het weer buiten is. Welke geluiden hoor je in de verte? Welke geuren word je gewaar? Wat proef je? Hoe voelen de lakens aan en waar zijn je ledematen? Zijn anderen al op, in huis of buiten in de weer? Als je even de tijd neemt om al je zintuigen op gang te laten komen, begin je de dag geconcentreerder en meer verbonden. Je inschatting zal na verloop van tijd vooruitgaan doordat je je zintuigen traint. Neem er ongeveer een halve minuut voor, daarna is het tijd om op te staan.

Een zintuiglijk voorschrift voor een multizintuiglijke wekker

De ultieme vorm van wakker worden gaat gepaard met een gecoördineerd crescendo van licht en geluid, dat zodanig is ingesteld dat het geleidelijk sterker wordt en ongeveer twintig minuten voor je wakker wilt worden begint.

- Licht – Boots de lichter wordende hemel bij dageraad na met een instelbare lichtwekker. Als je de kleur van je licht kunt instellen, is enigszins rozewit een aangenaam alternatief voor het kille en klinische gevoel van het ochtendblauw.
- Geluid – Gebruik vogelgeluiden als wekker die langzaam luider wordt. Door bij het licht op de achtergrond een emotioneel geladen en zintuiglijk passend geluid af te spelen, wek je gevoelens van verfrissing en de geboorte van een nieuwe dag op.
- Concentreer je op je zintuigen – Blijf even stilliggen en stel al je zintuigen scherp door de wereld om je heen gewaar te worden.

De geluid-en-lichtwekker is een optie; weklichten met geluid zijn gemakkelijk te krijgen, en anders kun je twee systemen combineren. Als je bijvoorbeeld programmeerbaar licht hebt, stel het dan zo in dat het 's ochtends geleidelijk feller gaat schijnen en zet de wekker op je smartphone op hetzelfde tijdstip, en laat deze de rozentuinwekker spelen. De twee zullen je gezamenlijk in de lichtste slaaptoestand brengen, zodat je helder en verfrist wakker wordt.

Als je eenmaal bent opgestaan zijn blauw licht en leds juist gewenst, aangezien die melatonine onderdrukken en cortisol stimuleren, het stresshormoon dat je een snelle stoot vecht-of-vluchtenergie geeft; bekijk dus gerust je e-mails, sociale media of wat je maar wilt op je smartphone – dat wil je trouwens toch. We kijken gemiddeld drieënhalf uur per dag naar onze telefoon, en als er één moment is waarop dat ook goed voor je is, dan is dat aan het begin van de dag. Het draagt ertoe bij dat je wakker wordt en dat je geestelijk alert bent – zij het afhankelijk van waar je naar kijkt, want je kunt er ook gespannen van worden!

Aankleden – aangeklede cognitie

Het soort dag dat voor je ligt bepaalt hoe je je kleedt. We doen en denken overeenkomstig wat we aanhebben, vooral als het een uniform is of een kledingstuk dat wordt geassocieerd met een bepaalde rol of bepaald gedrag. Dit is allemaal te verklaren door een verschijnsel dat *enclothed cognition*, ofwel aangeklede cognitie wordt genoemd.

Deze term werd bedacht door Hajo Adam en Adam Galinsky van Northwestern University; in een onderzoek uit 2011 toonden ze aan dat mensen die een laboratoriumjas droegen beter waren in taken die hun aandacht toetsten dan wanneer ze die jas niet aanhadden, of wanneer ze hem aanhadden maar te horen hadden gekregen dat het een schilderskiel van een kunstenaar was. De laboratoriumjas wordt geassocieerd met expertise en nauwkeurigheid, aandacht voor details, dus hij beïnvloedde de geestelijke processen van de deelnemers als ze hem droegen; mét die jas maakten ze half zoveel fouten als degenen zonder laboratoriumjas.

Een vergelijkbaar onderzoek werd gedaan door Karen Pine, hoogleraar aan Hertfordshire University. Pine liet studenten toetsen doen om hun geestelijke alertheid te bepalen terwijl ze hetzij een gewoon T-shirt, hetzij hun dagelijkse kleding, hetzij een Superman-T-shirt droegen. Degenen die dagelijkse kleding of een gewoon T-shirt aan-hadden behaalden gemiddeld een score van 64 procent en degenen met de 'S' op hun borst behaalden 74 procent. De mensen met het Superman-T-shirt voelden zich bovendien fysiek sterker, sympathieker en op een schaal van sociale vergelijking meer superieur aan anderen.

Kinderen zijn hier de ware experts in, want zij pakken het grondig aan en verkleden zich voor elke activiteit. Mijn zoon Linus van zes zal een helm opzetten en een werkmansriem omdoen om me te helpen bij het ophangen van een schilderij, of zijn Robin Hood-pak aantrekken als we naar het bos gaan – een charmante gewoonte die we onnodig kwijtraken als we ouder worden. Ik pleit er niet voor dat we ons bij elke activiteit volledig verkleden; misschien krijgen we van één kledingstuk al een prikkel, zoals het Superman-T-shirt.

Misschien heeft een kleiner detail van onze kleding, zoals een verborgen patroon of een accessoire, een vergelijkbare uitwerking. Een groep promovendi aan het mode-instituut van de School of Applied Science aan de universiteit van Istanbul ontdekte details in de islamitische 'Rumi'-patronen op kleding die was gedragen door twee sultans van het Ottomaanse Rijk die volgens hen geborduurd waren om de drager tot een bepaalde gemoedstoestand te stimuleren. Er waren kleine insluitsels waarvan alleen de drager zich bewust zou zijn, zoals Koranpassages geschreven in geheimtaal, of bepaalde woorden of frasen. De theorie luidt dat dit de sultan tot kalmte zou manen als hij te maken had met de meer uitdagende aspecten van zijn dagelijkse verplichtingen. Het vormt een vroege aanwijzing van bewustzijn van aangeklede cognitie en bewijst dat zelfs de kleinste dingen kunnen helpen zolang ze voor de drager maar van betekenis zijn.

Als je dus kunt benoemen waar je vandaag in wilt excelleren of hoe je je het liefst gedraagt, dan kun je kleding en accessoires kiezen die bevorderlijk zullen zijn.

Zelfverzekerd

Het klassieke pak uit de jaren tachtig zal je zelfvertrouwen zeker versterken. Je kunt ook in het zwart gekleed gaan. Een online retailer vroeg aan ruim duizend klanten welke kleuren zij associeerden met diverse emotionele eigenschappen; zwart stond bovenaan als het om zelfvertrouwen, intelligent en sexy gaat. Rood stond voor zelfvertrouwen op de tweede plaats, maar dit werd ook sterk geassocieerd met arrogantie.

Afhankelijk van het soort zelfvertrouwen waar je op uit bent, kun je uit diverse accessoires kiezen. Als je vastberaden wilt overkomen, kan een doodskophanger nuttig zijn. Je kunt ook iets symbolisch kiezen, zoals het horloge van je vader om volwassener over te komen. (En als mijn vader dit leest: dit is inderdaad een hint om me je Rolex te geven.)

Administratief

Als je een lijst met punten moet aflopen of cijfers moet verwerken, kleed je dan als een administratief medewerker: zet een bril op en trek praktische kleding aan. Voor optimale nauwkeurigheid en aandacht voor details kun je een laboratoriumjas aandoen, als je er eentje bij de hand hebt.

Creatief

Trek een schilderskiel aan en zet een baret op als je van plan bent je ezel te pakken en een meesterwerk te scheppen. Mocht je je niet willen verkleden, laat je kledij dan wat vieren; minder formele en beperkende kleren bevorderen minder formele en beperkende gedachten.

Ontmoetingen

Als je veel mensen spreekt, draag dan iets waardoor je je ongeremd en hartelijk jegens anderen voelt. Draag bijvoorbeeld iets wat je cadeau hebt gekregen, om jezelf te herinneren aan de goedheid die andere mensen eigen is.

Gezond

Trek voor een actieve dag je sportkleren aan. Je zult het gevoel krijgen dat je iets goeds hebt gedaan als je een opzichtige lycra legging en een sportief topje met een rits draagt, ook al ben je in werkelijkheid niet naar de sportschool geweest. De kans is dan bovendien kleiner dat je je te goed zult doen aan gebak of een hamburger bij de lunch.

Toegeeflijk

Als je een luie dag hebt gepland en je niet schuldig wilt voelen, help je je hersenen tot de gewenste mate van leegheid te reduceren door een doorleefde joggingbroek en een oud T-shirt aan te trekken.

Je kunt gaandeweg een paar van deze kledingstukken die je geest beïnvloeden verzamelen. Als je iets voor jezelf koopt na een triomfantelijk moment, nadat je een belangrijke opdracht hebt binnengehaald bijvoorbeeld, zul je vanaf dat moment dat kledingstuk associëren met dat gevoel. Als je telkens als je iets creatiefs doet, zoals pianospelen, een bepaald kledingstuk draagt, bevorder je de associatie van die kleding met je creatieve geestestoestand. Je kunt elke betekenis die je hecht aan een afzonderlijk voorwerp in je voordeel gebruiken en zo een betere versie van jezelf maken – je verandert niet alleen hoe je je voelt, maar verbetert ook de manier waarop je denkt.

Een vleugje parfum

De gewoonte 's ochtends wat van je favoriete geur op te doen, is een gebruik dat zo oud is als de mensheid. Volgens de Romeinse natuuronderzoeker Plinius de Oudere werden de Perzen de oorspronkelijke parfumkoningen genoemd – deze waren gewend er flink veel van te gebruiken om de geur van vuil en viezigheid te verjagen. Lange tijd was het maskeren van onaangename geurtjes en het tonen van de sociale status de primaire functie van parfum. In het recentere verleden werd bij een onderzoek van het Sense and Smell Institute, in samenwerking met *The New York Times*, aan mannen en vrouwen gevraagd wat de redenen waren waarom ze parfum gebruikten; voor mannen draaide het onmiskenbaar om aantrekkelijkheid voor anderen, terwijl het voor vrouwen meer te maken leek te hebben met zelfverwennerij of het opkrikken van hun zelfvertrouwen.

Beide effecten worden door wetenschappelijk bewijs geschraagd. Ten eerste krijg je van parfum meer zelfvertrouwen. Japans onderzoek liet zien dat vrouwen zelfverzekerder waren qua lichaamstaal als ze parfum op hadden dan als dat niet het geval was. In het onderzoek werden 31 vrouwen geïnterviewd door een andere vrouw, die onder één hoedje speelde met de onderzoekers. Halverwege het interview werden ze verzocht een paar vleugjes parfum aan te brengen. De interviews werden gefilmd en bekeken door een groep van 18 andere mensen, die het zagen op tv zonder geluid en dus wel konden zien maar niet horen wat er gebeurde. De vrouwen zagen er nadat ze de parfum hadden opgedaan zelfverzekerder uit; ze glimlachten vaker en de mate van oogcontact met de interviewer nam toe. Ze lieten ook minder 'negatieve' lichaamstaal zien, want ze schoven minder heen en weer op hun stoel en zaten minder vaak aan hun gezicht of haar. De vrouwen zelf meldden dat ze zich ontspannener en 'dominanter' voelden toen ze parfum op hadden.

In de tweede plaats ben je aantrekkelijker als je lekker ruikt. Bij een vergelijkbaar onderzoek kregen 35 mannelijke studenten van Liverpool University een 'nieuwe deodorant' in een eenvoudige merkloze houder en werd hun gevraagd deze dagelijks te gebruiken. De helft van de mannen had echter een houder gekregen zonder enig aroma of reukverdrijvende eigenschappen. Na enkele dagen werd een groep vrouwen gevraagd te beoordelen hoe aantrekkelijk de mannen waren, zowel op foto als op video. Wanneer de mannen op een statische foto werden bekeken, werden ze even aantrekkelijk gevonden. Maar op film werd de groep met deodorant als veel knapper beoordeeld; deze vertoonde zelfverzekerd gedrag waardoor de mannen aantrekkelijker overkwamen.

Wat de reden ook mag zijn dat je 's morgens een vleugje parfum opdoet, het dragen van een luchtje heeft een enorm effect op de waarneming en het gedrag, zowel bij de drager als bij andere mensen. Welke geur je precies kiest is afhankelijk van je persoonlijke voorkeur, maar het effect verschilt per type aroma. Bij de klassieke ordening van parfums door fabrikanten en winkels worden ze in vier 'families' onderverdeeld – fris, oriëntaals, bloemig en houtachtig. Er is veel genuanceerd onderscheid en veel parfums hebben kenmerken van verscheidene categorieën, maar het is desalniettemin een nuttig richtsnoer om het karakter van een geur te benoemen. Aan de hand van elke familie kunnen we vaststellen welke effecten diverse geuren hebben op de dragers en de mensen om hen heen, en zo van dag tot dag het perfecte parfum kiezen.

Fris

Geuren die zich in het frisse segment van de cirkel bevinden vertonen groene natuurtoetsen en elementen van citrusfruit. Wil je je aardiger opstellen tegenover anderen, probeer dan eens iets met wat citrusfruit op je huid. Bij een onderzoek werd deelnemers onder meer gevraagd wat ze vonden van mensen op foto's, terwijl ze tegelijkertijd werden blootgesteld aan lage doses van verschillende aroma's. Als het naar citroen rook, vonden de deelnemers de mensen op de foto's knapper en beter benaderbaar. De onderzoekers stelden vast dat de effecten het sterkst waren als de geur nauwelijks waarneembaar was, wat erop wijst dat als je ochtendparfum eenmaal naar de achtergrond is verdwenen, iedereen die je spreekt aardiger en knapper zal lijken.

Frisse geuren hebben ook een positief verkwikkend effect op je mentale toestand, en veroorzaken een meetbare verbetering van het humeur. Uit een onderzoek onder ruim zeshonderd vrouwen in Duitsland, dat de relatie tussen persoonlijkheidstypen en de vier geurfamilies in kaart bracht, bleek dat degenen met een meer extravert karakter meestal frisse geuren kozen. Als je een fris luchtje draagt zul je overkomen als energiek en extravert, en het zal ook je aantrekkingskracht op andere extraverte mensen vergroten. Bedenk wie je vandaag zult ontmoeten en of de persoonlijkheid van hen past bij jouw parfum, zodat je beter met ze zult kunnen opschieten.

Oriëntaals

Oriëntaalse geuren bevatten ingrediënten zoals vanille en amber, of houtige specerijen zoals kaneel en kardemom. Het hierboven genoemde onderzoek onder Duitse vrouwen, uitgevoerd door Joachim Mensing en Christa Beck, liet zien dat introverte mensen oosterse parfums kiezen. Ze worden gezien als een uiting van zelfstandigheid en innerlijk zelfvertrouwen, maar niet op een gereserveerde of niet-inclusieve manier.

Oriëntaalse geuren stralen warmte uit en dat kenmerk wordt tamelijk sterk geprojecteerd op de gebruiker. We zullen in dit boek enkele gevallen tegenkomen van deze overlap tussen 'zintuiglijke warmte' – zoals in warme geuren, warme temperatuur en warme materialen – en 'emotionele warmte' – vriendelijk, ontvankelijk en hartelijk overkomen. Warmte heeft als emotie sterke invloed op hoezeer we een persoon of een plaats mogen of niet mogen. Bedenk maar eens hoe je zou reageren als iemand die je op het punt staat te ontmoeten, werd omschreven als een 'warm' of een 'kil' persoon; het verschil in de indruk die je van deze persoon hebt zal reusachtig zijn. Het is dus gunstig om als warm te worden beschouwd als je wilt dat anderen een positieve opvatting over je hebben, en een warme geur zal daar enorm aan bijdragen.

Bloemig

Bloemige geuren verminderen stressgevoelens en zorgen ervoor dat je creatiever kunt denken. Parfums met bloemige kenmerken zijn bevorderlijk voor 'emotionele ambivalentie' – dat je bij iets gemengde emoties hebt – wat het creatieve denken kan stimuleren. Een onderzoek van de University of Washington liet zien dat het vermogen om afwijkende verbanden tussen concepten te herkennen of andere oplossingen voor problemen te bedenken, groter is als je in een toestand van emotionele ambivalentie verkeert. Bloemige geuren kunnen dus helpen een luchtige emotionele toestand teweeg te brengen waarin innovatieve ideeën ontstaan.

Bloemige geuren werken bovendien fysiologisch kalmerend. Bij een onderzoek waarin een groep vrouwen werd onderworpen aan diverse geuren bleek dat ze significant minder stress- en angstgevoelens hadden en ontspannener en gelukkiger waren als ze bloemige parfums droegen.

Houtachtig

Mensen die houtachtige geuren dragen worden beschouwd als stabiel en verstandig, en zij stralen een rustig zelfvertrouwen uit. Deze aroma's hebben ook fysiologisch een kalmerende uitwerking; uit een Japanse studie bleek dat de geur van cederolie stress en angst verminderde. Houtachtige geuren, waarvan ceder, vetiver en patchoeli de voornaamste voorbeelden zijn, worden als de meer mannelijke van de vier families beschouwd, al zijn deze zeker niet het exclusieve domein van mannen. Ik heb houtachtige geuren gebruikt in winkels voor speciaalbier maar ook bij autodealers, om vakmanschap en authenticiteit aan te duiden; ze versterken voorstellingen van 'luxe' en zorgen ervoor dat de klanten rustiger door de zaak wandelen. Deze eigenschappen zijn niet anders als de geur door een persoon wordt gedragen; gebruik houtachtige geuren als je rustig zelfvertrouwen, een air van authenticiteit en een gevoel van emotionele warmte wilt uitstralen.

Welk parfum je gebruikt hangt af van je smaak en stemming, maar het is de moeite waard om erover na te denken welke invloed je keuze heeft op een dieper emotioneel, psychologisch en fysiologisch niveau. Het gebruik van parfum heeft een aantoonbaar sterker effect op de wijze waarop anderen jouw karakter beoordelen – zoals hoe prettig in de omgang, zelfverzekerd en interessant je overkomt –

dan andere vormen van cosmetica, zoals make-up. Het is een oud gebruik dat sterk beïnvloedt hoe je je voelt en hoe anderen over je denken – waarmee je zintuiglijk gezien meer pijlen op je boog hebt.

Ontbijt

Wanneer je lekker ruikend en gekleed om indruk te maken in de keuken verschijnt, is het verstandig zo veel mogelijk te doen om een paar goede voornemens te versterken. We moeten allemaal proberen gezonder te eten en er gezondere gewoonten op na te houden, en sommigen hebben daar heel veel ruggensteuntjes bij nodig. Om je gedrag richting dat van een heilige te sturen kun je thuis bepaalde dingen doen, en het serviesgoed in je kast kan elk gebrek aan verwennerij compenseren met extra aroma. We hebben om te beginnen een zintuiglijk voorschrift nodig dat zal aanmoedigen tot gezonde beslissingen.

Helder licht

Allereerst moet je zorgen voor felle verlichting – en als je niet bent gehuld in het donker van de winter, moet je de gordijnen opendoen en zo veel mogelijk daglicht binnen laten. Helder licht spoort ons aan tot gezondere voedselkeuzes: er is onderzoek gedaan in restaurants waarvan de verlichting varieerde van gedempt en zwoel tot helder daglicht, en in een lichter restaurant bestellen mensen altijd gezonder eten. Dipayan Biswas, een hoogleraar aan de University of South Florida, onderzoekt dit effect. Biswas en zijn team voerden een onderzoek uit bij een keten 'informele restaurants' met naar verluidt 1200 vestigingen in 23 landen. Twee van de vestigingen in de Verenigde Staten hadden op een bepaalde dag zwakke verlichting en twee andere hadden felle verlichting, en zij vroegen in elk restaurant aan de gasten wat ze aten en hoe ze zich voelden qua mentale alertheid. In de lichtere restaurants voelden de gasten zich alerter en aten ze meer groenten, gegrilde vis en kip in plaats van gefrituurde producten, rund- en varkensvlees. Het aantal calorieën van de maaltijd van de gasten was in de zwak verlichte restaurants significant hoger.

Het team bootste het onderzoek in het laboratorium na – sterk of zwak verlicht en de keuze uit gewone Oreokoekjes en de variant met chocola. Deze twee werden aangeboden aan 135 studenten, en bij fel licht koos de meerderheid de 'gezonde' versie.

Fris, verkwikkend aroma

Deelnemers aan een onderzoek in Nieuw-Zeeland kochten meer natuurlijke voeding als ze aan de geur van verse kruiden werden blootgesteld, zoals je je nog wel herinnert uit de inleiding. In het hierboven genoemde onderzoek aan de University of South Florida voegden ze er nog een conditie aan toe, waarbij aroma van citrusfruit werd toegevoegd. Toen de onderzoekers de mensen vroegen te kiezen tussen cheesecake en fruit, waren de resultaten zelfs nog significanter dan met alleen de verlichting – bij de combinatie van felle verlichting en geur van citrusfruit waren er meer gezonde keuzes. Volgens de onderzoekers zijn we geneigd gezond te zijn als we geestelijk alerter zijn, en heeft de combinatie van felle verlichting en de geur van citrusfruit beslist een verkwikkend effect. Vanuit een interzintuiglijk oogpunt zijn ze volkomen harmonieus, wat een superadditief effect zou veroorzaken – zodat het licht feller lijkt en het citrusfruit prikkelender.

Wees stil

Misschien denk je dat wat opwindende, harde muziek harmonieert met de felle verlichting en de frisse geur. Zet gerust wat vrolijke nummers op die passen bij de sfeer waarvoor je hebt gezorgd, maar zet het volume bij voorkeur laag. Dipayan Biswan was ook op dit onderzoeksterrein leidend. Zijn team ging na welk middageten in een café werd gekozen bij een uiteenlopend volume en diverse muzieksoorten op de achtergrond. Of het nu popmuziek, jazz, klassieke muziek of metal was, de uitkomst was steeds gelijk: mensen aten gezonder als de muziek op een lager volume werd gespeeld. Toen ze dit onderzoek nabootsten in een laboratorium en mensen lieten kiezen tussen vruchtensalade en chocoladecake, aten veel meer mensen de taart als de muziek harder stond. Welk soort muziek er werd gespeeld leek niet uit te maken – alleen het volume.

Het is uiteraard verstandig om jezelf niet in verleiding te brengen. Ga het onderzoek van hoogleraar Biswas niet testen door een fruitsalade en een chocoladetaart op tafel te zetten en te kijken wat je doet. Als je de verstandige dingen koopt, kom je ook niet voor de keuze te staan. Hoe je de verleiding kunt weerstaan als je langs de schappen loopt, komt later aan de orde.

Hoe bevorder je gezonde keuzes

- Licht – fel, en indien mogelijk daglicht
- Aroma – fris en stimulerend – verse kruiden en citrusfruit
- Geluid en muziek – zacht en rustig, maar vrolijk, om het niveau van alertheid hoog te houden

Nu je ervoor hebt gekozen op de gezonde toer te gaan, zijn er enkele dingen die we kunnen doen om je ontbijt bevredigender te laten smaken. Het maakt heel veel uit waarin je het serveert – nu volgt een zintuiglijk voorschrift voor hoe je volheid, zoetheid en bevrediging kunt bevorderen, maar dan zonder de calorieën.

Een aangenaam zware kom

Voor dit voorbeeld van interzintuiglijke versterking ga ik uit van de veronderstelling dat je ontbijt met een kom yoghurt met muesli of iets dergelijks, maar wat je ook eet, het zintuiglijk effect zou gelijk moeten zijn. Als je je portie energie in een zwaardere kom opdient, smaakt ze voller en bevredigender. Toen onderzoekers aan Oxford University studenten dezelfde yoghurt aanboden in een dunne plastic kom of in een zware kom van porselein, werd de yoghurt in de zwaardere kom als beter, voller en steviger beoordeeld. Zelfs als dezelfde persoon dezelfde yoghurt achter elkaar uit de twee verschillende kommen at, dacht deze dat die anders was.

In dit voorbeeld wordt het gevoel van fysiek gewicht in je hand en de extra inspanning die ervoor nodig is om de kom vast te houden, omgezet in andere vormen van zintuiglijke 'zwaarte', opgeteld bij aangeleerde emotionele associaties met de betekenis ervan. Daardoor wordt zwaar stevig of dik, en ook duurder. Dit verband tussen gewicht, smaak en kwaliteit was ook zichtbaar met betrekking tot diverse voedingsmiddelen en dranken; haal je zwaarste kom uit de kast voor je ontbijt, en schenk je koffie in een zware beker voor extra volheid. Je moet tijdens het eten de kom in je handen houden zodat je het gewicht voelt. Maar wat je servieskeuze betreft, moet je het daar niet bij laten – om dit zo goed mogelijk te laten uitkomen, moeten we meer genuanceerde keuzes maken.

Ronde vormen, ronde textuur

Om terug te komen op ons raadsel uit de inleiding, wat is zoeter: een ronde, fluïde vorm of een hoekige, puntige? Vrijwel iedereen kiest de ronde vorm – we associëren zoete smaken met gewelfde vormen, dus de waargenomen zoetheid wordt sterker als je uit ronde voorwerpen of dingen met ronde texturen eet en drinkt. De vorm en textuur bevorderen bovendien hoe intens of vol een smaak is.

Een groep onderzoekers aan de Universiteit Twente maakte onlangs een 3D-print van twee identiek gevormde mokken om het effect op de smaak te testen. De ene was bedekt met ronde, bolle stukjes en de andere had een geblokte, hoekige textuur. Bij een slim in elkaar gezette smaaktest in een supermarkt voor een fictief nieuw merk boden de onderzoekers klanten in de winkel koffie of warme chocolademelk aan uit een van de mokken en vroegen wat ze ervan vonden. Hierbij ging het om eigenschappen zoals zoetheid, bitterheid, intensiteit en de smaak in het algemeen. De drank uit de ronde, bobbelige beker smaakte gemiddeld 18 procent zoeter, terwijl in de beker met de hoekige textuur dezelfde drank maar liefst 27 procent bitterder en veel sterker smaakte. Als je wilt minderen met suiker, drink dan niet uit een beker met een ruwe of gehoekte textuur – kies een ronde kom en beker, en als het kan ook een met een gladde ronde textuur.

Rood servies

Dit is een experiment dat je thuis prima kunt uitvoeren: zet een grote pot koffie en zet een aantal verschillend gekleurde bekers neer – neem een rode, een gele en een blauwe als je die hebt. Schenk de koffie in de bekers, zet ze op een rij voor je en proef ze een voor een. Smaken ze allemaal hetzelfde? Als je dit leest zonder het experiment uit te voeren, zul je waarschijnlijk aannemen dat ze identiek smaken – ze zíjn per slot van rekening ook hetzelfde. Maar je begrijpt inmiddels wel dat het bij smaak niet alleen draait om wat er op de tong komt – er spelen nog meer factoren een rol. Misschien wordt je geest interzintuiglijk bedot en beïnvloedt dat je smaakpapillen. Bij nogal wat onderzoeken naar de invloed van kleur op smaak is aangetoond dat voedsel en dranken zoeter en voller smaken als ze worden opgediend in iets roods.

Dit experiment heb ik ooit op BBC Radio 4 uitgevoerd met warme chocolademelk. In een programma over politiek werd onderzocht hoe we bepaalden op wie we stemmen, en of ons besluit het resultaat is van signalen die we onbewust hebben opgevangen – de kleur van het overhemd dat een politicus draagt misschien. Mij werd gevraagd te laten zien dat zulke factoren ons kunnen beïnvloeden. Terwijl de presentator in een geluidshokje zat, bevond ik me in een ander vertrek waar ik warme chocolademelk in een rode, een gele, een blauwe en een zwarte beker schonk. Voorafgaand had ik een opname gemaakt waarin ik verklaarde dat ik er zeker van was dat de presentator de rode beker zou kiezen. Ik ging met de vier bekers op een dienblad naar binnen en vroeg haar ze te proeven en haar oordeel te geven over de smaak en kwaliteit van de vier bekers.

Ze begon met de gele, die ze een beetje dun vond. De blauwe was iets beter. De rode was voller, lekker en zoet. De warme chocolademelk in de zwarte beker was bitter en niet lekker. Toen vroeg ik welke ze de lekkerste vond, en zoals ik had voorspeld koos ze de rode beker omdat die volgens haar dikker, voller en beter was.

Dit advies kan ervoor zorgen dat licht en gezond voedsel wordt ervaren als zoeter en bevredigender. Je hoeft die extra lepel honing op je muesli niet te nemen en je hoeft ook niet meer die extra lepel suiker in je koffie of thee te doen; een zintuiglijke dieetoplossing bezorgt je een ontbijt dat voller smaakt zonder de extra calorieën.

Hoe versterk je de zoetheid en bevrediging
- Kleur – rood (donker, warmrood – geen waterige pasteltinten)
- Vorm – rond
- Textuur – glad, bobbelig en golvend
- Gewicht – zwaar

Hopelijk voel je je na het ontbijt opgewekt, voldaan en klaar om aan de slag te gaan. Het volgende punt op de agenda is sporten – maar eerst volgt nu het eerste van paar korte uitstapjes waarin we de zintuigen stuk voor stuk onder de loep nemen.

2

Zicht

WE ONDERBREKEN IN DIT BOEK de dagelijkse routine met enkele terzijdes waarin we diep ingaan op alle zintuigen afzonderlijk. We onderzoeken hun unieke verrassingen en hun rol in onze multizintuiglijke perceptie van de wereld. Het is dus zinvol om te beginnen met het zintuig dat altijd op de eerste plaats kwam, sinds Aristoteles verkondigde dat dat zo was. En niemand spreekt Aristoteles tegen. Ik heb het over het zicht.

In de hoofdstukken over reuk, smaak en tastzin zal het zicht een beetje op de korrel worden genomen, maar dat is omdat de andere zintuigen vaak worden vergeten ten gunste van wat we kunnen zien. In de meeste aspecten van het leven komt ons zicht en het belang van hoe dingen eruitzien bijna altijd voor de andere dingen, en vaak is het het enige zintuig waar we over nadenken. Bij het ontwerp van huizen, kantoren, ziekenhuizen, galerieën, openbare ruimtes en steden is onze aandacht vrijwel geheel gericht op hoe de dingen eruitzien, en vrijwel nooit op de vraag hoe ze zouden moeten klinken of ruiken. Voor speelfilms zijn er budgetten van tientallen miljoenen voor visuele effecten, maar het budget voor geluid en muziek is daar slechts een fractie van – ondanks het feit dat wat je hoort 50 procent zo belangrijk is als wat je ziet, soms zelfs meer, zoals David Lynch ooit zei. Restaurants spenderen miljoenen aan het decor, waarna de dienstdoende manager zijn telefoon inplugt en de muziek opzet waar hij zin in heeft. Dit hele boek gaat in sommige opzichten over het feit dat we meer aandacht moeten besteden aan de andere zintuigen, maar dat mag ons niet afleiden van de primaire rol die het zicht speelt in ons gedrag en de wijze waarop we de wereld om ons heen zien.

In Aristoteles' hiërarchie van de zintuigen stond het gezichtsvermogen bovenaan, gevolgd door gehoor, reuk, smaak en tastzin. Ruim tweeduizend jaar later werd bij een onderzoek aan de faculteit voor Industrieel Ontwerp aan de Technische Universiteit Delft aan een groep consumenten gevraagd welk zintuig volgens hen het belangrijkst was bij de evaluatie van 45 verschillende producttypen, variërend van waterkokers tot wasmiddelen. De volgorde van de zintuigen was zicht, tastzin, reuk, gehoor en smaak. Iets anders dan die van Aristoteles; maar over de nummer één zijn ze het eens.

Het is fysiek voorbestemd dat het zicht voor ons dominant is. Onze ogen zitten aan de voorzijde van de hersenen. Wat we 'zien' is licht; ons 'beeld' is wat onze hersenen ons vertellen. Het is het proces hoe we betekenis afleiden uit wat onze ogen opvangen. In dat opzicht is het dus een heel ander, aangeleerd zintuig. Anders dan iets fysieks zoals moleculen in de lucht die een geur vormen of de trillingen en drukveranderingen die we omzetten in geluid, is het beeld de culminatie van een complexe verzameling neurologische functies die bestaat uit een massa vaardigheden. We kunnen bij onze geboorte bijna net zo'n breed bereik aan klanken horen als wanneer we volwassen zijn, en we kunnen evenveel aroma's ruiken. Maar als baby zien we slechts twintig centimeter voor ons, en we kunnen nauwelijks meer kleuren waarnemen dan zwart en wit. De kegeltjes in ons netvlies die de miljoenen kleuren die we kunnen waarnemen opvangen, komen pas na een paar maanden na de geboorte tot ontwikkeling. Maar naarmate het zich ontwikkelt, neemt ons zicht het heft in handen en worden onze ogen ongelooflijk verfijnde zintuiglijke receptoren. Veel onderzoekers zijn het erover eens dat zo'n 80 procent van onze cognitieve verwerking van onze omgeving door middel van het zicht geschiedt.

Zelfs als een ander zintuig dominant lijkt te zijn, zoals smaak als we eten, heeft ons zicht een enorme invloed op wat we waarnemen. Bij een onderzoek met de titel 'A Taste of Kandinsky', dat werd uitgevoerd in het Crossmodal Research Laboratory aan Oxford University, kregen zestig deelnemers een bord met eten. Het gerecht was voor iedereen hetzelfde, maar het werd op een van de volgende drie manieren gepresenteerd: regulier, netjes of 'kunstzinnig'. Bij het 'reguliere' gerecht lagen alle ingrediënten door elkaar in het midden van het bord, in zo'n haute-cuisinecirkel. Bij de 'nette' presentatie lagen de samenstellende elementen van het gerecht in keurige rijen (niet bepaald aantrekkelijk, maar je kon tenminste zien wat je kreeg). En voor de 'kunstzinnige' versie was het gerecht zodanig gearrangeerd dat het leek op *Painting Number 201* van Kandinsky, naar wie het onderzoek was genoemd. Drie groepen van twintig deelnemers kregen de verschillende presentaties, en niemand wist dat anderen het gerecht op een andere manier kregen voorgeschoteld.

De gasten werd voor ze het gerecht opaten gevraagd een vragenlijst erover in te vullen, en naderhand nog eens, waarin ze een oordeel moesten geven over de presentatie, wat ze van de smaak ervan verwachtten, en hoezeer ze ervan hadden genoten. De resultaten verschilden enorm per gerecht: het kunstzinnige gerecht werd veruit het hoogst gewaardeerd, het eten werd smaakvoller gevonden en de mensen waren bereid er meer voor te betalen. De 'reguliere' presentatie kwam op de tweede plaats en het 'nette' arrangement op de derde. Het verschil tussen aan de ene kant wat de mensen van de smaak van het voedsel verwachtten en aan de andere kant hoe ze het naderhand beoordeelden, was interessant. De mensen die het Kandinskygerecht kregen, verwachtten dat het heel lekker zou zijn en noemden het naderhand zelfs nog lekkerder, terwijl de beoordeling van de 'reguliere' versie achteraf lager was. En het bord waarop de ingrediënten keurig lagen uitgestald smaakte precies zoals de deelnemers hadden voorspeld.

Iets aan de visuele schoonheid van Kandinsky's compositie verbeterde de smaak van het eten, wat zou kunnen betekenen dat we allemaal een aangeboren waardering voor kunst hebben. Zoals de onderzoekers opperden, 'de presentatie van het eten dat door kunst was geïnspireerd, kon een eetbare weergave zijn geweest van de boodschap die Kandinsky oorspronkelijk op de kijker had willen overbrengen'. Hoe het ook zij, dit onderzoek liet niet alleen zien dat het zicht de smaak kan beïnvloeden en dat de esthetische waarde van iets net zo goed onze smaakpapillen als onze ogen kan prikkelen, maar ook dat we weten hoe een ingrediënt dat we herkennen zal smaken, zoals bij de 'nette' presentatie bleek. Ons zicht bereidt onze verwachting voor, op basis van ervaringen uit het verleden. En je krijgt wat je ziet, zelfs als dat niet zo is; als je iets ziet en erop rekent dat het dit is, maar het blijkt iets anders te zijn, zal de dominantie van het gezicht prevaleren en krijg je wat je ogen je hebben verteld.

Een ander goed voorbeeld hiervan is de groep wijnkenners die werd wijsgemaakt dat witte wijn rode wijn was, terwijl het gewoon witte wijn met een rode kleurstof was. In 2001 bood Frédéric Brochet, die bezig was aan een dissertatie-onderzoek aan de universiteit van Bordeaux, 54 wijnkenners twee glazen aan met dezelfde witte wijn, waarvan het ene was gekleurd met een smaak- en reukloze rode voedingskleurstof. De connaisseurs beschreven de witte wijn met de terminologie die je zou verwachten – 'bloemig', 'honing', 'perzik' en 'citroen'. Maar vervolgens beschreef de overgrote meerderheid de identieke rode witte wijn met termen die gewoonlijk worden gebruikt voor rode wijn – 'framboos', kersen', 'ceder' en 'cichorei'. Brochet verwoordde het als volgt in een artikel in *The Times*: 'Ze rekenden erop een rode wijn te proeven, en dus deden ze dat (…) Zo'n 2 à 3 procent van de mensen herkent het aroma van witte wijn maar heeft steevast weinig verstand van wijncultuur. Connaisseurs falen doorgaans. Hoe ervarener ze zijn, des te meer fouten maken ze omdat ze worden beïnvloed door de kleur van de wijn.'

Kleuren maken dat we een scala aan eigenschappen van alles om ons heen verwachten, op basis van de betekenis die we aan elk van die kleuren toeschrijven. Veel van deze aannamen zijn vrijwel universeel en kunnen iets abstracts krijgen. Om een bekend voorbeeld te nemen: welke kleur is volgens jou zwaarder, rood of geel? De meeste mensen zeggen dat rood zwaarder is dan geel – net zoals citroenen snel zijn, is dit een van de meest genoemde intermodale overeenkomsten die onze multizintuiglijke waarnemingswereld aantonen. Maar ook mensen die vrijwel sinds hun geboorte blind zijn en nooit een kleur hebben gezien, verklaren dat rood zwaarder is dan geel.

Onderzoekers in Italië en België legden 46 personen die konden zien en 46 individuen die al heel vroeg blind waren geworden een reeks intermodale raadsels voor, zoals 'is een citroen snel of langzaam?', 'welke kleur is zwaarder, rood of geel?' en 'is een kei zoet of zuur?'. (Het antwoord op de laatste vraag luidt dat keien zuur zijn.) Omdat kleuren alleen door middel van het zicht kunnen worden ervaren, is het de vraag over rood en geel die de twee groepen van elkaar scheidt. Ongeveer 90 procent van de ziende deelnemers antwoordde dat rood zwaar was, en 70 procent van de deelnemers met een visuele beperking zei dat ook. Deze uitkomst onderstreept de belangrijke vraag over zintuiglijke waarneming die ik in de inleiding noemde, namelijk of zulke associaties door middel van de taal en ervaring zijn aangeleerd of dat het aangeboren versies zijn van de synesthesie die in ieder van ons zit. Het onderzoek ondersteunt beide redeneringen, afhankelijk van hoe je ernaar kijkt. Mensen die al vroeg blind werden hebben nooit rood gezien, maar hebben het woord in metaforische zin horen gebruiken en beschrijvingen ervan gehoord. Maar er kan zelfs als ze de kleur nooit met eigen ogen hebben gezien toch ook een aangeboren synesthetische schakel in hen bestaan dat rood zwaar is, en onze taal en de emotionele connotaties van rood kunnen zich hebben ontwikkeld om die associatie te weerspiegelen.

Ons zicht is het zintuig dat in veel situaties de leiding heeft, terwijl het altijd geheel en al is verbonden met de andere zintuigen – van kleuren die ons prepareren voor bepaalde zintuiglijke verwachtingen tot het McGurk-effect, dat bewijst dat het zicht het gehoor 'zintuiglijk overheerst'. Het is de moeite waard naar beelden ervan te kijken, want je moet het zien om het te geloven. Dit effect werd toevallig ontdekt in 1976, toen de onderzoekers Harry Mc-Gurk en John MacDonald onderzoek deden naar taalontwikkeling bij zuigelingen. Ze waren een film van iemand die tegen een camera praat aan het nasynchroniseren terwijl ze een andere geluidsband afspeelden, toen ze iets verrassends opmerkten. Je ziet op het scherm bijvoorbeeld iemand die met de lippen herhaaldelijk de woorden 'fa, fa, fa' vormt in de camera, maar op de geluidsband hoor je iemand die 'ba, ba, ba' herhaalt. Aangezien hier twee incongruente pakketjes zintuiglijke informatie worden overgebracht, moeten de hersenen besluiten welke ze zullen kiezen – en het zicht wint. Je hersenen zorgen ervoor dat je 'fa, fa, fa' hoort, want dat zie je, ook al hoor je eigenlijk 'ba, ba, ba'. Als je je ogen sluit hoor je 'ba', maar als je naar het scherm kijkt hoor je 'fa'. Het is maf en je kunt er niets aan doen, ook al weet je dat het gebeurt.

Nu we naar het gezicht van mensen kijken loont het om even stil te staan bij het feit dat we visueel zijn ingesteld om informatie van andere mensen op te vangen. Er zit zelfs een gebied in de visuele cortex in onze hersenen dat bedoeld is om gezichten te verwerken. Voor een baby trekt een menselijk gezicht de meeste aandacht, en zo gauw we rondkruipen, zijn we evolutionair geneigd op een vrolijk lachend gezicht af te gaan en niet op een boeventronie. Aangenomen wordt dat we in slechts een tiende van een seconde de persoonlijkheid van mensen beoordelen door alleen maar naar hun gezicht te kijken.

Twee psychologen van Princeton University, Janine Willis en Alexander Todorov, lieten zien dat deze onmiddellijke oordelen bijna altijd de evaluaties weerspiegelen die na een lange periode zijn gevormd. Ze lieten mensen gedurende perioden van een tiende van een seconde tot een seconde afbeeldingen zien van diverse gezichten en vroegen hun zo snel mogelijk antwoord te geven op bepaalde vragen, zoals: Is deze persoon competent? Of aardig? Hoe aantrekkelijk is hij of zij? Een controlegroep kreeg dezelfde afbeeldingen zonder tijdbeperking te zien, en de meeste onmiddellijke oordelen die na een tiende van een seconde waren gevormd, waren gelijk aan de heersende mening van de controlegroep.

De eigenschap die mensen met de meest overtuiging toeschreven aan gezichten was 'betrouwbaarheid'; mensen met ronde trekken, grote ogen en babyachtige kenmerken lijken betrouwbaarder. Een groep onderzoekers stelde na het bestuderen van 506 kantongerechtszaken vast dat de kans groter was dat iemand won, of deze nu eiser of aangeklaagde was, als hij of zij een babyface had of aantrekkelijk was – een eerlijk proces bestaat niet als gevolg van onze aangeboren visuele vooroordelen, zolang de jury de betrokkenen te zien krijgt. Zo denken we bij een rechthoekig gezicht en scherpe kaken dat de persoon in kwestie dominanter en competenter is.

In 2005 wist een onderzoek het resultaat van de Amerikaanse Senaatsverkiezingen 70 procent correct te voorspellen door foto's van de kandidaten aan mensen te laten zien en hun te vragen hoe competent ze deze achtten. De kans dat degenen die op grond van alleen hun gezicht voor competent werden aangezien zouden winnen, was groter; een patroon dat later ook in andere culturen werd bevestigd.

We schijnen een visuele taal voor gezichtsherkenning te hebben ontwikkeld die ons emotionele oordeel over mensen beïnvloedt nog voor we ons bewust zijn van wat dat werkelijk betekent. En omdat het evolutionair is bepaald dat we dat doen, kunnen we er niet aan ontkomen. Mensen zijn zulke sociale wezens dat het verstandig is snel te kunnen inschatten of iemand een vriend of een vijand is. Het probleem is echter dat ons onmiddellijke oordeel en onze vooroordelen vaak onjuist zijn. Niet alle mensen met scherpe kaken zijn competent en individuen met een rond gezicht zijn zeker niet allemaal betrouwbaar. Alexander Todorov, hoogleraar aan Princeton University, legt uit dat onze visuele cortex, misschien omdat we nu zoveel gezichten te zien krijgen, de eenvoudigste indeling kiest en bepaalde kenmerken aan bepaalde karaktereigenschappen toeschrijft, maar als gevolg daarvan zijn we vatbaar voor de ergste vorm van visuele stereotypering. Het enige wat we eraan kunnen doen is met zo veel mogelijk verschillende mensen omgaan, van alle rassen, geloven, kleuren, gelaatsvormen en -trekken – en onszelf leren onze visuele vooroordelen aan te passen door onze zojuist verworven ervaring te gebruiken om ons aangeboren onmiddellijke oordeel in twijfel te trekken.

Ons zicht is het zintuig waarmee we gewoonlijk voor het eerst met iemand of iets geconfronteerd worden. Dit is de 'primer' die bepaalt wat we verwachten te krijgen via de andere zintuigen, en vanaf dat moment heeft het daar invloed op. Maar de andere zintuigen zijn er ook altijd en sturen informatie alle kanten op naar de overige. Aristoteles vergiste zich toen hij zei dat onze zintuigen allemaal gescheiden zijn; al onze ervaringen zijn multizintuiglijk, en ons uitgangspunt is onjuist als we proberen iets uit te leggen op grond van de veronderstelling dat onze zintuigen afzonderlijk functioneren. Als alle informatie die van elk zintuig binnenkomt harmonieus is – bij elkaar aansluit en samenwerkt – is het effect groter en wordt het plezier versterkt, zoals dit boek hopelijk zal laten zien. Het kan een enorm gunstig effect hebben als je de juiste kleuren, vormen, verlichting en beeldmateriaal kiest voor de juiste situaties, van eten en drinken tot je werkruimte en woonkamer. In de hoofdstukken hierna bespreek ik hiervan zo veel mogelijk voorbeelden, maar laten we onze dag vervolgen – het is tijd voor wat beweging.

3

Sporten

DE BESTE TIJD VOOR JE dagelijkse portie beweging is tussen zeven en acht uur 's ochtends of tussen één en vier uur 's middags. Als je op deze tijdstippen tijd vrijmaakt voor een work-out, verzet je je lichamelijke klok gemakkelijker naar een natuurlijker tijdsbestek, net zoals slapen onder de sterren het circadiaans ritme aanpaste van de kampeerders in Colorado uit het eerste hoofdstuk. Dit 'faseverschuiving'-effect en het gegeven dat er tijden op de dag zijn waarop sporten het meest effectief is, zijn tamelijk recente ontdekkingen. In 2019 lieten wetenschappers van Arizona State University en de University of California circa honderd mensen van verschillende leeftijden op specifieke tijdstippen 's nachts en 's ochtends – om 1.00, 4.00, 7.00 en 10.00 uur – en 's middags en 's avonds – om 13.00, 16.00, 19.00 en 22.00 uur – een uur op een loopband rennen. De onderzoekers bepaalden de melatoninewaarde van de deelnemers voorafgaand aan en na afloop van de training. Degenen die om 7.00, 13.00 en 16.00 uur trainden, verschoven hun melatoninestart – de golf slaapbevorderend hormoon die ons kan treffen nadat we wakker zijn geworden – naar het natuurlijke tijdstip, een paar uur eerder, toen ze nog sliepen, wat hielp bij de bestrijding van sloomheid door slaperigheid.

Later op de avond trainen, tussen 19.00 en 22.00 uur, had het tegenovergestelde effect en stelde de melatoninestart zelfs nog langer uit. Dit is een negatief effect voor mensen met een doorsnee routine, maar zou handig kunnen zijn voor mensen die in de nacht-dienst werken. Je kunt door 's avonds te sporten voor je naar je werk gaat, je circadiaans ritme helpen aanpassen aan je verder onnatuur-lijke werkuren.

Als het tijdsgewricht in de ochtend van 7.00 en 8.00 uur niet haalbaar voor je is, is het middagprogramma misschien gemakkelij-ker, en het tijdsgewricht van 13.00 tot 16.00 uur is handig in het weekend om de zogenoemde 'sociale jetlag' te bestrijden – die je krijgt als je op vrijdagavond tot 2.00 uur 's nachts opblijft terwijl je de hele week in een normaal ritme zit. Op zaterdag en zondag slaap je uit tot 11.00 uur en daarna heb je op maandag de grootste moeite om vroeg op te staan. Wil je in het weekend kunnen uitslapen en toch aan het begin van de werkweek weer in het juiste ritme komen, dan moet je jezelf op zaterdag en zondag dwingen om te trainen om 13.00 of 16.00 uur – dan loop je op maandagmorgen weer in de pas en voel je je prima bij het wakker worden.

Voor de voornemens van onze dag zal het sporten van vandaag echter 's ochtends plaatsvinden. Vanuit een zintuiglijk oogpunt gaat het er bij de work-out om dat alles in je omgeving in overeen-stemming is met je geestestoestand, emoties en de activiteit die je gaat beoefenen. Bij sporten gaat het om een actief, gemotiveerd en zelfverzekerd gevoel, en door je te omringen met zintuiglijk over-eenstemmende elementen die dit gevoel ondersteunen, wint het aan kracht.

Voorbereiding

Laten we ervan uitgaan dat je aankomt bij de sportschool, naar de kleedkamer gaat en op het punt staat je klaar te maken voor een training. Misschien ga je in je eentje hardlopen, volg je een groeps-les of ga je een wedstrijd spelen. In de kleedkamers of de sportzaal zelf heb je uiteraard niet veel te zeggen over de omgeving, maar wel over je kleren en accessoires.

Draag felle kleuren en geometrische, hoekige patronen

'Sportkleding' heeft heel wat op haar geweten als het om stijl gaat; altijd zo opzichtig en vol met krankzinnige patronen en kleuren. Nou, er is een reden voor zulke modemisdrijven: als we opvattingen over actief zijn in verband brengen met iets visueels, stuiten we op hoekigheid en felheid – scherpe vormen en schreeuwerige kleuren. Gehoekte vormen zijn dynamisch en staan voor actie en precisie, en ze stralen agressie uit – een aantal onderzoeken heeft laten zien dat een omgekeerde V-vorm het gezicht van een boos persoon weerspiegelt, en opvalt in visuele designs omdat we evolutionair zijn geprogrammeerd om gevaar te ontdekken. Terugkomend op het concept van aangeklede cognitie, moeten we felle kleuren en kleding met scherpe, gehoekte patronen dragen als we ons energiek en scherp willen voelen.

Draag bij wedstrijden iets roods

Statistisch gezien is de kans dat je beter presteert in een sport groter als je rode kleren draagt. Een groep onderzoekers verdiepte zich in de resultaten van boks- en taekwondo-wedstrijden en partijen in het Grieks-Romeins worstelen en vrij worstelen op de Olympische Spelen in 2004. De sporters kregen voorafgaand aan de partij door middel van een toss willekeurig rood of blauw als hun gevechtskleur toegewezen. Uit de resultaten bleek dat de kans dat de rode hoek van de mat won ongeveer 75 procent groter was. 16 van de 21 ronden werden gewonnen door degene in het rood. Het effect was het sterkst als de sporters aan elkaar gewaagd waren; in die gevallen leek het de bepalende factor te zijn.

Dit met de kleur samenhangende psychologische effect heeft niet alleen in deze man-tegen-mangevechten invloed. Dezelfde groep onderzoekers bekeek ook voetbalteams bij de Champions League van 2004. Ze vergeleken vijf teams die sommige wedstrijden hoofdzakelijk rode tenues droegen en andere wedstrijden in witte, blauwe of clubkleuren aantraden. De vijf teams scoorden allemaal meer goals en wonnen meer wedstrijden als ze hun rode tenue droegen.

Volgens de onderzoekers word je in de ogen van de tegenstanders door in rood te spelen beschouwd als gevaarlijker en sterker; degenen die in wit en blauw spelen daarentegen zijn mogelijk meer timide dan ze anders zouden zijn, waarmee het krachtsevenwicht in het voordeel van het rode team doorslaat.

Kleren die de juiste geluiden maken

Alles wat je hoort beïnvloedt je emoties en je gedrag. Het geluid van voorwerpen, producten en kleren wordt echter vrijwel genegeerd, of het wordt op z'n minst niet benut om extra voordeel te verkrijgen bij wat we doen. Een voorbeeld uit mijn vakgebied is een elektrische tandenborstel waar ik niet zo lang geleden aan heb gewerkt. De makers hadden niet bedacht dat het geluid verschil kon maken, maar wij toonden aan dat de gebruikers de borstel tegelijkertijd als krachtiger en zachter voor hun tandvlees ervoeren als de motor iets luider klonk maar met een zachter, meer omfloerst geluid. Het geluid van de tandenborstel kreeg vervolgens (bijna) net zoveel aandacht als het visuele uiterlijk.

Doorgaans wil je niet dat je kleren veel geluid maken, maar sommige materialen geven tijdens het sporten een door het geluid opgewekte emotionele stimulans aan je prestatie. Denk aan het verschil tussen een jack dat je sluit met drukknopen en een met klittenband, en het geluid dat het jack maakt als je het opentrekt terwijl je voortsnelt. Het sneue pop, pop van drukknopen of het krachtige en stimulerende scheurende geluid van klittenband? Het harde, scherpe geluid geeft je een stoot energie en helpt je te versnellen richting de overwinning.

Als je zacht materiaal draagt dat bij het bewegen gedempte geluiden maakt, voel je je minder dynamisch dan wanneer je de hoogtonige glans van een synthetische stof kunt horen. Het eerste soort materiaal kan gunstig zijn voor iets waar een vast ritme voor nodig is

– langeafstandswedstrijden bijvoorbeeld bij hardlopen, fietsen of roeien – maar het ritselen van een kunststof is geschikter voor felle bewegingen en uitbarstingen van energie. Dat is iets om in je achterhoofd te houden als je bepaalt welke sportkleren je aantrekt. Bedenk welke gemoedstoestand je wenselijk acht om je prestatie te stimuleren en bedenk vervolgens welke geluiden daaraan zullen bijdragen.

Waterfles

Een waterfles is een voorwerp dat je mogelijk gedurende je hele training bij je hebt, en we kunnen zorgen dat de zintuiglijke benadering van zijn ontwerp harmonieert met wat je doet en met de rest van je omgeving. Als het om een flesje gaat dat je tussen krachtsinspanningen door gebruikt, dan is het in het ideale geval tamelijk zwaar, om zo het fysieke gewicht om te zetten in gevoelens van kracht en zelfvertrouwen. Net als de zware kom bij je ontbijt of een zwaar sieraad, geeft gewicht een idee van kwaliteit, kracht en soliditeit.

De fles moet van metaal zijn, zodat hij koel en fris aanvoelt. Deze sensaties geven je een gevoel van activiteit, het tegenovergestelde van een fles met warm water onder een wollen theemuts. De vorm moet bovendien gehoekt zijn, zodat hij dynamischer aanvoelt; dit versterkt de frisse smaak van de vloeistof.

Water met een muntsmaak

Een paar druppels pepermuntolie in je water verbetert aantoonbaar de prestaties tijdens de training doordat het de bloeddruk verlaagt en het ademhalingstempo en de capaciteit van de ademhaling verhoogt. Sportwetenschappers in Iran lieten een groep mannelijke studenten dagelijks 0,05 milliliter pepermuntolie in 500 milliliter water drinken. Toen ze na slechts tien dagen de conditie van de mannen en hun prestaties op een loopband maten, bleken hun longfunctie en prestaties te zijn verbeterd, ze waren minder snel moe en hun hartslag bij rust en na de training was lager.

Een vleugje citroengras of andere geuren met beweging

Er bestaan ingrediënten die werkelijk lijken te bewegen en deze kunnen dienen als een motiverend vleugje aroma voorafgaand aan de training. Parfumeurs gebruiken ze als prikkelende 'boventonen' die hun aroma's iets energieks geven. Een van die ingrediënten is citroengras, naast 'aldehyden', synthetische aromatypen die aan parfums worden toegevoegd om ze iets bruisends te geven als je ze voor het eerst ruikt; het beroemde Chanel No 5 was een van de eerste parfums waarin ze werden gebruikt. Dit soort aroma's is bruisend en prikkelend, en citroengras is juist zo fantastisch omdat het perfect past bij de zintuiglijke wereld die we tot nu toe hebben opgeroepen, aangezien het een fris, sprankelend en levendig aroma is. Een vleugje in de lucht als je de voorbereiding voltooit, geeft je een psychologische stimulans terwijl je vol energie de kleedkamer uit gaat.

Een zintuiglijk voorschrift voor de voorbereiding op het sporten

- Kleur – Draag rode kleren als je aan een wedstrijd meedoet of je zelfverzekerd en sterk wilt voelen. Felle kleuren zijn goed voor de energie.
- Patronen – Kies kleding met maffe hoekige patronen voor een beetje aangeklede cognitie die je actieve, energieke stemming zal versterken.
- Geluid – Bedenk welke geluiden je kleren maken en hoe dat je prestaties kan bevorderen.
- Vormen – Ook hier geldt: hoekige en solide, scherpe vormen voor dingen die je bij je hebt, zoals je waterfles.
- Smaak – Doe een beetje pepermuntolie of verse munt in je water voor een fysiologisch voordeel.
- Geur – Gebruik een levendig aroma zoals citroengras om je een oppepper te geven.

Training

De belangrijkste zintuiglijke begeleider bij sporten is muziek, en in elke sportschool draaien ze graag nummers met een stevige beat om de felheid erin te houden. Het is aangetoond dat muziek op een ongelooflijk effectieve manier helpt om meer uit je work-out te halen, of je nu in de sportschool bent of buiten. Wat betreft de vraag wat het beste voor jou is, staan enkele dingen vast.

Luister naar je eigen muziek, niet die van de sportschool

Tenzij je een voorkeur hebt voor het soort dance-pop waaruit het muziekrepertoire van de meeste sportscholen bestaat, geeft het meer positieve resultaten als je muziek van je eigen keuze beluistert.

Studenten van de Texas A&M University renden bij een eenvoudige hardlooptest van drie kilometer harder als ze naar hun eigen muziek luisterden, en behaalden met dezelfde inspanning een beter resultaat. Een ander onderzoek aan het Human Performance Laboratory van California State University leverde vergelijkbare resultaten op: wetenschappers maten de startsnelheid van een groep mannen die squats deden terwijl uit de speakers in het vertrek muziek van hun eigen keuze klonk. Als de proefpersonen hun eigen speellijst draaiden en uit alle macht begonnen te springen, accelereerden ze sneller, zat er meer kracht in hun lancering en gaven ze aan dat ze zich sterker voelden! Ze sprongen echter niet hoger.

Dat het beter is om naar je eigen muziek te luisteren, kan deels worden verklaard door het feit dat je er waarschijnlijk eerder in opgaat in plaats van je te concentreren op het verstrijken van de seconden en de herhaling van de oefening. Je wordt doorgaans ook gelukkiger van je eigen muziek en je kunt beter ontspannen als je luistert naar muziek die je fijn vindt, waardoor je spieren zich ontspannen en de bloedsomloop wordt bevorderd. Het kan dus een zogenoemde 'psychobiologische' impact hebben en je trainingsvermogen verbeteren.

Snel en hard of langzaam en zacht

In het Verenigd Koninkrijk werd onderzocht wat het ideale tempo en volume van een begeleidende speellijst voor de training is als het gaat om het verbeteren van de prestaties. De deelnemers liepen telkens tien minuten hard, eerst zonder muziek, daarna met langzame en zachte muziek, gevolgd door langzame en luide, snelle en zachte, en snelle en luide nummers. De prestaties waren beter mét muziek, en de proefpersonen liepen het snelst als de muziek snel en luid was.

Maar er werd nog iets interessants ontdekt. De deelnemers zetten zich meer in en verhoogden de snelheid van de loopband als de muziek snel en luid of langzaam en zacht was, maar niet als ze snel en zacht of langzaam en luid was. Dit toont het volgende aan: als je een voorkeur hebt voor muziek met een rustiger tempo, dan train je beter als je die niet te hard zet. En als je voorkeur uitgaat naar muziek met een hoger tempo, dan kun je die het beste hard zetten. De meest plausibele reden hiervoor is dat de twee combinaties goed samengaan – we stellen intensiteit gelijk aan een hoog volume. Als tempo en volume in overeenstemming zijn met elkaar, wordt onze geest niet gealarmeerd door een vreemde ongerijmdheid en hoeft ons brein geen energie te verspillen aan wat er mankeert. In plaats daarvan kunnen we de zintuiglijke stimulans aanvaarden, deze lekker over ons heen laten komen en alle goede dingen laten doen die ik eerder noemde – de aandacht afleiden en je vrolijk stemmen.

Dus als je sneller wilt lopen, draai dan luide en snelle muziek. Ben je tevreden met iets minder snelheid en een lagere hartslag, zet dan wat rustigere nummers op en zet het volume laag.

Rauwe bassen en heldere, zuivere hoge tonen

Het laatste punt over muziek is dat bepaalde eigenschappen je prestaties nog meer kunnen verbeteren. Dit is wat we in mijn vakgebied een 'geluidsinstructie' noemen: richtlijnen voor het soort muziek dat een merk zou moeten gebruiken om hun waarden en persoonlijkheid over te brengen. Als we 'training' als het merk beschouwen en ons aan ons zintuiglijke voorschrift houden, dan is de persoonlijkheid die we willen tonen zelfverzekerd en krachtig en de voordelen ervan zijn dat je je daardoor actief, fris en energiek voelt. De 'geluidsinstructies' zouden dus zijn:

- Een flinke hoeveelheid bassen, voor kracht en zelfvertrouwen.
- De lage tonen moeten textuur hebben, ter bevordering van het zelfvertrouwen en onverschrokkenheid.
- De hoge frequenties moeten zuiver, knisperend en helder zijn, om voor frisheid te zorgen.
- Houd het geluid strak, zonder overdadige echo's of ruimte in de mix.
- De noten moeten krachtig en staccato worden gespeeld voor een actief, scherper gevoel.

Wat de geurkant van trainingen betreft, sportscholen hebben meestal al hun typische aroma, en er valt wat voor te zeggen dat je niet moet proberen dit onherkenbaar te veranderen. De bedwelmende mengelmoes van zweterig lycra en desinfecterende middelen zit bij velen van ons al in onze geest ingeprent als een zintuiglijke herinnering en zal je trainingssappen doen stromen zodra je er een vleugje van opvangt. Hoewel het niet bijzonder aangenaam is, roept het bijna evenveel op als de geur van verse koffie of net gebakken brood.

Een geur in je directe omgeving heeft echter als persoonlijk voordeel een vergelijkbare uitwerking als muziek, zo is aangetoond, doordat deze je aandacht afleidt van 'de pijn', wat betekent dat je nog een beetje extra kunt geven. Bij een onderzoek moesten mensen een handgreep samenknijpen terwijl er een geurstrook onder hun neus zat; een controlegroep deed de oefening zonder geur. Het resultaat liet zien dat mensen met de geur hun greep langer volhielden – ze verklaarden dat ze zich minder concentreerden op het verstrijken van de tijd of de pijn als gevolg van het vasthouden van de greep.

Pepermuntaroma

Bij bovengenoemd onderzoek waren lavendel en pepermunt de gebruikte geuren; beide zijn effectief, maar pepermunt is de beste keuze bij een training. Sproei er wat van op je handdoek of op je lichaam tijdens de work-out. Zoals we al zagen verhoogt het na inname de longcapaciteit en ondersteunt het derhalve je sportprestaties. Door de verkoelende sensatie van de geur kun je gemakkelijker ademhalen en bovendien koelt deze je af.

Pepermunt verbetert ook de nauwkeurigheid. Een onderzoek uit de Filippijnen toonde aan dat mensen die darten veel accurater waren als ze wat pepermuntgeur opsnoven. Niet dat darts een vorm van lichaamsbeweging is (en als je het een sport noemt, krijg je moeilijkheden). Bij dit onderzoek moesten honderd niet-dartende studenten twee minuten lang ruiken aan met lavendel- of pepermuntolie geïmpregneerde watten (een controlegroep zat ernaast en deed niets). Toen ze gingen darten, bleken de studenten die het pepermuntaroma hadden geroken nauwkeuriger en consistenter te gooien en waren ze naar eigen zeggen minder gespannen. Het is een op zichzelf staand onderzoek, maar de uitkomst wijst erop dat je in het voordeel zou kunnen zijn als je iets met een pepermuntsmaak opsnuift of drinkt voor je een bal gooit of een partijtje tennis gaat spelen.

Wanneer je een geur op deze manier gebruikt, is het de kunst om daaraan vast te houden en het telkens als je gaat trainen te gebruiken. Door een associatie te vormen, zal de geur de juiste gevoelens terugroepen zodra je er een vleugje van opvangt; je kunt het dan telkens als je het nodig hebt gebruiken om in de juiste geestestoestand te komen. Als het je ooit moeite kost om de wilskracht op te brengen om te gaan trainen, dan helpt een steelse snuif van je voorkeursgeur wellicht.

Train met anderen die fitter zijn

We sporten vaak in groepen – of het nu gaat om spinnen, body-sculpture of crossfit-lessen, of een van de vele andere activiteiten. De voordelen spreken voor zich: als mensen kijken span je je meer in en de kans is kleiner dat je er eerder mee uitscheidt dan wanneer je alleen bent. We streven van nature naar sociale acceptatie, dat wil zeggen dat we altijd ons best doen om de groep bij te houden – een verschijnsel dat weleens de 'sociale vergelijkingstheorie' wordt genoemd. Onderzoek aan Michigan State University liet zien welke invloed deze had op de trainingsmotivatie. Ze vroegen deelnemers in hun eentje te planken en daarna naast een 'virtuele partner' op een scherm, die zodanig was geprogrammeerd dat hij het altijd beter deed dan de deelnemers. De deelnemers hielden het planken gemiddeld 24 procent langer vol wanneer ze het opnamen tegen de superieure digitale tegenstander.

Soms is dit effect echter niet positief maar negatief; we proberen het net zo goed te doen als de mensen om ons heen, of ze nu beter of slechter zijn dan wij, om erbij te horen. Toen bij een onderzoek aan proefpersonen trainingspartners werden toegewezen die de instructie hadden gekregen om ofwel te beweren dat ze een extreem goede conditie hadden ofwel zich te gedragen alsof ze totaal niet fit waren, deden de nietsvermoedende deelnemers respectievelijk ofwel extra hun best ofwel minder hun best. Het is dus de kunst een trainingsmaatje te vinden dat fitter is dan jij of een groep sterk gemotiveerde individuen om mee te trainen.

Geef je trainingsmaatjes een high five

Bij sport is aanraking nuttig als het gaat om de persoonlijke of groepsprestatie. Als je in een team speelt of met een groep traint, geef dan zo vaak mogelijk een high five of een boks. Onderzoekers aan de University of California in Berkeley analyseerden het basketbalseizoen 2008–2009 van de NBA, waarbij ze keken hoe vaak de spelers elkaar tijdens de wedstrijden aanraakten. Ze stelden vast dat de spelers die aan het begin van het seizoen aanhaliger waren, het later in het seizoen op individueel niveau en als team altijd beter deden. Meer onderlinge aanrakingen verbeterden over het hele seizoen gezien de prestaties zonder meer. Volgens de onderzoekers versterken die de gevoelens van sociale verbondenheid en samenwerking, wat bij teamsport noodzakelijk is. Bovendien geven ze individuen een gevoel van eigenwaarde, naast een toegenomen indruk van hartelijkheid en vertrouwen van de kant van hun teamgenoten.

Kijk naar echte of verbeelde groene natuur

Sportwetenschappers gebruiken de term 'groene training' om lichamelijke activiteit in een natuurlijke omgeving mee te beschrijven, en de fysieke en psychologische voordelen ervan worden meer en meer erkend. Maar een onderzoek dat werd uitgevoerd op de School of Biological Sciences van de University of Essex, liet zien dat alleen al kijken naar de natuur (waarbij het niet eens om echte natuur hoeft te gaan) bijna net zo goed is als buiten in de weer zijn.

De onderzoekers maakten drie versies van een film door de ogen van iemand die door een bos fietst: de eerste was zwart-wit, de tweede kreeg een rode tint en de derde was origineel, met weelderige, groene bomen. Vervolgens projecteerden ze de film op een scherm dat voor een trainingsfiets was opgesteld, zodat het zou lijken alsof de deelnemers over de bosrijke weg reden. Een groep fietste vijf minuten in een rustig tempo voor elk van de drie films, waarbij hun hartslag werd gemeten. Hun stemming werd bepaald door een vragenlijst in te vullen voor een 'profiel van stemmingstoestanden', waarbij ze moesten aangeven hoe ze zich voelden op een schaal van 'helemaal niet' tot 'zeer' bij termen als 'energiek', 'actief', 'boos' of 'verward'.

De prestaties en stemming van de deelnemers waren veel beter als ze bij de 'natuurlijke' versie van de film fietsten. De inspanning die ze ervoeren was bovendien minder; ze waren minder moe en konden eeuwig doorgaan. Zowel de zwart-witte als de rode film daarentegen had een negatief effect op de stemming van de deelnemers, en van de rode versie werden ze zelfs kwaad. Voor de grootste voordelen van een 'groene training' moet je in de vrije natuur rennen of fietsen. Probeer anders in de sportschool voor een raam met uitzicht op een paar bomen te trainen; je kunt ook trainen met een tablet voor je neus waar een POV (point of view)-film van de natuur op wordt afgespeeld. Als je een fietser bent en graag een volledige uitrusting koopt, koop dan in elk geval geen rood gekleurde *wraparound*-zonnebril, of welke kleur dan ook. Zo'n bril heeft een negatieve invloed op je trainingsprestaties en maakt dat je na afloop gestrest bent.

Daglicht

Het gaat bij het buiten zijn niet alleen om het groen – het gaat ook om het licht. Het is aangetoond dat de aerobe capaciteit vooruitgaat als je buiten en bij natuurlijk licht fysiek actief bent. Daar komt nog bij dat we meer in de pas lopen met ons circadiaans ritme als we bij natuurlijk daglicht trainen dan als we buiten zijn en niets doen (al verdient dit laatste wel de voorkeur boven altijd binnen zijn).

Drie sportwetenschappers in Korea deden onderzoek om dit voor eens en altijd te bewijzen. Ze vroegen een groep deelnemers zich telkens gedurende vijf dagen zich aan een dagelijkse routine te houden, met een pauze van een week ertussen om 'de klok terug te zetten op nul'. Het ging om deze routines:

1. Dagelijks een half uur naar buiten, maar zonder training.
2. Dagelijks een half uur aerobe training binnen.
3. Dagelijks een half uur aerobe training buiten.
4. Geen training en binnen blijven.

Zoals je ongetwijfeld had voorspeld was de slaap van de proefpersonen bij het vierde regime nogal verstoord; ze gingen later naar bed, stonden later op en voelden zich versufter. Bij beide routines waarbij ze naar buiten gingen, 1 en 3, sliepen de proefpersonen beter. Maar de derde routine, waarbij de proefpersonen buiten mochten sporten, leverde de beste resultaten op. De proefpersonen vielen het snelst in slaap, hun melatoninegehalte was tijdens de slaap hoger (en niet nadat ze wakker waren geworden) en ze sliepen zevenenhalf uur, wat perfect is, en voelden zich elke ochtend goed uitgerust.

Het is helaas niet altijd mogelijk om naar buiten te gaan, of zelfs maar een raam met uitzicht op een park te hebben – we moeten ons redden met wat de sportschool te bieden heeft. Maar als je kunt zal het al heilzaam zijn als je gewoon in het park bij jou in de buurt gaat trainen – de combinatie van natuurlijk licht, groene natuur en training vormt de drie-eenheid.

Fel licht

Met één visueel element zit het in de meeste sportscholen wel goed: licht. In sportscholen branden bijna altijd felle tl-buizen, en fel licht is mogelijk het beste alternatief voor buiten zijn. Onderzoekers maten de sportprestaties van mensen bij verschillende lichtcondities en stelden vast dat circa 5000 K, waarbij het licht tamelijk fel en zuiver wit maar niet schel is, voor een optimum zorgde. Voor dit onderzoek, dat werd uitgevoerd in Japan, werd een handjevol fitte individuen gevraagd een kwartier te trainen op een fitnessfiets, waarna ze twintig minuten moesten rusten bij een van drie soorten verlichting; tegelijkertijd werd er een hersenfilmpje van ze gemaakt en moesten ze hun gevoelens beschrijven. Bij een betrekkelijk zwakke 3000 K – ongeveer het equivalent van een 60 watt-lamp – was de focus en aandacht van de proefpersoon niet optimaal. Bij extreem fel blauwwit licht van 7000 K waren ze minder relaxed, vermoeider en duurde het langer voor ze waren hersteld. Bij het zuiver witte licht was de motivatie van de deelnemer het sterkst.

Een zintuiglijk voorschrift voor een betere work-out

- Muziek – Speel als het kan je eigen muziek – die leidt je aandacht af en maakt je opgewekt. Snelle muziek is bevorderlijk om sneller te gaan, maar zet die wel hard; als je liever rustige muziek hebt, zet het volume dan lager. Neem muziek met zware bassen en scherpe, heldere tonen.
- Geur – Spuit wat pepermunt op je handdoek of op je lichaam voordat je gaat trainen.
- Visueel – Kijk naar de natuur, echt of niet. Je kunt zelfs een iPad met een POV-film van een rit door de natuur voor je loopband zetten.
- Licht – Daglicht is ideaal, maar gebruik anders wit licht – 5000 K – voor de optimale fysieke en mentale effecten.
- Mensen – Probeer te sporten met mensen die fitter zijn dan jij. Zoek een motiverende partner om mee te trainen, of doe dat met een groep met mensen die lijken te weten waar ze mee bezig zijn.
- Tastzin – Ieder mens krijgt een beter gevoel over zichzelf door een high five of een boksje.
- Overige – Train buiten als het kan; de combinatie van natuur, trainen en natuurlijk daglicht is enorm heilzaam.

Herstel

Zodra je van de loopband bent gestapt of een andere work-out staakt, is het van belang dat je een cooldown doet. Iedereen weet dat een paar stretchoefeningen en een slok water noodzakelijk zijn, maar een zintuiglijke cooldown is ook essentieel. Na het sporten is het cortisolgehalte – het stresshormoon – hoger dan normaal, wat ontstekingen helpt remmen en het spierherstel bevordert. Laat de snelle muziek dus nog zo'n drie minuten aanstaan. Daarna moet je het cortisolgehalte laten dalen, omdat je lichaam anders te lang in de vecht-of-vluchtmodus verkeert, wat uitputtend kan zijn en voor onnodige stress kan zorgen. Het is tijd voor een ander tempo.

Rustige muziek

Je moet na de cooldown veel rustigere muziek opzetten. Een onderzoek aan Brunel University toonde aan dat het cortisolgehalte van de deelnemers sneller naar een normaal niveau daalde en ze zich meer relaxed voelden als ze na de training twintig à dertig minuten naar superkalme muziek – circa zeventig beats per minuut – luisterden; als ze naar snelle muziek bleven luisteren, gingen het cortisolniveau en het stressgehalte omhoog. De hoogleraar die het onderzoek leidde, Costas Karageorghis, stelt voor een speellijst op te zetten met overgangsmuziek die je snelle trainingsmuziek geleidelijk vertraagt naar een weldadig rustig tempo en vervolgens in die kalme stemming blijft terwijl je je omkleedt en je dagelijkse bezigheden voortzet.

Als leidraad voor het soort muziek waarnaar je zou moeten luisteren: langere nummers zijn beter omdat er dan minder botsende overgang tussen de nummers is. Kalmerende instrumenten zijn bevorderlijk: zachte houten blaasinstrumenten en hoorns zijn de favorieten van professor Karageorghis. En gebruik van natuurlijke klanken zoals vogelzang kan ook bevorderlijk zijn, want dat brengt ons terug naar de verbinding met de geluiden van de natuur die we aan het begin van onze dag hadden.

Gedempt licht

In het ideale geval verandert de verlichting overeenkomstig de rustige muziek terwijl je je na de training omkleedt. Uit bovengenoemd lichtonderzoek bleek dat mensen beter herstelden na een training in warm gedempt licht van zo'n 3000 K (vergelijkbaar met een gemiddelde gloeilamp thuis). In een droomscenario zijn er gescheiden kleedkamers: een fel verlichte om je van tevoren te motiveren en een met gedempt licht voor het herstel na afloop.

Eucalyptus

Om bij het koele en pepermuntgeurige thema te blijven: de pepermuntolie in je waterflesje en op je handdoek zal een geschikte geur voor na de training blijken te zijn die je ademhaling ondersteunt en je bloeddruk verlaagt. Eucalyptus is een geur met een ontstekingsremmende, pijn verlichtende werking. Bij een onderzoek naar het gebruik van aromatherapie bij pijnbestrijding, uitgevoerd door neurowetenschappers van de California University of Science and Medicine, bleek eucalyptus pijnsensaties en bloeddruk significant te verlagen en de spierspanning te verlichten. Neem een flesje eucalyptusolie mee naar de douche en voeg enkele druppels toe aan je zeep, of koop een douchegel met eucalyptusgeur.

Een zintuiglijk voorschrift voor je herstel na het sporten

- Muziek – Stap over op rustige muziek (van circa 70 bpm) om cortisol te verdrijven, maar neem eerst de tijd voor een cooldown na de work-out.
- Licht – Herstel van de inspanning bij zwakker, warmer licht van circa 3000 K, het equivalent van een 60 watt-lamp.
- Geur – Gebruik van eucalyptusolie bij het douchen opent je luchtwegen en kalmeert je spieren.

Je zou nu gemotiveerd, verfrist en op weg naar herstel de sportschool moeten verlaten, terwijl je nog steeds luistert naar een speellijst met rustige muziek. Het is tijd om aan een multizintuiglijke werkdag te beginnen. Maar eerst een korte onderbreking waarin we één zintuig onder de loep nemen.

4

Gehoor

IK VIND DAT ONS GEHOORZINTUIG tegenwoordig niet de eer krijgt die het toekomt. Ik zeg tegenwoordig, alsof het in de negentiende eeuw nog werd geprezen als een wonder der mensheid en in het hele land standbeelden van oren werden opgericht, wat niet het geval is. Ik bedoel dat onze samenleving sterk visueel is ingesteld, en dat de invloed die geluid heeft op ons leven te vaak wordt ondergewaardeerd.

Dat komt misschien doordat we ons hele leven worden omringd door geluid. De moderne wereld brengt een onophoudelijk gebrom voort van motoren, machines, gezoem, gerinkel, alarmen en herrie, waaraan onze oren gewend zijn geraakt, dus is het niet zo gek dat we ons afsluiten van onze geluidsomgeving. We zouden gek worden als we onze oren zouden openen voor alles wat er om ons heen gebeurt. Specialisten op het gebied van het gehoor en filosofen zoals R. Murray Schafer en Jean-François Augoyard hebben een term gemunt voor het lawaai dat ons omringt – de soundscape – en beschrijven dit als een levend, ademend organisme dat moet worden behouden als een aandenken aan zijn tijd.

In de negentiende eeuw veranderde de soundscape ingrijpend door de start van de industriële revolutie. Daarvoor hoorde je op het platteland en in de steden kleppende paardenhoeven en boerinnen die brood verkochten. Toen de stoommachines met hun monsterlijke gebulder begonnen, veranderde de wereld voorgoed en steeg het volume met zo'n honderd decibel. Voor het eerst gingen mensen schreeuwen en zeiden ze: 'Sorry, ik kon je niet verstaan.'

En daar staan we nu, met onophoudelijk overvliegende vliegtuigen, voortdurend bewegende auto's en het alomtegenwoordige zoemen en piepen van koelkasten, wasmachines en vaatwassers die de geluidsachtergrond van ons bestaan vullen.

We concentreren ons er niet op, maar de geluiden om ons heen hebben grote invloed op onze gemoedstoestand en ons gedrag. Achtergrondgeluid kan geruststellend zijn, afleiding bezorgen of een prestatie verbeteren, maar als de soundscape te luid is, verdooft hij je andere zintuigen. Als het achtergrondlawaai bijvoorbeeld een bepaald volume overstijgt, neemt ons vermogen om de smaak van zout en umami te proeven sterk af. Een bekend voorbeeld hiervan is een vliegtuig, waarvoor de maaltijden zouter worden gemaakt om het lawaai te compenseren; zou je die maaltijden thuis eten, dan zouden ze bremzout smaken.

In een luidruchtige omgeving zijn we ook minder productief, creatief en maatschappelijk verantwoord. De WHO erkende in 2018 dat geluidsoverlast een van de grootste milieugevaren voor gezondheid en welzijn is. Dit komt doordat lawaai ervoor zorgt dat er stresshormonen vrijkomen, die een vlucht-of-vechtmechanisme veroorzaken dat onze zelfbeheersing beïnvloedt. Volgens een onderzoek van Timo Hener aan de universiteit van Aarhus in Denemarken staat een toename van één decibel van het lawaai in openbare ruimtes gelijk aan een toename van 2,6 procent in lichamelijk geweld, vooral tussen onbekenden. Hener schat dat een vermindering van één decibel van het lawaai jaarlijks achttienduizend geweldsuitingen in de Verenigde Staten en Europa zou voorkomen.

Te weinig geluid kan echter ook onaangenaam zijn. We worden altijd omringd door een bepaald geluid; thuis brengen alle apparaten een constant zacht gezoem voort. We worden ons pas bewust van deze geluiden als ze ermee ophouden, en niets valt zo op als het verdwijnen van een geluid waarvan je je niet bewust was. Als de koelkast of boiler plotseling kortstondig ophoudt te doen wat hij deed, klinkt de stilte net zo luid als een claxon.

'Zwijgen is goud', maar echte stilte kan verdomd griezelig zijn. Een echoloze kamer is een vertrek dat aan veringen is opgehangen en waarvan de muren zijn bedekt met een extreme versie van het geluiddichte schuim dat in opnamestudio's wordt gebruikt. Echovrije kamers zijn de stilste plaatsen op aarde – alle buitengeluiden zijn geneutraliseerd en het geluid binnen is dof en doods. Na een paar seconden in zo'n kamer verlies je je gevoel van ruimte en wordt je evenwicht een beetje wankel. Nog even en je hoort het inwendige van je lichaam – de hartslag in je hals en de bloedsomloop rond je oren zijn oorverdovend. Dit extreme voorbeeld herinnert ons eraan dat we onophoudelijk geluid om ons heen normaal vinden. In veel omgevingen wordt achtergrondgeluid kunstmatig ingezet om voor meer concentratie of ontspanning te zorgen. Apparaten met witte ruis die een geluid bestaande uit alle frequenties van het geluidsspectrum produceren, zoals een niet-afgestemde radio, worden vaak gebruikt om afleiding te reduceren en de productiviteit op kantoor te verhogen, en in kuuroorden worden kalmerende walvisgeluiden ten gehore gebracht om de bezoekers te laten relaxen.

Het gebruik van functionele of generieke geluiden is één ding, maar het gebruik van geluiden die een sterkere emotionele connectie met ons hebben, biedt veel meer mogelijkheden; we zijn tenslotte 'voelende machines' en de inzet van onze emoties en herinneringen zal behulpzamer zijn. Denk aan het soort geluiden om je heen als je relaxed en op je gemak bent, of de geluidspanorama's van vroeger die een emotionele weerklank hebben – die kunnen veel effectiever worden gebruikt om je gemoedstoestand te helpen veranderen of om afleiding tegen te gaan. Ik heb altijd een sterke emotionele affiniteit gehad met het getik van het tuig tegen de scheepsmasten in de wind; het herinnert me aan de jachthaven aan de Engelse zuidkust waar mijn vaders boot lag en aan de mooie tijd dat we vanaf de steiger krabben probeerden te vangen. Tot op de dag van vandaag heeft dit geluid direct een rustgevende invloed op me, maar misschien is vogelzang of het geluid van verkeer jouw persoonlijke walvisgeluid. Het gezoem van een koelkast of van verwarmingsbuizen kan een doeltreffende manier zijn om stilte op een emotioneel 'warmere' manier te verdrijven dan kille witte ruis, aangezien het geluiden zijn die de sfeer van een huis symboliseren in plaats van een kantoor.

Ik moet denken aan John Cusacks personage in de film *Midnight in the Garden of Good and Evil*, dat een opname van het verkeer in New York meeneemt als hij een bezoek brengt aan Savannah, om af te spelen als hij naar bed gaat – zijn persoonlijke slaapliedje met vertrouwde geluiden, dat hij nodig heeft om in slaap te kunnen vallen. Een voorbeeld hiervan is voor mijzelf de soundscape die ik maakte voor de geboorte van mijn zoontje Linus. Ik bestudeerde de zintuiglijke wereld waarin hij in de baarmoeder ondergedompeld zat. Het gehoor is een van de eerste zintuigen die foetussen ontwikkelen, naast reuk en smaak, en de laatste vierenhalve maand van de zwangerschap leven ze in een akoestische wereld, van de stem van hun moeder en het geborrel van hun waterige omgeving. In een poging om Linus te helpen goed te slapen, probeerde ik een slaapbevorderende geluidsband te maken met de geluiden die volgens mij het meest vertrouwd en ontspannend voor hem zouden klinken. Ik nam het geluid op van zijn rustig mompelende moeder, en het zware gutturale gesnurk van onze bulldog, Dudley, die altijd op haar schoot zat als ze op de bank lag. Ik zorgde ervoor dat de geluiden gedempt klonken en voegde er een *artist's impression* van het geluid in de baarmoeder aan toe, in een poging terug te roepen wat hij daar mogelijk hoorde. Na Linus' geboorte speelde ik de soundscape af naast zijn wieg als hij moeite had in te slapen, en dan hield hij altijd onmiddellijk op met huilen. Ik weet dat baby's meestal reageren op constant geluid, en witte-ruis-apparaten kunnen worden gebruikt om ze beter te laten slapen. Een vriend die in diezelfde periode vader van een meisje was geworden, zette een radio met ruis naast haar wieg; bij Linus werkte dat niet, maar de soundscape die ik had gemaakt wel. Ik ben er heilig van overtuigd dat de geluiden die hij hoorde vertrouwd waren en in zijn geest al werden geassocieerd met rustige, veilige en warme gevoelens, een gepersonaliseerde soundscape samengesteld uit de geluiden uit zijn omgeving toen hij zich het meest op zijn gemak voelde.

Bij achtergrondgeluid gaat het niet alleen om het beïnvloeden van ons welzijn en onze concentratie; aan de hand van ons gehoor kunnen we complexe voorspellingen doen over ruimte, textuur, gewicht en kwaliteit, met behulp waarvan we een mening kunnen vormen over waar we zijn of wat we doen. Als je je ogen sluit en met je vingers knipt, kun je iets afleiden over de grootte en vorm van het vertrek en met welke materialen het is aangekleed. Stel je voor dat je dit in de badkamer doet, en daarna in een kathedraal. Je kunt inschattingen maken over de ruimtelijke dynamiek op grond waarvan je kunt zeggen of je je bevindt in een kleine betegelde of een grote stenen ruimte. Die informatie zal je beïnvloeden: misschien krijg je het wel kouder of voel je je schoner. Als het zacht en bedompt was, zou je het misschien wel warmer krijgen.

Als je op een oppervlak tikt, weet je waarvan het is gemaakt. Je vormt je een oordeel over de vraag hoe stevig het is, net als op grond van het geluid van een autoportier dat je sluit. De meeste autofabrieken hebben een complete afdeling die gewoonlijk een naam als GTH heeft – 'geluid, trilling en hardheid' – die ervoor zorgt dat de auto's klinken alsof ze goed gemaakt zijn. Als je bij het sluiten van het portier een zwaar en tevreden stemmend plofje hoort, verbind je gevoelens van stevigheid, veiligheid en duurzaamheid toe aan de auto, al heeft het weinig te maken met de feitelijke prestaties van het voertuig zelf.

Die overdracht van eigenschappen beïnvloedt ook de andere zintuigen. Een onderzoek onder de naam 'It's the Sizzle that Sells' (verwijzend naar een klassieke uitspraak uit de jaren dertig van de reclamegoeroe Elmer Wheeler: '*Don't sell the steak, sell the sizzle*') liet zien dat het geluid van een koffiezetapparaat ervoor kan zorgen dat de koffie lekkerder is. In een opstelling die deed denken aan de reclame voor Nescafé uit de jaren tachtig, waarin iemand deed alsof hij een koffiezetapparaat was in plaats van toe te geven dat hij alleen oploskoffie kon aanbieden, werden bij dit onderzoek kopjes met precies dezelfde koffie aangeboden, nadat er van achter een aanrecht verschillende geluiden van koffiezetapparaten waren afgespeeld. De onderzoeker zei bijvoorbeeld tegen de vrijwilliger: 'Ik zal een kopje koffie voor u maken, mevrouw.' Vervolgens klonk er van achter het aanrecht een zwak slobberend geluid, en het geluid van een dun stroompje vloeistof in een dun plastic bekertje. De vrijwilliger gaf na het opdienen een oordeel over de smaak van de koffie: slap, waterig en goedkoop.

'Ik zal een andere voor je maken, goed?' zei de onderzoeker dan. Vervolgens hoorde de vrijwilliger hoe er bonen werden gemalen, sissende stoom, schuim en in een porseleinen kopje stromende vloeistof. Precies dezelfde koffie als eerder werd geserveerd. Dit keer was die vol en lekker; de vrijwilliger is bereid er meer voor te betalen.

Het voornaamste is dat je aandacht besteedt aan de geluiden om je heen – besef hoe fantastisch ons gehoor is en welke ongelooflijke inschattingen we kunnen maken op grond van de geringste geluiden. We gebruiken die om een mening te vormen over onze omgeving en om ons gedrag te veranderen. We zijn er aan gewend naar muziek te luisteren, maar we denken onvoldoende na over geluid en we maken er niet genoeg gebruik van.

5

Werk

DE MEESTE MENSEN HEBBEN BIJNA alle dagen met werk te maken. Het is een noodzakelijk element van ons bestaan dat voor sommigen zeer bevredigend is en voor anderen saai. In beide gevallen kan de ruimte waarin we werken zintuiglijk gezien sterk worden verbeterd.

Er zijn in de loop van de dag tijdstippen waarop je je aandacht beter op bepaalde activiteiten kunt richten. We zijn van nature op verschillende momenten van de dag beter in verschillende manieren van denken, alweer het gevolg van het almachtige circadiaans ritme. Onderzoek toont aan dat we over het algemeen beter zijn in bezigheden die concentratie en aandacht voor details vereisen tussen acht uur 's ochtends en twee uur 's middags, met een hoogtepunt rond elf uur. De ochtend is bovendien het geschiktste dagdeel om iemand met iets akkoord te laten gaan. Het laatste deel van de werkdag zwaait creativiteit de scepter, wanneer een beetje dwalende geest en afleiding gunstig zijn, zoals we verderop zullen bespreken. Ook vergaderingen, brainstormen en 'ideeënvorming' kunnen het beste aan het begin van de middag plaatsvinden, waarbij drie uur het perfecte tijdstip zou zijn voor een werkbespreking.

Op grond van dit tijdgebonden verloop van onze capaciteiten zullen we bekijken wat je het beste kunt doen en wanneer je dat moet doen, alvorens we zintuiglijke voorschriften formuleren die je helpen optimaal te presteren. Soms omvat dit al onze zintuigen, maar het komt ook voor dat er één zintuig wordt gestimuleerd waardoor je in het voordeel bent.

Toegegeven, maar weinig mensen hebben volledige zeggenschap over hun werkruimte of vergaderzaal. Maar mogelijk heb je de vrijheid van een nomadische werknemer en kun je de perfecte locatie kiezen die aansluit bij je doelen, of het nu een gemeenschappelijke werkruimte, een café of je keukentafel is. Waar je ook werkt en wat voor soort werk je ook doet, je zult meetbare voordelen behalen als je zelfs maar een fractie van onderstaande zintuiglijke voorschriften opvolgt.

De werkplek – je directe omgeving

We gaan ervan uit dat het ongeveer negen uur 's ochtends is en je op het punt staat om aan de slag te gaan. Welke fundamentele overwegingen moet je in gedachten houden over je omgeving, nu je multizintuiglijk begint te denken? Misschien heb je een flexibele werkplek en kun je uit enkele opties kiezen. Misschien begin je aan de keukentafel of ga je naar buiten en zoek je een ideale werkplek. Voor we zintuiglijke voorschriften voor specifieke taken bespreken, bekijken we enkele overkoepelende factoren met betrekking tot je werkplek en de ideale omgeving.

Natuurlijk licht

In 2015 werd het 'Human Spaces Survey' uitgevoerd, waarin aan 7600 mensen die op een kantoor werkten verspreid over zestien landen werd gevraagd wat ze vonden van hun werkomgeving. Van de respondenten vertelde 47 procent dat ze helemaal geen natuurlijk licht op hun werk hadden. Een terugkerend thema in dit boek is dat blootstelling aan natuurlijk licht altijd een enorm voordeel is, welk werk er ook moet worden gedaan. Kunstlicht is handig maar is idealiter een versterking op de achtergrond en niet de enige bron van verlichting. Natuurlijk licht zorgt dat we alert blijven en is activerend. Door langdurige blootstelling past onze circadiaanse klok zich aan terwijl we werken en groeit de kans op een goede nachtrust en een betere mentale toestand de dag erna. Kies dus als het kan een fijn plekje bij een raam, want daar zul je je veel beter voelen.

Planten en groen

Een ander constant thema in onze dag is de aanwezigheid van planten en groen, die een rustgevend, stressverminderend effect op ons hebben. Bij een onderzoek uit de jaren zeventig en tachtig in een ziekenhuis in Pennsylvania werd aangetoond dat patiënten die herstellende waren van een operatie en op een kamer met uitzicht op het park lagen, sneller herstelden, minder geneesmiddelen nodig hadden en eerder werden ontslagen dan patiënten die uitzicht op een stenen muur hadden. In het menselijke-ruimtes-onderzoek zei 58 procent van de kantoormedewerkers dat er geen groen of planten in hun werkomgeving te vinden waren.

Ook is aangetoond dat we met planten om ons heen langer onze aandacht erbij kunnen houden. Onderzoekers in Noorwegen lieten een groep leerlingen een hoofdrekensom maken in een lokaal met potplanten, terwijl anderen dezelfde som in een leeg vertrek maakten. De resultaten waren beter als er groen was, en het geestelijk herstelvermogen van de leerlingen ging ook vooruit. Net zoals planten ons helpen fysiek beter te worden, helpen ze ook bij het herstel van mentale inspanning. Het komt allemaal door onze aangeboren biofilie – de band die we hebben met de natuur. Een paar planten op je bureau of een werkplek met wat loof in de buurt verbetert je mentale en fysieke toestand, en zorgt er bovendien voor dat je langer beter presteert.

Temperatuur

Ga naar je mogelijke werkplek en stel vast welk gevoel je er krijgt op je huid. Is het een tikje warm? Een knusse omgeving zou fijn kunnen zijn als je er veel tijd gaat doorbrengen. Hangt er kou in de lucht? Daardoor blijf je misschien scherper. Een team dat onderzoek deed naar productiviteit en geestelijk doorzettingsvermogen van kantoormedewerkers, voerde tests uit in verscheidene atmosferische condities en stelde vast dat 21,6 graden Celsius de ideale temperatuur is om dingen gedaan te krijgen. Bij een lagere temperatuur werden mensen afgeleid omdat het net niet oncomfortabel was. Maar elke graad boven de ideale temperatuur veroorzaakte een vermindering van de prestaties van de proefpersonen met 1 à 2 procent. Deze precieze optimale temperatuur zal niet eenvoudig te bepalen zijn, tenzij je een thermometer bij je hebt. Maar ga af op je zintuigen, en als er iets niet klopt, doe dan wat je kunt om het te veranderen of ga ergens anders heen. Stel vast welke temperatuur er heerst in de omgeving waarin je van plan bent te gaan werken. Hoe warmer je het hebt, hoe lastiger het zal zijn om in de loop van de dag je concentratie vast te houden.

De hoogte van het vertrek

Het is aan te bevelen de hoogte van het vertrek bij de keuze van je werkplek te betrekken. Dat mag een gek idee lijken, maar intuïtief klinkt het redelijk. Onze geestestoestand wordt sterker beïnvloed door de ruimte om ons heen dan we beseffen, en psychologen noemen de hoogte van het plafond een van de voornaamste architectonische details van een ruimte die ons gedrag beïnvloedt. Een laag plafond lijkt misschien warm en knus, maar het wekt ook een gevoel van opgesloten te zijn. Een hoog plafond lijkt misschien kil en minder intiem, maar het geeft ons ook een gevoel van vrijheid. Onderzoek wijst uit dat mensen die in een woning met hoge plafonds wonen meer energie hebben en gezonder zijn dan mensen onder een laag plafond. Er is wel geopperd dat kinderen stiller en geconcentreerder spelen in ruimtes met een laag plafond, maar luidruchtig en met meer fantasie als het plafond hoger is dan 2,5 meter. Het effect op ons gedrag als volwassene is hetzelfde. Een laag plafond is beter voor werk waarvoor concentratie en aandacht voor details nodig is, terwijl een hoog plafond de voorkeur verdient als je vrijer en met een groter voorstellingsvermogen wilt denken.

Wat staat er op je bureau?

Wat er tijdens je werk voor je staat, kan helpen om verscheidene denkwijzen te stimuleren, dus wat zou je naar je werk kunnen meebrengen om op je bureau te zetten zodat het echt van jou wordt? Er is een psychologisch effect dat 'materiële preparatie' wordt genoemd, dat berust op het feit dat we betekenis aan voorwerpen toekennen om waar ze voor gebruikt worden, wat ze zouden kunnen vertegenwoordigen en op onze persoonlijke ervaring. Die betekenis zal ons gedrag en de manier waarop we informatie verwerken beïnvloeden, vergelijkbaar met de effecten van aangeklede cognitie die we hiervoor bespraken. Bij een onderzoek kreeg een groep studenten een foto te zien van een vuurwapen, waarna enkele hypothetische sociale situaties aan hen werden voorgelegd waarop ze moesten reageren. Wat zouden ze bijvoorbeeld doen als iemand een vriend van hen beledigde? Hun antwoorden waren veel agressiever dan die van mensen die niet 'materieel geprepareerd' waren door de aanblik van een vuurwapen, ook al was het maar een foto.

Een onderzoek aan Stanford University toonde aan dat mensen nadat ze plaatjes te zien hadden gekregen van voorwerpen die we associëren met het bedrijfsleven – een vulpen, een aktekoffertje of een tafel in een bestuurskamer – zich meer prestatiegericht gedroegen, minder coöperatief waren en meer op eigenbelang gericht waren. Proefpersonen werden geprepareerd met plaatjes die verband hielden met het bedrijfsleven of foto's van willekeurige onzinnige dingen zoals een walvis of een tandenborstel voordat ze aan een reeks tests werden onderworpen. Bij een ervan ging het om het voltooien van woorden waar diverse correcte antwoorden op mogelijk waren – bijvoorbeeld, '-el' kon 'tel', 'nel', 'bel' of 'fel' zijn. Een mooi voorbeeld is 'c-p-tief': coöperatief of competitief? De psychologische theorie hierachter is dat het woord dat je kiest iets zegt over de gedachten waar je op dat moment het meest mee bezig bent, en je innerlijke gevoelens blootlegt. Het is een leuke test om zelf eens te proberen; kijk of je een genadeloze leidinggevende bent of een crea-

83

tief persoon die graag met anderen samenwerkt. Bij bovenstaand onderzoek kozen de studenten consequent de meer agressieve term nadat ze de met het bedrijfsleven verband houdende voorwerpen onder ogen hadden gekregen.

De effecten van 'materiële preparatie' kunnen in ons voordeel worden aangewend. Wat voor werk je ook doet, neem een paar persoonlijke bezittingen mee die eraan bijdragen dat je in de juiste geestestoestand komt. Als je meedogenloos en zakelijk moet zijn, neem dan een vulpen en een Filofax als pen en aantekenboek. Ben je uit op een mildere stemming, gebruik dan een potlood en een Moleskineboekje. Je kunt er alle kanten mee op; een Rubiks kubus kan behulpzaam zijn als je een probleem moet oplossen; een rekenmachine kan je helpen nauwkeuriger en exacter te zijn. Je kunt ook persoonlijke spullen gebruiken die je doen denken aan een tijd, plaats of gevoel. Zolang het voor jou een duidelijke betekenis heeft, zal het voorwerp je prepareren zodanig te denken en je zodanig te gedragen dat het strookt met die betekenis.

Een beetje afwisseling

Verandering van spijs doet eten, en we moeten allemaal proberen enige zintuiglijke variëteit in ons leven aan te brengen. Volgens een artikel uit 2006 waarin de voordelen van een beter ontwerp van de werkruimte werden onderzocht, houdt een veranderende zintuiglijke omgeving de geest actief – bijvoorbeeld enige variatie in de verlichting door de dag heen, een continu veranderend uitzicht of een scala aan geuren die zo nu en dan jouw kant op drijven. Dat is een van de redenen waarom een café een geschikte werkplek kan zijn, met zacht geroezemoes en het aroma van koffie en bakluchtjes.

Volmaakte zintuiglijke verscheidenheid moet geleidelijk zijn – drastische veranderingen van de omgeving of plotse harde geluiden leiden te veel af – maar ze moeten wel herkenbaar zijn. Mensen in een onveranderlijke, zintuiglijk lege omgeving raken uit hun concentratie en verliezen de creatieve stimulans. Robert Cooper, een gedragspsycholoog, schreef in 1968 in een artikel dat 'een omgeving gespeend van zintuiglijke prikkels tot verveling en passiviteit kan leiden'.

Om zintuiglijke variëteit in je dag te creëren, kun je zo nu en dan ergens anders gaan zitten. Verschuif de dingen op je bureau en ga bij een raam zitten als het kan, voor de voordelen van natuurlijk licht en de variaties in de verlichting door het veranderende weer. Eet en drink gevarieerd, in plaats van die eeuwige bekers koffie of thee, om je werkdag te voorzien van een verscheidenheid aan smaken en geuren – kies bijvoorbeeld elke week een ander doosje met verschillende soorten kruidenthee. Zorg dat je iets tastbaars en interessants in de buurt hebt dat je kunt aanraken; zelfs een van die zompige stressballetjes kan je een ogenblik van zintuiglijke bevrediging bezorgen.

Als je in de loop van de dag veel taken te doen hebt, doet de zintuiglijke variëteit zich mogelijk vanzelf voor, maar heel vaak zit je vast in een modus en concentreer je je de hele dag op één taak. In zulke perioden is het belangrijk dat je door de dag heen de zinnen even verzet, ongeacht hoe repetitief je werk ook is – je zult je er beter door voelen en beter presteren.

Start van de werkdag – wees productief

De eerste paar uur van de werkdag zijn ideaal om productief te zijn en taken uit te voeren die aandacht voor details vereisen en die misschien repetitief en saai zijn. Onderzoek naar de prestaties van mensen gedurende diverse perioden van de dag toont vanaf pakweg acht uur 's ochtends een gestage achteruitgang aan op het gebied van logisch denken, snelheid, accuratesse en kortetermijngeheugen. Taken waarvoor je helder moet denken en heel veel details moet onthouden, kun je kennelijk na twee uur 's middags of daaromtrent beter niet meer doen. Simon Folkard, een experimenteel psycholoog, deed in 1975 enkele belangrijke ontdekkingen op dit vakgebied, de psychonomie. Hij baseerde zich op onderzoek dat sinds het begin van de jaren zestig was gedaan. Folkard bracht de achteruitgang van onze prestaties in de loop van de dag in kaart door studenten allerlei toetsen af te nemen, om te beginnen om 8.00 uur en vervolgens om de drie uur tot 23.00 uur. Tot 14.00 uur voerden ze de taken steeds sneller uit, waarna de snelheid spectaculair achteruitging. De nauwkeurigheid echter – het aantal juiste antwoorden – ging al na 8.00 uur gestaag achteruit. De lichaamstemperatuur van de proefpersonen – een functie die verband houdt met onze inwendige lichamelijke klok en het circadiaans ritme – werd ook op elk toetsmoment gemeten. Onze temperatuur gaat in de loop van de dag omhoog, en naarmate de deelnemers aan het onderzoek warmer werden, gingen hun kortetermijngeheugen en vermogen tot logisch denken achteruit. We hebben er duidelijk een aanleg voor om repetitieve routineklusjes waarvoor concentratie en nauwkeurigheid vereist zijn, het afvinken van lijstjes en het beantwoorden van e-mails aan het begin van de dag te doen.

Het eerste zintuiglijke voorschrift waarnaar we moeten kijken, is er dus een dat met deze mindset te maken heeft – om onze productiviteit en concentratie te versterken en ons vermogen om repetitieve taken nauwkeurig uit te voeren, te stimuleren. Je kunt deze inzichten ook gebruiken om ongeacht het tijdstip een sfeer te creëren die de concentratie verbetert, en telkens als je aandacht voor details en nauwkeurigheid nodig hebt.

Omring je met de kleur rood

Het is niet altijd mogelijk om invloed uit te oefenen op de kleur van de muren van je werkruimte, maar als je een plaats kunt kiezen op het moment dat je productief wilt zijn, neem dan een plaats met rode wanden. De kleur rood werkt stimulerend; we worden er alerter van en ons hart gaat er sneller door kloppen. Wetenschappers in Vancouver onderzochten hoe deze ingebouwde reactie op rood beïnvloedt hoe zorgvuldig we zijn als we iets doen waarvoor nauwkeurigheid vereist is. Ze gaven groepjes diverse taken die ze moesten uitvoeren op computers met verschillend gekleurde beeldschermen, die gekleurd licht hun werkruimte in straalden. Als de deelnemers baadden in rood licht, hadden ze meer aandacht voor details en deden ze taken die hun cognitieve vaardigheden testten beter; omgekeerd gingen hun vermogen om abstract te redeneren en hun creativiteit vooruit als de schermen blauw waren (daarover later meer).

Mensen maken in een witte kamer meer tikfouten dan in een rode kamer, wat interessant is want de meeste kantoorruimtes zijn wit. Rood is de meest stimulerende kleur, maar andere heldere en warme kleuren, zoals oranje en sprankelend geel, hebben een vergelijkbaar effect. Je kunt de ruimte ook volhangen met levendige kunst of platen. Op het gevaar af te klinken als een Californische yogaleraar: je moet een omgeving met goede energie creëren. Maar dat bedoel ik in de neurologisch en fysiologisch meetbare zin, en niet op de excentrieke manier.

Je hoeft je niet volledig te omringen met rode en heldere kleuren – voor de meeste mensen is het nogal veel gevraagd om zo'n werkruimte te vinden. Maar bedenk net als bij het onderzoek waarin gebruik werd gemaakt van een rood gekleurd beeldscherm een methode om je omgeving van rood te voorzien. Zo kun je een rood notitieblok gebruiken bij dit soort werk en het voor je op het bureau leggen – zolang het zich in je gezichtsveld bevindt, heeft het enig effect.

Fel licht

We zijn nauwkeuriger en productiever bij fel licht, net als bij heldere kleuren. Het begin van de ochtend is een geschikt tijdstip voor een bom licht – doe alle lichten aan, ga als het kan bij een raam zitten en baad je in natuurlijk licht. Een overtuigend onderzoek op dit terrein werd uitgevoerd in Guildford, dat grossiert in saaie werkomgevingen en identieke kantoren. De onderzoekers voorzagen twee etages van een kantoorgebouw gedurende een periode van vier weken van verschillende lichtcondities. Bij een verlichting van een verbluffende 17.000 K van 'met blauw verrijkt wit licht', presteerden de medewerkers op het kantoor beter, ze konden zich beter concentreren, ze waren alerter en hun algemene stemming ging vooruit. Bovendien sliepen ze 's nachts beter, voelden ze zich de volgende morgen beter en waren ze er naar verluidt meer en meer 'klaar voor'.

Kaneelgeur, -thee of -broodje

Zoals altijd in de wereld van de zintuigen is harmonie essentieel, en we gaan nu zien hoe de puzzelstukjes op hun plaats vallen. Ten eerste bevordert een stimulerende geur de productiviteit op dezelfde manier als een stimulerende kleur. Uit diverse onderzoeken naar concentratie in een werkomgeving of het vasthouden van de aandacht van consumenten in een winkel, is gebleken dat montere, frisse geuren zoals pepermunt, citrusfruit en kaneel goed werken. De geur van citrusfruit in de lucht op een Japans kantoor bleek de tiksnelheid en nauwkeurigheid met 50 procent te verhogen. Bij een onderzoek van Wheeling University in West Virginia hing er niet alleen een bepaalde geur in een ruimte, maar kregen de deelnemers bovendien kauwgom met een bepaalde smaak. Als mensen op kaneelkauwgom kauwden, waren ze beter in het oplossen van problemen en ging hun kortetermijngeheugen vooruit.

Kijken we naar de samenwerking van geur en kleur, dan zien we een superadditief, accumulatief effect als het gaat om verbetering van stemming en uitvoering van taken. De beste combinatie voor meer nauwkeurigheid en productiviteit, is een stimulerende roodgekleurde kamer en een stimulerende geur, waarbij kaneel de ideale geur is.

Kaneel heeft bewezen positieve effecten, en het wordt bovendien gekoppeld aan de kleur rood in onze multizintuiglijke, synesthetische geest. Pak een potje uit je kruidenrekje en ruik er even aan, en bedenk met welke kleur je de geur associeert. Ik verwacht dat je zult zeggen dat het een geur heeft op de rode en warme kant van het kleurenspectrum. Het poeder is natuurlijk roodachtig bruin. Veel mensen brengen het in verband met Kerstmis en dus is het verbonden met het kleurenpalet van de kerst. En het heeft een zoete en warme geur en smaak – die allebei instinctief roodachtig zijn.

Het kauwgumonderzoek uit West Virginia laat op briljante wijze zien dat we geen verstuiver met etherische kaneelolie naar ons werk hoeven meenemen, waarmee we ons zintuiglijk voorschrift aan de mensen om ons heen zouden opdringen. Je kunt ook kruidenthee met kaneelsmaak drinken om je directe omgeving te vullen met het aroma. Of eet een kaneelbroodje.

Muziek die je blij maakt, en een aangenaam geroezemoes

Het gebruik van muziek bij het werk is omstreden. Kort geleden, in 2019, werd bij een experiment aan ruim tweehonderd deelnemers gevraagd verschillende creatieve en probleemoplossende taken en uit te voeren, terwijl ze naar instrumentale muziek, naar muziek met zang en naar muziek met zang in een andere taal luisterden. De uitkomst was dat het geen verschil maakte welk soort muziek er werd gedraaid; de aanwezigheid van gedruis op de achtergrond leverde de beste resultaten op. Het constante geroezemoes en beweging in een druk café is een perfecte achtergrond voor het soort concentratie en aandacht dat je 's ochtends wenst.

Een onderzoek in Minnesota wees uit dat middelbare scholieren slechter waren in begrijpend lezen als ze naar muziek uit de hitparade luisterden. De voornaamste genoemde factor was de eenvoudige en de goed in het gehoor liggende tekst van de nummers – een categorisch bewijs dat de luchtige popliedjes van Taylor Swift slecht voor je hersenen kunnen zijn. Wat instrumentale muziek betreft valt de naam van Mozart vaak, wiens muziek dikwijls wordt aangekondigd alsof het een tovermiddel is om de hersenfunctie te verbeteren. In 1993 muntten drie wetenschappers, Frances Rauscher, Gordon Shaw en Catherine Ky, de inmiddels beroemde term 'het

Mozart-effect'. Betrof dit aanvankelijk een bewezen inzicht dat de muziek van de Meester ons ruimtelijk inzicht beïnvloedt, vervolgens werd dit gekaapt en verwees het naar de generalisering dat je van alle klassieke muziek slimmer wordt, vooral als je er al op jonge leeftijd aan wordt blootgesteld.

Als je de muziek die opstaat kent en leuk vindt, zal deze je waarschijnlijk een beter humeur bezorgen – en dit heeft een meetbare invloed op allerlei prestaties op het werk, vooral als het een monotone taak betreft. Als het ongewone muziek is, dan eist deze te veel van je aandacht op. Een groep wetenschappers in Zweden verzocht 24 leerlingen geconcentreerd te lezen bij verschillende vormen van geluid en muziek: in stilte, in de ambiance van een café, bij muziek die ze mooi vonden en bij muziek waar ze niet van hielden. Hun concentratie en aandacht waren het slechtst bij muziek waar ze niet van hielden, en het best bij muziek die ze mooi vonden, of in de cafésfeer.

In het ideale geval sluit je begeleidende muziek voor productiviteit in de ochtend aan bij de andere zintuiglijke elementen; en stimulerende geuren, verlichting en kleuren vallen uiteraard samen met stimulerende geluiden en muziek. De ideale keuzes zijn dus opgewekte muziek die je goed kent, aangenaam geroezemoes of een mengsel van beide.

Stevige tafel en rechte stoel – geen slappe houding

De stoel waar je op zit beïnvloedt je gedrag en manier van denken. Als we op een harde in plaats van een zachte stoel zitten denken we minder soepel, maar we zijn tegelijk ook logischer en meer direct en geven blijk van meer geloof in onszelf. Aan Ohio State University toonde Richard Petty, hoogleraar Psychologie, aan dat we meer vertrouwen hebben in ons eigen werk als we rechtop zitten en meer twijfelen als we onderuitgezakt zitten. Hij liet een groep studenten geloven dat ze deelnamen aan een sollicitatiegesprek en hij verzocht hun in diverse houdingen te schrijven over hun eigen capaciteiten voor een bepaalde functie. Als ze rechtop zaten, zwollen ze van trots en schreven ze vol zelfvertrouwen over hun eigen bekwaamheid. Maar als ze met een slappe houding boven de tafel hingen, gaven ze weinig blijk van vertrouwen in eigen talent en deden ze zichzelf tekort.

Andere dingen – ruitjespapier, ballpoint, een laboratoriumjas misschien?

We hebben de optimale zintuiglijke omgeving zo goed als bereikt; de zintuigen zorgen er nu gezamenlijk voor dat je sneller, preciezer en alerter werkt. Toch is er nog ruimte voor meer verbeteringen. In de eerste plaats moeten we stilstaan bij onze materiële preparatie. Welke voorwerpen zullen bij dit soort taken helpen? Een rekenmachine of Filofax voor meer zakelijke scherpzinnigheid? Hulpmiddelen voor meetkunde van school misschien. Zorg voor verschillende notitieblokken voor de verschillende taken, en voor het werk van de ochtend moet je ruitjespapier of ten minste gelinieerd papier hebben in plaats van blanco papier, want de ruitjesstructuur is bevorderlijk voor je concentratie en zorgt dat je nauwkeuriger denkt. Een balpen is vanwege zijn functionele connotaties het geschiktst; potloden zijn creatief en met een vulpen maak je snel vlekken, wat indruist tegen de vereiste precisie.

Het gezaghebbende onderzoek naar aangeklede cognitie van Adam en Galinsky dat we eerder noemden in het hoofdstuk over de ochtend, liet zien dat mensen beter waren in wiskunde en probleemoplossing als ze een laboratoriumjas droegen. Waarschijnlijk draag je die liever niet op kantoor of in een café, maar thuis, waar niemand je ziet, kan dat natuurlijk best. Als je een voorwerp een betekenis toeschrijft, zullen volgens de regels van aangeklede cognitie en materiële preparatie je verstand en gedrag volgen. Dus zonder het grondig aan te pakken, kun je iets meenemen waar je ofwel al een betekenis aan toeschrijft ofwel een nieuwe associatie mee kunt vormen. Voor elk element van alle zintuiglijke voorschriften geldt: hoe meer je ze gebruikt, hoe meer je zintuiglijke herinneringen, emoties en associaties zult versterken.

Een zintuiglijk voorschrift voor productiviteit, concentratie en aandacht voor details

- Kleur – Felrood. Gebruik een rode kamer, of zorg op z'n minst voor een felrood notitieblok.
- Verlichting – Fel, blauwachtig wit. Natuurlijk licht.
- Geur en smaak – Kaneel. Spuit een kaneelaroma of koop een diffuser voor op je bureau. Je kunt ook kaneelthee drinken, kaneelkauwgom gebruiken of een kaneelbroodje eten.
- Muziek en geluid – Vrolijke en levendige muziek waar je van houdt, bij voorkeur zonder zang. Anders gestaag geroezemoes.
- Meubels – Een stevige en rechte tafel en stoel.
- Overige – Dingen die met productiviteit samenhangen, zoals een rekenmachine en een liniaal. Gebruik een balpen. Draag een laboratoriumjas of iets dat verband houdt met organisatorisch denken, zoals een horloge of bril.

Halverwege de ochtend – jezelf en je ideeën verkopen

De ochtend is het ideale dagdeel om je werk te presenteren of jezelf goed te verkopen. We zijn het eerste deel van de dag over het algemeen beter gehumeurd, dus leent dit dagdeel zich het beste voor iets waarbij je iemand een positief besluit in jouw voordeel wil laten nemen. Scott Golder en Michael Macy, twee onderzoekers, analyseerden 508 miljoen berichten op Twitter uit alle delen van de wereld, waarbij ze de stemming van de mensen peilden aan de hand van de frequentie van de positieve en negatieve woorden, en ontdekten dat mensen 's ochtends en in het weekend meer positieve berichten plaatsen.

In de loop van de dag valt iedereen ten prooi aan zogenoemde 'beslissingsmoeheid', waarvan de gevolgen zeer ingrijpend kunnen zijn. In een overzicht van ruim duizend rechtszaken liet een groep hoogleraren Bedrijfskunde van Stanford University en de Ben-Gurion University of the Negev, Israël, zien dat de kans dat gevangengezette verdachten voorwaardelijk vrijkwamen 70 procent hoger lag als ze 's ochtends werden berecht. Wanneer twee mensen hetzelfde misdrijf hadden begaan en even lang in voorlopige hechtenis hadden gezeten, maar op verschillende tijdstippen voor de rechter verschenen (respectievelijk om 8.50 uur en 16.25 uur), kwam degene die vroeger werd berecht vrij en de ander niet. Mocht je ooit een proces aan je broek krijgen, vraag je advocaat dan of de zitting in de ochtend kan plaatsvinden.

Het was een psycholoog, Roy Baumeister, die als eerste met dit idee van mentale vermoeidheid kwam, na een reeks experimenten waaruit bleek dat we geen onuitputtelijke bron hebben voor dingen die op beslissingen zijn gebaseerd, zoals zelfbeheersing. Hij noemde dit 'ego-depletie', het feit dat de wilskracht uitgeput kan raken, net zoals een spier bij inspanning steeds vermoeider raakt. Bij een vergelijkbaar experiment, geïnspireerd door de waterval aan beslissingen rond haar eigen bruiloft, onderzocht hoogleraar Jean Twenge of onze mentale reserves uitgeput raken als we keer op keer voor een bepaald type keuzes worden gesteld. Zij concludeerde dat dit inderdaad het geval was, waarmee het begrip 'beslissingsmoeheid' zijn intrede deed. Als deze optreedt raken we geestelijk uitgeput en willen we geen opties meer afwegen – we kiezen gewoon de eenvoudigste standaardoptie. Gesteld voor iets nieuws of iets moeilijks, zal 'nee' mentaal gezien veruit het minst inspannende antwoord zijn.

De ochtend, voor de beslissingsmoeheid optreedt, is de beste tijd om een plan, een product, een dienst of jezelf goed te verkopen. Nu bekijken we de beste zintuiglijke tips om overtuigender te zijn, en vervolgen met het zintuiglijke voorschrift om ervoor te zorgen dat mensen onvermijdelijk voor je verkooppraatje vallen.

Luister naar muziek met veel bassen

Iedereen kent de naar macht hongerende zakenmannen die voor ze de arena van de bestuurskamer betreden tegen zichzelf staan te brullen voor de spiegel. Lijkt je dat iets te agressief, wat dacht je dan van een beetje muziek? Het is aangetoond dat je argumenten en je voorkomen allebei krachtiger worden als je voor een presentatie naar muziek met veel bassen luistert. Bij een onderzoek kregen deelnemers van een universitair debatteam verschillende speellijsten te horen voor ze het podium betraden en een pleidooi hielden voor kwesties die met opzet waren uitgekozen omdat ze niet met emoties gepaard gingen. Sommige leden van het team luisterden naar klassieke muziek, andere naar drums en bas, en weer andere kregen stilte te horen. Degene die voorafgaand aan het debat naar muziek met drums en bas had geluisterd, debatteerde in bijna alle gevallen het meest effectief.

Spreek laag

De klank van je stem is een belangrijke indicator van zelfvertrouwen. Volgens een onderzoek waarin de reacties van de hersenen werden gemeten op het moment zelf, beoordelen we binnen tweehonderd milliseconden nadat we iemand horen spreken hoe zelfverzekerd deze persoon is. Iemand met een lage stem, of het nu een man of een vrouw is, zijn we eerder geneigd te geloven – een lage stem straalt macht en kracht uit, waar je die ook tegenkomt. Dieren zullen de toon van hun gebrul lager laten klinken om dominanter te lijken. Een lagere toon maakt een grotere maat en een hoger gewicht kenbaar, eigenschappen die ook macht en kracht tot uitdrukking brengen. Probeer betrekkelijk snel te praten. Lusteloos en lijzig praten helpt je niet verder, maar een korte en snelle woordenstroom straalt iets zelfverzekerds uit.

Ga rechtop en breeduit staan

Je houding zal je eigen zelfvertrouwen beïnvloeden. Onderzoeken naar 'belichaamde cognitie' laten zien dat hoe je je voelt en gedraagt kan worden veranderd door bepaalde houdingen en zelfs gezichts-uitdrukkingen. In 1988 toonde een groep aan dat we onmiddellijk meer genieten van dingen als we onszelf geforceerd laten glimlachen. Door rechtop te lopen wekken we gevoelens van trots op onszelf op. Zoals we al zagen bleek bij een onderzoek waarin mensen ofwel rechtop of in elkaar gezakt zaten, dat dit ertoe leidde dat ze zelfverzekerder of onzekerder over hun eigen vermogens werden. Met een krachtige houding zien we er niet alleen zelfverzekerder, sterker en dominanter uit, maar voelen we ons ook zo.

En als je de gorilla wilt uithangen, kun je dat waarschijnlijk net als de mannelijke effectenmakelaars het beste in de beslotenheid van een toilet doen in plaats van voor je beoogde klant, werkgever of een rechter. En wat de laagte en snelheid van je stem betreft, belichaam-de cognitie werkt ook als je telefonisch iets probeert te verkopen, dus glimlach en ga rechtop zitten; degene die je aan de lijn hebt zal het merken.

Draag zwarte kleren

Zoals we zagen in de passage over aankleden, geldt zwart als de kleur die het meeste zelfvertrouwen uitstraalt, op de voet gevolgd door rood (al wordt dat ook als arrogant gezien). Als je daar niet aan voldoet, kun je alsnog iets zwarts aantrekken of een accessoire toevoegen die je zelfvertrouwen een stimulans geeft door middel van hetzelfde aan-geklede effect. Nog iets anders wat we al eerder zagen: als je een Super-man-T-shirt onder je bovenkleding draagt, ben je in het voordeel.

Als je eenmaal zelfvertrouwen hebt, je sterk voelt en popelt om te beginnen, wil je nu in een positieve stemming komen: rustig, ont-spannen, tevreden en misschien een tikje opgewonden. Je wilt wat psychologen *approach behaviour* noemen aanmoedigen: openstaan voor nieuwe zaken en ideeën. Als je financiële cijfers bespreekt, is dit misschien slechts ten dele relevant, maar het zal van heel groot belang zijn als je creatieve concepten of een nieuw product wilt aanprijzen.

Vanuit het standpunt van zintuiglijke voorschriften bezien passen positief, rustig en 'open' vrij goed bij elkaar en kun je nog genuanceerder te werk gaan, afhankelijk van waar je je toehoorders van probeert te overtuigen.

Groen betekent gaan

Kleuren aan de koelere kant van het spectrum leveren de beste resultaten op als je mensen wilt overtuigen om geld uit te geven. Bij een beroemd onderzoek door Joseph Bellizzi en Robert Hite van Arizona State University en Kansas State University uit 1992 werden gesimuleerde rode en blauwe winkelomgevingen gecreëerd; in de blauwe winkel bekeken de klanten meer producten, namen ze sneller besluiten en kochten ze in totaal meer.

Maar blauw is niet de enige koele kleur op het spectrum; voor overredingskracht is groen de ideale kleur. We weten al dat groen veel psychologische voordelen biedt. Planten in een winkel zorgen voor meer verkoop, maar ook dat mensen langer rondneuzen en met het personeel praten. In een grootschalig onderzoek naar de kleuren van kantoren, prefereerden 675 mensen die taken in verschillend gekleurde vertrekken uitvoerden, het groene vertrek. De nauwkeurigheid en snelheid van de medewerkers gingen vooruit in het rode kantoor, maar ze vonden de ambiance het prettigst in het groene kantoor.

Bij een onderzoek naar de relaties tussen kleuren en emoties, noemde 95,9 procent van de mensen groen de meest positieve kleur. Volgens kleurentherapeuten en psychologen bevordert groen generositeit en oprechtheid. Uit een onderzoek uit 1964 bleek dat groen een 'faciliterend effect' had op de oordelen van mensen als ze moesten reageren op hypothetische scenario's. Semantisch gezien betekent groen gaan – het is eerder een verwelkoming dan een waarschuwing. Fysiologisch gezien heeft groen gekleurd licht een kalmerend, herstellend en verfrissend effect, en daarom is het de ideale kleur om beslissingsmoeheid te bestrijden.

We moeten echter wel opmerken dat groen, zoals elke kleur, ook negatieve connotaties heeft. Tinten aan het gelige uiteinde van het spectrum houden verband met ziekte en misselijkheid – gebruik dus zuiver en weelderig groen. Bovendien zou ik ondanks de uitdrukking 'groen licht krijgen' niet aanbevelen groene verlichting te gebruiken – deze werpt een onaantrekkelijke tint op alles wat het raakt. Als je niet de hele kamer kunt schilderen, haal dan groen naar binnen met potplanten, presenteer drankjes op een groen dienblad en deel groene folders uit of mededelingen op groen papier. Uit onderzoek naar de invloed op het stemgedrag bij verkiezingen bleek dat mannen eerder op kandidaten stemden wier positie op een groen stembiljet stond.

Verwerk groen in je powerpointpresentatie als je een groots plan presenteert of een grote verkoopklapper wilt maken. Kies voor een officiële vergadering een plaats die wordt omringd door groen en leg een groen aantekenblok prominent op tafel. Zorg ervoor dat er een blok van deze positieve, rustgevende kleur in het gezichtsveld van je beoogde klant ligt en ondersteun dit met een even positieve geur.

Fris aroma van citrusfruit

Zoals we al eerder onderzochten kan een parfum je eigen lichaamstaal veranderen en ervoor zorgen dat anderen denken dat je zelfverzekerd bent. Aroma beïnvloedt echter niet alleen je eigen gedrag, maar kan ook een zeer belangrijke rol spelen bij het overhalen van anderen in het vertrek.

Je kunt het op twee manieren aanpakken. In de eerste plaats kun je het zintuiglijke voorschrift volgen. Zelfvertrouwen is een heldere en prikkelende emotie en dat geldt ook voor geuren van citrusfruit, die ook een zeer positief effect hebben op het soort gedrag dat we willen aanmoedigen in de volmaakte omgeving voor een verkooppraatje. Citrusfruit zorgt ervoor dat je je energiek voelt, maar werkt ook kalmerend – van het aromabestanddeel D-limoneen, dat in de schil van citrusfruit zit, is aangetoond dat het de hartslag vertraagt en stress- en angstgevoelens vermindert.

Aroma's van citrusfruit inspireren de 'approach behaviours' die ik eerder noemde – openstaan voor nieuwe dingen en blijk geven van meer onderzoekend denken. Onderzoekers vulden in een winkel geurmachines met lavendel of grapefruit, waarna ze dertig willekeurig gekozen klanten volgden. Als de geur van grapefruit in de lucht hing, bestudeerden de winkelende mensen meer producten en deden ze meer impulsaankopen; ze waren beter geluimd, bleek uit de antwoorden op de vraag naar hoe ze zich voelden die hun werd gesteld bij vertrek uit de winkel.

Vertrekken die 'schoon' ruiken hebben een zeer interessante uitwerking op het gedrag van mensen met betrekking tot liefdadigheid, wat een soort moreel equivalent is van schoon zijn. Een onderzoeksgroep in Toronto reikte 99 studenten een folder uit met diverse geschreven opdrachten die ze moesten uitvoeren in een neutraal ruikende kamer of in een kamer die naar citrusfruit rook. In de folder zat een flyer van Habitat for Humanity, een goed doel dat vrijwilligers zocht en om donaties vroeg. Van de mensen in de citrusfruitkamer beloofde 22 procent een donatie te doen, in de neutraal ruikende kamer 6 procent.

Citrusfruit is dus een winnaar en limoen lijkt het allerbeste te zijn – die is ook nog eens groen, zodat de twee elementen samenwerken en het groen groener wordt en de limoen sterker naar citrusfruit ruikt. De geur van citrusfruit is positief en fris maar werkt ook kalmerend; mensen gaan erdoor openstaan voor nieuwe ideeën en de geur zorgt er ook voor dat iedereen binnen snuffelafstand de portemonnee trekt. Het is eenvoudig om voor limoenaroma in de omgeving te zorgen, of je nu in een vergaderzaal of een café bent. Doe verse limoen in de waterglazen die je aanbiedt, sproei er wat van in de lucht of poets voor je vergadering de tafel met een schoonmaakmiddel dat naar limoen ruikt.

Een andere benadering van geur is het gebruik van een aroma dat de dienst of het product dat je wilt verkopen weerspiegelt. Uit onderzoek naar het gebruik van geuren in winkels blijkt dat de verkoop toeneemt als het aroma overeenstemt met een productcategorie – zoals de baklucht in de buurt van het brood in een supermarkt. Meer 'op ervaring gebaseerde' geuren kunnen worden gebruikt als een soort instrument om een verhaal te vertellen, waardoor een verkooppraatje meer allesomvattend wordt. Bedenk maar eens hoe een vakantiekiekje dat je aan iemand laat zien verschilt van de ervaring zelf: een foto van het strand is leuk, maar vergeleken bij de ervaring zelf is het eendimensionaal. Kon de ander de zonnebrandcrème maar ruiken of de golven horen, dan zou hij zich pas kunnen voorstellen dat hij er zelf was. Als je hem deze vakantie probeerde te verkopen, hoeveel aanlokkelijker zou het dan niet wezen als je al zijn zintuigen in stelling kunt brengen? We gaan even terug naar Antonio Damasio uit de inleiding: 'we zijn voelende machines die denken'. Door het meest emotionele zintuig – reuk – in te zetten, kun je van een rationeel besluit een emotioneel besluit maken.

Als aan je dienst, idee of product iets duidelijk olfactorisch kleeft, is het de moeite waard om een vleugje parfum te gebruiken om dat tot leven te wekken. Dit lijkt misschien tamelijk ongelooflijk als je in de financiële dienstverlening zit, maar denk eens na over zoiets onorthodox. Welke emotie verkoop je in zo'n situatie? Misschien gaat het om vertrouwen. Hoe ruikt vertrouwen? Als je een Brit bent, is dat misschien thee of een baklucht – dingen die je in verband brengt met gezelligheid. Er is altijd een gevoel dat je met een geur kunt opwekken – benoem die en het zal je buitengewoon goed van pas komen.

Kwaliteitsgeluid

Nadenkend over het geluid bij een verkooppraatje, hebben we te maken met het voor de hand liggende feit dat je vooral wilt dat mensen gewoon naar jouw stem luisteren, dus muzikale begeleiding is niet gepast. Maar het draait om de *kwaliteit* van het geluid die mensen ervaren. Veel van onze beleving van de wereld om ons heen wordt gekleurd door wat we horen. Zoals we in het gedeelte over het gehoor bespraken, doet het solide plofje van een autoportier je geloven dat het voertuig van goede kwaliteit is. Een lichte en weerspiegelende kamer lijkt kouder dan een zachte, gedempte. En zoals ik al opmerkte beschouw je iemand met een lage stem als competenter.

Ooit deed ik een auditief onderzoek naar het paradepaardje van Bentley, de showroom aan Berkeley Square in Londens Mayfair. Dit is een reusachtig gebouw vol tegels, met een extreem hoog plafond en een assortiment auto's van 200.000 pond of meer, die stuk voor stuk staan uitgestald alsof het kunstwerken zijn. Ze wilden daarmee de indruk wekken van topkwaliteit, vakmanschap, technische bekwaamheid en status, maar de verkopen vielen tegen.

Een van de dingen waar ik hen op wees, was het geluid in de showroom. Er kwam muziek uit een piepkleine transistorradio op de tussenverdieping. De keuze? BBC Radio2. De blikkige popmuziek echode opgewekt in de betegelde ruimte – alsof je muziek beluisterde door je telefoon in een badkamer. Het geluid straalde alles behalve kracht en kwaliteit uit. Ze hadden een topkwaliteit stereo-installatie moeten hebben: vol en weelderig, met veel bassen om de kwaliteit van de auto's en het gevoel dat je krijgt als je de eigenaar bent van een Bentley te weerspiegelen.

Bij een telefonische vergadering is het ook onwaarschijnlijk dat als de stemmen aan de andere kant ver weg lijken, echoën en blikkig klinken, je evenveel vertrouwen hebt in de bekwaamheid van je gesprekgenoten als wanneer het geluid helder, vol en warm is. Een vergaderzaal waar je je waren presenteert, mag geen echo hebben en niet kil klinken. Wees verstandig bij je keuze van de plaats en denk na over het geluid. En neem los van de akoestiek van een ruimte even de tijd om te luisteren. Hoor je ergens een rammelende airconditioning? Een zoemende luidspreker? Wordt er buiten ergens gebouwd? Zulke dingen dragen stuk voor stuk bij aan een minder ontspannen potentiële klant. Het streven is een zacht, gedempt, warm geluid dat nauwelijks afleidt, zodat jij goed verstaanbaar bent.

Zorg dat alles warm aanvoelt

'Een warme persoonlijkheid.' 'Een kille ontvangst.' Zoals ik al opmerkte toen we de kwestie van geuren in de ochtend bespraken, zijn 'warm' en 'koud' de termen die het meest beïnvloeden wat we van mensen vinden. De emotie wordt via al onze zintuigen doorgegeven, maar misschien wel het meest door tastzin. In 2008 voerden John Bargh van Yale University, die toonaangevend is op het gebied van het onderzoek naar tastzin, en Lawrence Williams, universitair hoofddocent Marketing aan de University of Colorado Boulder, een onderzoek uit om aan te tonen dat de lichamelijke sensatie van warmte rechtstreeks wordt overgezet naar een emotioneel gevoel van warmte.

Toen de deelnemers een vertrek binnengingen om aan het onderzoek mee te doen, werden ze bij de ingang ontvangen door een man die hun vroeg zijn drankje vast te houden terwijl hij zijn schoen strikte. De helft van de keren was het warme koffie, de andere helft was het ijskoffie. Op de vraag naderhand 'Wat vind je van de persoon die je bij de ingang ontmoette?' beschreef de overgrote meerderheid van de deelnemers die persoon als warm of kil, precies overeenkomstig de temperatuur van de koffie die ze hadden vastgehouden. Ze gebruikten bij de beschrijving van de man zelfs precies die termen want ze zeiden: 'Hij was echt kil en afstandelijk.' Of: 'Wat een vriendelijke, warme man.'

Overkomen als een warm iemand is een groot persoonlijk voordeel, dus zorg er altijd voor dat je warme handen hebt als je iemand een hand geeft. Bied net als in het onderzoek degene die je spreekt iets warms te drinken aan. En als je hun iets geeft om te bekijken, zorg er dan voor dat het warm aanvoelt, zoals een in leer gebonden portfolio of menu in plaats van koud plastic. Geef mensen dat tactiele warmtegevoel en ze zullen warmere gevoelens voor jou koesteren.

Zachte texturen en zwaar gewicht

Er zijn naast warmte nog meer haptische – met tastzin samenhangende – eigenschappen die rechtstreeks in emoties worden omgezet. John Bargh, van bovengenoemd experiment met de warme drank, voerde talloze onderzoeken uit met Joshua Ackerman, eveneens een meester op het gebied van tastzin, naar de manier waarop het oordeel van mensen verandert als ze voorwerpen met verschillende gewichten en texturen vasthouden. Lichte of zware klemborden werden uitgereikt aan 48 mensen, waarna hun werd gevraagd een vragenlijst in te vullen over de hoeveelheid overheidsgeld die aan diverse sociale voorzieningen zou moeten worden besteed. Mensen die het zware klembord in handen hadden stelden meer geld beschikbaar. Vooral mannen waren hier gevoelig voor, want het gewicht vertaalt zich in een soort lef waardoor ze met geld gingen smijten. Wanneer je iemand de samenvatting van een sollicitatiegesprek op een zwaar klembord aanbiedt, zal de ander de sollicitant competenter en geschikter achten dan wanneer hij of zij dezelfde informatie op een licht klembord krijgt aangereikt.

De onderzoekers testten het verschil tussen de textuur van stoelen. Ze lieten 98 deelnemers plaatsnemen op een stoel met zachte kussens of op een harde, houten stoel en vroegen hun te onderhandelen over de aanschaf van een tweedehandsauto. Mensen op de harde stoel waren minder bereid toe te geven en hun bod te verhogen; toen de mensen op de comfortabele stoel werd gevraagd een tweede bod op de auto te doen, verhoogden ze het bedrag zonder morren.

Dus wat je ook uitdeelt, zorg ervoor dat het zwaar is en een aangename, zachte – en warme – textuur heeft. Het kan om het papier voor je drukwerk gaan of het mapje dat je gebruikt voor een verslag. Laat je bezoek als het kan in een zachte stoel plaatsnemen, want dan zullen ze je genereuzer behandelen. Zorg er in elk geval voor dat ze kunnen zitten – geen staande verkooppraatjes of onderhandelingen. Een onderzoek van de *sensory marketeer* Luca Cian legde een groep leerlingen een reeks verleidelijke vragen voor terwijl ze zaten of stonden – vragen zoals: 'Zou je bereid zijn stiekem naar een concert te gaan als je nog huiswerk moet doen?' Als ze stonden toonden de proefpersonen zelfbeheersing, maar als ze zaten terwijl die vraag werd voorgelegd, vlogen ze ervandoor, gehuld in een T-shirt met het logo van de band, kaartje voor het concert in de hand.

Scherpe vormen

Het laatste element van het zintuiglijke voorschrift is vorm. Als we aansluiten op de multizintuiglijke stroom van aroma – heldere en prikkelende limoengeur – denken we instinctief aan hoekige vormen. Hoekigheid voelt actief en positief, zoals we zagen toen we het over sporten hadden. Branding-goeroe Maggie Macnab noemt in haar boek over het decoderen van design driehoeken symbolisch voor aspiratie en inspiratie. Een bergtop noemt zij een metafoor voor inspiratie.

Vorm kan zich als iets visueels voordoen, zoals in een logo of een grafische voorstelling op een plaatje dat je laat zien, en het gaat ook over op tastzin. Degene die de presentatie houdt kan overkomen als scherp en dynamisch wanneer je iets vasthoudt wat hoekig is, net zoals het vasthouden van iets stevigs en zwaars wordt omgezet in gevoelens van competentie en kwaliteit. De limoen in het water zal worden geaccentueerd en verfrissender smaken in een hoekig glas. Je klant zal denken: verdraaid wat een lekker water, en zich verwonderen over de kwaliteit van je verfrissingen.

Praat over de zintuigen

Wanneer je een verkooppraatje houdt, probeer dan wanneer het even kan je toehoorders aan hun zintuigen te laten denken; dat betrekt die erbij en ondersteunt de zintuiglijke onderdompeling. Gebruik van en concentratie op de zintuigen wordt in veel vormen van therapie en mindfulness ingezet om mensen naar het heden te halen, maar onderzoek toont ook aan dat wanneer mensen wordt gevraagd zich *voor te stellen* dat ze iets aanraken, proeven of ruiken, dezelfde delen van hun hersenen worden geactiveerd als wanneer ze het daadwerkelijk doen.

Wanneer we in een winkel iets vastpakken, zijn we al bijna ten prooi gevallen aan het zogenoemde *endowmenteffect*, wat wil zeggen dat we het gevoel hebben dat we het al bezitten en het dus moeilijker vinden om de winkel uit te gaan zonder het artikel in kwestie. Een onderzoek bewees dat zelfs de voorstelling dat je iets hebt aangeraakt het endowmenteffect kan veroorzaken. Uit weer een ander onderzoek bleek dat mensen het water in de mond liep wanneer ze een afbeelding van een chocoladekoekje te zien kregen en zich de geur moesten voorstellen. Verwijs dus naar de zintuigen, ongeacht waarvoor je een verkooppraatje houdt. Vraag mensen zich een geur, een geluid, het gevoel iets vast te pakken of zelfs een emotie voor te stellen, en ze zullen meer aandacht hebben en meer betrokken zijn.

Een zintuiglijk voorschrift voor zelfvertrouwen, competentie en een positieve reactie van anderen

Voor jezelf:
- Luister naar muziek met veel bassen voor je naar een vergadering gaat of gaat telefoneren.
- Spreek met een lage stem en in betrekkelijk korte zinnen.
- Sta stevig op twee benen en glimlach, ook al ben je aan het telefoneren.
- Draag zwarte kleding om zelfverzekerd en intelligent over te komen.

Voor de beoogde klant:
- Kleur – Groen, maar geen ziekelijke, gelige tint. Weelderig groen of een donker Brits racegroen. Zorg voor een groen aantekenblok of een groene achtergrond op een powerpointslide. Kies een locatie met veel groen in de omgeving, of zorg voor potplanten in de kamer.

- Geur en smaak – Limoen of ander fris citrusfruit. Geef water met ijs en limoensmaak, spray een limoenaroma in het vertrek of behandel de tafel met een schoonmaakmiddel met die geur, want daarmee bevorder je de generositeit. Of verkoop met geur – gebruik een aroma dat weerspiegelt wat je verkoopt om je presentatie levendig en emotioneler te maken.
- Geluid – Gedempt, dof en mat. Vermijd ruimtes met een blikkige echo of afleidende geluiden, zoals een ratelende airco, gezoem of bouwwerkzaamheden.
- Temperatuur – Warm. Zorg voor warme handen, gebruik warme materialen – vermijd plastic en andere kunststoffen, aangezien die emotioneel kil aanvoelen.
- Textuur – Zacht en zwaar. Geef je gasten een stevige map en gebruik dik papier. Laat ze plaatsnemen in een stoel met zachte kussens.
- Vorm – Serveer het water met limoen in een hoekig glas. Misschien kun je de grafische voorstellingen in je presentatie hoekiger maken, zodat ze er actiever, dynamischer en zelfverzekerder uitzien.
- Taal – Praat over de zintuigen. Vraag de mensen zich voor te stellen dat ze iets aanraken, vasthouden, ruiken of horen. Alles wat van pas komt. En zelfs als dat niet zo is – gebruik bewoordingen die zintuiglijk evocatief zijn want daardoor concentreren ze zich op hun eigen zintuigen, zodat ze in het moment komen en emotionele delen van de hersenen worden gestimuleerd.

Lunch – de kracht van het plannen van een traktatie voor later

Wanneer je opziet tegen de rest van de dag, die zich traag voortsleept, dan is dat een goed moment om een plan voor iets bevredigends voor straks te maken, zodat je inspanningen de moeite waard zijn. Een glas wijn, een rustig fietstochtje, of misschien ben je wel van plan wat lekkere ingrediënten te kopen voor een heerlijke maaltijd – zolang je er maar genoegen aan beleeft. Afgezien van de aankondiging van het eind van de werkdag als het zover is, wil ik dat je ervaart hoe het is om naar iets uit te kijken.

Door eerst te wachten op iets waarvan je zult genieten, geniet je er des te meer van en bovendien is het wachten soms even fijn als de ervaring zelf. Het is een soort uitgestelde bevrediging die ik gebruik als ik zogenoemde 'consumptierituelen' voor merken en producten ontwikkel. Een goed voorbeeld is de wachttijd van 119,53 seconden voor je kunt beginnen aan je pint Guinness (dat is de officiële exacte duur), terwijl die kolkt in het glas en twee lagen vormt voor de barman het nog een laatste keer aftopt. Onderzoek laat zien dat het bier lekkerder smaakt door de duur dat je ernaar uitkijkt.

Dit concept van uitgestelde bevrediging is ook de reden waarom ik een merk weleens hielp bij de ontwikkeling van een iets te ingewikkelde of onnodig lastig open te krijgen verpakking, zodat de grote onthulling wordt uitgesteld. Bij een onderzoek naar zakken chips bleek dat mensen de chips lekkerder vonden als ze de verpakking moeilijker open kregen. Als je vindt dat je er moeite voor moet doen, zal je traktatie uiteindelijk des te lekkerder zijn. Bovendien kan het wachten zelf zoals ik al zei werkelijk nog fijner zijn. In 2002 maten wetenschappers met fMRI-scans de reactie van de hersenen van mensen die op een zoete traktatie wachtten en die vervolgens opaten. Uit de scans bleek dat het dopaminegehalte – het genotssignaal in de hersenen – tijdens het wachten op het lekkers even hoog was als toen ze het aten. Door een traktatie te plannen, gaan je vreugdesappen stromen, zodat je in een betere stemming komt. Als alles je in de loop van de dag te veel wordt en je het niet meer ziet zitten, zal de pijn iets worden verzacht door aan de traktatie te denken.

Begin van de middag – betere samenwerking en beter teamwork

Het begin van de middag is een geschikt moment voor een interne bespreking – dinsdag 15.00 uur wordt het beste tijdstip genoemd. Kennelijk hebben de meeste mensen dan het minste werk te doen.

Besprekingen met andere werknemers, andere bedrijven of instanties hoeven niet over een harde verkooptechniek te gaan; het doel is de weg vrij te maken voor samenwerking – een 'chemievergadering' in het bedrijfskundig jargon van tegenwoordig. Deze verlopen vaak aan het begin vrij stroef, vooral als het een zaal vol onbekenden is. Soms is er paranoia over macht en wordt er gestreden om rollen en verantwoordelijkheden, en soms is het ontbreken van geroezemoes als je binnenkomt gewoon een gevolg van sociale gêne. Maar met een paar zintuiglijke verbeteringen die aansporen tot openheid, sociale interactie en samenwerking krijg je mensen wel aan de praat, zodat iedereen samenwerkt en zorgen oplossen in de (naar bloemen ruikende) lucht.

Verse bloemen

Een aantal mensen uit de gokindustrie kwam in 2008 bij elkaar in een vertrek in Las Vegas als focusgroep om een nieuwe fruitmachine te bespreken. In het vertrek hing een subtiele geraniumlucht. In een praktisch identieke vergaderzaal ernaast was een vergelijkbare groep bijeengekomen om het over dezelfde automaat te hebben, maar hier hing een neutrale geur. Zoals ze korte tijd later zouden ontdekken, was er helemaal geen nieuwe fruitmachine – deze mensen waren zonder het te weten proefpersonen in een experiment dat was opgezet door twee onderzoekers van Cornell University, Dina Zemke en Stowe Shoemaker. Ze wilden testen welk effect aroma heeft op de wijze waarop mensen een band aangaan en met elkaar omgaan. In beide vertrekken moesten de mensen het een kwartier lang zelf maar uitzoeken, want hun was verteld dat de gesprekleider verlaat was. In de kamer waar het naar geraniums rook, was meer sociale cohesie dan in het andere vertrek, wat tot uitdrukking kwam in oogcontact, gesprekken, open lichaamstaal en fysiek contact.

Enkele andere onderzoeken hebben aangetoond dat mensen door bloemengeur meer interactie vertonen en dat sociale hindernissen verdwijnen. Bij een ander onderzoek, met een tamelijk bizarre uitgangspositie, moesten mensen gaan staan kijken naar een pantomime-act, waarna hun werd gevraagd de pantomimespeler zodanig te positioneren dat deze een bepaalde emotie weergaf. De kans dat mensen dit ook deden en de speler aanraakten was drie keer zo hoog als er een eenvoudige bloemengeur in de lucht hing dan wanneer andere geuren werden gebruikt, zoals Chanel No 5 of babypoeder.

Van lavendel is ook aangetoond dat het gevoelens van vertrouwen versterkt; bloemengeuren maken over het algemeen dat mensen opener met elkaar praten en omgaan en zich vrijer gedragen. Mogelijk komt dit doordat de geuren ontspannend werken, zodat mensen minder gestrest en afstandelijk zijn, of misschien is er niets meer nodig dan de aanwezigheid van een aangename geur. Maar bloemengeuren hebben een sterker effect dan andere lekkere luchtjes, dus zet bloemen in je vergaderzaal en spuit wat lavendel- of geraniumaroma in de lucht voor je bijeenkomst. Waak er echter wel voor dat je vergaderzaal niet als het huis van een oud dametje gaat ruiken – het moet een frisse en natuurlijke lucht zijn. Een zweem van kunstmatigheid zal een nadelig effect hebben.

Geel

Rood stimuleert waakzaamheid en groen bevordert constructieve besluiten, maar als je wilt dat mensen zich opgewekt, positief en optimistisch voelen, is geel de optimale kleur. Geel is veel minder agressief dan rood, maar nog wel levendig. Uit onderzoeken met fMRI-scans blijkt dat gele lichtgolven hersengolfactiviteit stimuleren en 'rationele waakzaamheid' opwekken. Volgens de vermaarde kleurentherapeut Suzy Chiazzari zijn geluk, optimisme en rationele stimulatie effecten van geel in je omgeving. In het eerder aangehaalde onderzoek waarin groen de meest positieve kleur werd genoemd (waar 95,9 procent van de mensen het over eens was), kwam geel op de tweede plaats, met 93,5 procent.

Geel sluit mooi aan op de geur van bloemen, want het wordt geassocieerd met zon en zomer. Een groep onderzoekers in Taiwan zette alle kleurentheorieën uit de geschiedenis op een rij en kwam tot de conclusie dat geel altijd als positief is beschouwd. Wat negatieve connotaties betreft, werden alleen angst, lafheid en misselijkheid genoemd, en ik betwijfel of het zo overkomt als je een mooie, zonnige geeltint gebruikt. Als je een bijeenkomst organiseert en niet iedereen in een geel vertrek kunt plaatsen en geen gele tafel hebt, kun je andere dingen doen: zet gele bloemen in de kamer of deel agenda's in een gele map uit. Zorg voor een geel scherm aan het begin van je presentatie, of zorg dat de verlichting een warme gele kleur heeft.

Gedimd licht

Wat ons streven naar groepscohesie betreft, het is bewezen dat mensen zich socialer gedragen als de lichten worden gedimd, hoogstwaarschijnlijk omdat we iets minder geremd zijn als we ons minder 'tentoongesteld' voelen. Shigeo Kobayashi, hoogleraar Milieukundig Onderzoek aan de universiteit van Tokio, bestudeerde menselijk gedrag onder diverse lichtcondities, in het laboratorium en in de open lucht. Hij liet zien dat mensen bij zwakkere verlichting dichter bij elkaar zitten, zo gaan zitten dat ze elkaar kunnen aankijken en zich naar voren buigen om te praten. Ze vertonen meer oogcontact en andere sociale gebaren en ze praten meer met elkaar. Bij een ander onderzoek, dit keer in het Verenigd Koninkrijk, keken mensen die elkaar niet kenden tien minuten samen televisie in een vertrek dat ofwel zwak verlicht was, ofwel felle kastverlichting had ofwel plafondverlichting. Hoe feller het licht, hoe meer tijd in stilte werd doorgebracht. De proefpersonen kletsten bij zwakke verlichting veel meer over waar ze naar zaten te kijken. Het onderzoek toonde ook aan dat de mensen zich even alert voelden, ongeacht of de verlichting gedimd was of fel en van boven kwam. Het is goed om dit te weten want we willen dat mensen op elkaar reageren, maar ook dat er een goed energieniveau in het vertrek hangt.

Zachte texturen

Wat textuur betreft is John Barghs onderzoek naar het effect van tastzin op de wijze waarop we met elkaar omgaan bijzonder nuttig. Uiteraard zijn zware voorwerpen, zachte stoelen en warme texturen allemaal ook relevant; alles waardoor mensen meer emotionele warmte ervaren, bevordert de samenwerking. Maar een ander onderzoek van Bargh is bijzonder relevant voor de vraag hoe we mensen beter kunnen laten samenwerken. Bij dit onderzoek liet hij groepen een legpuzzel maken. Sommige kregen een puzzel met een zachte textuur op de achterkant van elk stukje, terwijl andere stukjes met schuurpapier kregen. De groepen met de stukjes met schuurpapier achtten degenen met wie ze de puzzel legden minder vriendelijk en coöperatief dan degenen die de gladde puzzelstukjes kregen, en ze deden er ook langer over om de puzzel af te krijgen.

Probeer voor alles wat je uitdeelt een zachte textuur te gebruiken. Voor zintuiglijke harmonie zal het superadditieve effect mee gaan spelen als je het zachte gevoel van bloemblaadjes kunt evenaren. Als het om een groepsbijeenkomst gaat en je deelt een agenda uit, druk die dan af op papier met een zachte textuur. Je kunt ook voor elke stoel een zachte placemat neerleggen of een zachte onderzetter voor de drankjes geven.

Pas dit idee toe op elk aspect van textuur op de bijeenkomst – bied geen krokante chips of noten aan, maar iets met een zacht mondgevoel dat geen hard geluid veroorzaakt, marshmallows misschien.

Zacht 'rabarber rabarber' op de achtergrond

Stilte is oorverdovend en moedigt mensen in elk geval niet aan om te praten. Bedenk maar eens hoe zelfbewust je je voelt als je in de omfloerste sfeer van een museum of een bank met iemand praat, zodat je gaat fluisteren omdat je bang bent op te vallen. Als het ergens te druk is, is dat bijna net zo erg. Ten eerste kun je anderen niet verstaan, wat het hele doel van een samenzijn ondermijnt. Als je ervoor kunt zorgen dat het geluidsniveau er ergens tussenin zit, met een aangenaam niveau van achtergrondgeluiden, zal iedereen in het vertrek het gevoel hebben te mogen spreken. Het volmaakte geluid om aan te sporen tot conversatie wordt wel 'rabarber rabarber' genoemd: mompelend, onverstaanbaar menselijk geklets.

Enkele jaren geleden voerde ik in een 'namaakfiliaal' een proef uit voor de bekende Britse TSB-bank, waarbij de reactie van de klanten op nieuwe ontwerpen of reclames werd getoetst. We lieten uit verborgen luidsprekers zacht gemompel van stemmen en af en toe een tikje van een theekopje horen, zodat de mensen zich meer relaxed en op hun gemak voelden. Het is wonderlijk hoe groot het verschil was; we ontdekten dat mensen vanzelf meer gingen praten als we het volume iets hoger zetten, zodat er geen stilte heerste. Toen we er naderhand naar vroegen, had geen van hen het toegevoegde geluid opgemerkt.

Op diverse muziek-streamingdiensten zijn aardig wat 'rabarber rabarber'-geluiden te vinden, als je er eens een wilt uitproberen. Op de *Sense*-website heb ik een selectie van mezelf geplaatst.

Zachte muziek

Bij een bijeenkomst als deze is wat zachte muziek op de achtergrond niet uitgesloten – we weten dat het bevorderlijk is voor het humeur van de mensen. Rustige achtergrondmuziek in winkels kan ervoor zorgen dat mensen maar liefst 76 procent langer rondneuzen. Onderzoek naar muziek in restaurants laat zien dat rustige muziek ervoor zorgt dat mensen langer de tijd nemen voor hun maaltijd en meer spenderen.

Je moet de zintuiglijke eigenschappen om je heen laten weerspiegelen in het muziekgenre dat je draait; het moet een zacht en warm geluid zijn, zonder zoiets schurends als jankende, vervormde gitaarsolo's, en zeker geen kille en digitale muziek. Zet het volume van de muziek, net als bij bovengenoemde geluiden, zo zacht dat het aangenaam klinkt op de achtergrond, hoorbaar maar niet storend.

Ga aan een ronde tafel zitten

Koning Arthur deed het kennelijk goed toen hij zijn ridders aan een ronde tafel liet plaatsnemen. Volgens een versie van het verhaal deed hij dit 'om ruzie tussen zijn baronnen te voorkomen, van wie niet één een ondergeschikte plaats accepteerde'. Aan een ronde tafel zit anders dan bij een rechthoekige niemand aan het hoofd, en dat betekent dat iedereen aan tafel gelijk is aan elkaar. In de twintigste eeuw voorzag de Britse psychiater Humphry Osmond dit concept van een wetenschappelijke benaming – 'sociopetale schikking' – en werden de positieve effecten ervan aangetoond. Door zodanig te zitten dat iedereen naar elkaar toe gericht is, worden gevoelens van openheid gestimuleerd en wordt de conversatie bevorderd. Een onderzoek naar de schikking van stoelen in Japanse klaslokalen bewees dat de klasgenoten meer het gevoel hadden erbij te horen als ze in een kring zaten en dat dit een positief effect had op de studieresultaten.

Ga samen feesten

Als je een gevoel van cohesie wilt scheppen in een groep omdat er een bijzonder moeilijke sfeer hangt, dan moet je tribaal worden – en uit de band springen. In een kleine groep toont iedereen zijn eigen persoonlijkheid, maar deze dynamiek verandert als een kleine groep een van vele groepen wordt. Volgens een concept dat 'zelfcategoriseringstheorie' wordt genoemd, hangt de vraag hoe mensen zichzelf als onderdeel van een groep identificeren af van de sociale situatie waarin ze zich bevinden. Consumentenonderzoek naar het drinkgedrag van mensen in de loop van een avondje stappen – onderzoek dat ik te zien kreeg toen ik werkte voor een producent van met tequila versterkt bier – toont aan dat deze verschuiving van individualiteit naar tribaal samenzijn begint wanneer een kleine groep, die eerst bij een vriend thuis of in een café een pilsje drinkt, naar een club gaat. Ze veranderen van een groep mensen die erg tevreden zijn over zichzelf in een stam te midden van andere stammen, zodat de gevoelens van vertrouwen en ondersteuning tussen de leden van de groep extreem sterk worden.

Een zintuiglijk voorschrift voor sociale interactie, conversatie en samenwerking

- Geur – Verse bloemen. Van gardenia, rozen en andere bloemachtige geuren is aangetoond dat mensen er meer door gaan praten, en oranjebloesem is een heerlijke bloemengeur die niet te oma-achtig ruikt.
- Kleur – Geel is opgewekt en optimistisch, dus kies gele bloemen of zorg voor een geel scherm als mensen bij elkaar komen. Deel de agenda in een gele map uit.
- Verlichting – Gedimd. Zorg voor minder felle verlichting om mensen uit hun schulp te laten kruipen. Als je de kleur van de verlichting kunt beïnvloeden, zorg dan dat ze warmgeel is.
- Textuur – Zacht, om samenwerking en sociale cohesie te bevorderen, maar denk eraan dat dingen warm en solide moeten zijn. Gebruik als het kan papier met een zachte textuur.
- Smaak – Serveer zachte hapjes die geen harde en krakende geluiden veroorzaken. Marshmallows, sandwiches en cake zijn geschikte voorbeelden.
- Geluid – Het gemompel van stemmen. Zorg voor 'rabarber rabarber' om mensen aan de praat te krijgen.
- Muziek – Rustige muziek op een laag volume verbreekt de stilte en zorgt ervoor dat het ergens aangenamer toeven is.

- Schikking – Een ronde tafel waardoor iedereen op elkaar gericht is bevordert de sociale cohesie en openheid.
- Ga feesten – Als verder alles mislukt en je per se wilt aanmoedigen tot groepscohesie onder een stel afzonderlijke individuen, ga dan met ze stappen.

Halverwege de middag – wees creatief

Creativiteit is niet het exclusieve domein van schrijvers, schilders of uitvinders. Wij zijn allemaal creatief, en het is net zo belangrijk om onze creatieve sappen op gang te brengen als we een presentatie voorbereiden als wanneer je een toneelstuk schrijft. Of je nu een nieuw businessplan bedenkt of nadenkt over een nieuw kleurenontwerp voor je zitkamer, je gaat anders denken en lost gemakkelijker problemen op en ziet eerder verbanden als je je creatieve kant laat zien. En om dat te doen moet je aandacht besteden (maar ook niet te veel) aan de zintuiglijke wereld om je heen.

'In werk dat onbewust is gecreëerd verschijnt schoonheid vanzelf.' De Japanse filosoof Soetsu Yanagi schreef deze prachtzin, die op zichzelf een schoonheid is, in zijn essay *De schoonheid van uiteenlopende zaken* uit 1926. Het was een bespiegeling over de gedachte dat we de borden, kommen, potten en pannen waarmee het leven van gewone mensen gevuld is moeten respecteren – de volkse kunstnijverheid die al eeuwen met de hand wordt gemaakt. Zo zou ik graag willen dat we aandacht hebben voor de geluiden, geuren, vormen en texturen van het leven van alledag.

Soetsu Yanagi's volmaakt geboetseerde zin raakt aan iets wat inmiddels grondig is onderzocht op het gebied van creativiteit: het concept 'flow'. Dit doet zich voor als je geest zich een beetje laat meedrijven, en je je onderbewustzijn op zijn beloop laat om prachtige dingen te doen. Omdat onze gedachten later op de dag geneigd zijn meer te gaan dwalen, lijkt dit het perfecte moment voor een creatieve bijeenkomst of om je over te geven aan een creatieve roes.

Creatieve denkers gebruiken de kracht van zelfafleiding al heel lang. Einstein en Sherlock Holmes speelden viool als ze worstelden met een wiskundeprobleem of een duivelse zaak, waardoor ze een deel van hun gedachten op één ding fixeerden en een ander deel toevallig een moment van inspiratie zou kunnen krijgen. Wat wetenschappers 'constructieve afleiding' noemen, kan doelbewust worden opgewekt, met de juiste hoeveelheid zintuiglijke prikkels, en dat doe je zo...

Een evocatief muzikaal panorama

Op elk gebied van wetenschappelijk onderzoek zijn supersterren te vinden. John Bargh en Joshua Ackerman zijn de meesters van de tastzin. Hoogleraren Barry Smith en Charles Spence zijn de nestors van de smaakzin. En voor creativiteit moet je bij Ravi Mehta en Juliet Zhu zijn – je zult hun naam vaak tegenkomen in dit deel.

Mehta en Zhu wilden de effecten van geluid op creativiteit meten en deden daartoe een reeks onderzoeken waarbij mensen creatieve opdrachten uitvoerden onder verschillende omstandigheden: bij het achtergrondgeluid van een café, druk verkeer, bouwwerkzaamheden, enzovoort. De uitkomsten laten zien dat een voortdurend veranderend achtergrondgeluid, met een vast volume en zonder plotse uitbarstingen, onmiskenbaar de creativiteit vergroot. Maar het moet constant, vertrouwd en niet-repetitief zijn om die perfecte balans van afleiding en concentratie te behouden.

In plaats van genoegen te nemen met de achtergrondgeluiden waar we het eerder over hadden – het geroezemoes van een café of mompelende stemmen – biedt dit een kans om creatief te zijn. Gebruik klanken die oproepen waar je mee bezig bent, om associatieve gedachten op te wekken. Als je een scenario schrijft voor een film die in New York speelt, luister dan naar de soundscape van New York. Als je nieuwe investeringsplannen bedenkt, kun je luisteren naar een opname van de handelsvloer op de beurs. Ontwerp een strandhotel bij het geluid van de branding.

Net als bij 'ervaringsaroma's' die je kunt gebruiken om een idee voor te leggen aan een beoogde cliënt, kun je ook lateraal denken over een emotie die samenvat wat je doet. Als je ideeën hartstochtelijk en competitief moeten zijn, wat dacht je dan van de geluiden van een voetbalwedstrijd? Bedenk wat jou voldoende kan afleiden om creatief te zijn en tegelijkertijd een bevorderlijk tafereel voor de geest oproept. Met de komst van allerlei soorten websites op basis van muziek is het mogelijk om vrijwel elke sfeer op te roepen – ook hiervan heb ik een paar voorbeelden op de *Sense*-website geplaatst.

Er is ook heel veel bewijs over het optimale volume. De creativiteit wordt sterk gereduceerd als het achtergrondgeluid de 75 decibel overschrijdt: dat is heel hard – ongeveer het volume van een stofzuiger. Bij een ander onderzoek van Mehta en Zhu, dat ze samen met Amar Cheema uitvoerden, werd het creatief denken van mensen getest bij achtergrondgeluid op verschillende sterktes. Deelnemers werd gevraagd mee te doen aan een *remote associates test*, waarbij drie woorden worden voorgelegd en je een vierde woord moet bedenken dat ze verbindt – bijvoorbeeld: papier, uitgeven, bank. Antwoord: geld. Mensen scoorden het best als het achtergrondgeluid op zo'n 65 decibel stond, vergelijkbaar met een druk restaurant. Probeer eens vast te stellen of het geluid in jouw omgeving op een aangenaam niveau ligt – het kan handig zijn om een app op je smartphone te downloaden om het volume van het geluid in een vertrek te meten.

De geur van Play-Doh

Weet je nog: de geur van kinderklei van Play-Doh? Als je dat ruikt word je creatiever en beter in probleemoplossing. Nahid Ibrahim onderzocht in 2015 de gunstige effecten van wat hij 'geestelijke tijdreizen' noemde: de gedachte dat geuren je kunnen terugvoeren naar een periode van speelse activiteiten in je kindertijd, en dat deze zintuiglijke herinneringen je prestaties beïnvloeden. Bij dit onderzoek werd proefpersonen gevraagd een taak uit te voeren, 'Dunckers kaarsprobleem': de uitdaging is uit te dokteren hoe je een branden-de kaars aan de muur kunt bevestigen zonder kaarsvet op de grond te laten druipen, met gebruikmaking van niets anders dan een doos-je lucifers en een doosje punaises. De deelnemers moesten dit pro-bleem oplossen in vertrekken waar verschillende geuren hingen: in een ervan hing een aangename geur van citrusvruchten en in een tweede de geur van Play-Doh, terwijl een controlegroep in een ver-trek zonder geur zat. De prestaties waren beter mét een aroma, maar in het vertrek met de geur van Play-Doh waren ze het beste.

Dit concept van mentale tijdreizen brengt een activiteit in herin-nering – bij Play-Doh gaat het om creativiteit en spelen – maar zorgt er door de vage bekendheid bovendien voor dat je in de bevor-derlijke toestand van constructieve afleiding belandt. Wanneer je aroma's gebruikt voor dit soort toepassingen is het van belang dat ze herkenbaar zijn, want anders leiden ze te veel af. Als je een kaars brandt met aroma's van vanille, tonkabonen, vetiverolie, rozenbloe-sem en muskus, ruikt het misschien wel aangenaam maar al die la-gen vergen te veel van je mentale energie, wat een negatief effect heeft op je creativiteit en concentratie.

Je kunt zelfs Play-Doh-aroma in een flesje kopen – ter ere van de negentigste verjaardag van het merk gemaakt door een bedrijf dat The Library of Fragrance heet. Maar je kunt ook doen wat ik doe bij een creatieve bespreking en een potje Play-Doh op tafel zetten. Ik zou de blauwe kiezen…

Blauw

Mensen zijn het creatiefst als er blauw in de omgeving is – blauw is de ultieme 'koele' kleur en heeft een fysiologisch kalmerend effect. Mehta en Zhu hebben keer op keer aangetoond dat het beter is om rustig te zijn als je creatieve ideeën op gang wilt brengen.

Bij een van hun andere onderzoeken kregen deelnemers diverse rode of blauwe vormen, waarna hun werd gevraagd daarmee ideeën voor kinderspeelgoed te bedenken. Een onafhankelijke jury, die de ideeën in zwart-wit beoordeelde, vond de blauwe ideeën origineler. De jury vond de rode meer praktisch, wat opnieuw bevestigt dat die kleur het meest geschikt is voor gedetailleerde, praktische taken. In hetzelfde onderzoek lieten ze ook zien dat mensen bij de kleur blauw blijk gaven van meer 'contact gemotiveerd gedrag', dat wil zeggen dat ze avontuurlijker waren en openstonden voor nieuwe ideeën.

Zorg voor blauw als je met iets creatiefs bezig bent: je aantekenblok bij de brainstormsessies moet blauw zijn, en zet een potje blauwe Play-Doh op je bureau. Als je het zelf voor het zeggen hebt in je werkomgeving, zorg dan dat de muren van de gemeenschappelijke ruimte fris, kalmerend blauw zijn, of leg een blauw tafelkleed in een vergaderzaal voor creatieve besprekingen.

Zwakke verlichting

Er is heel veel onderzoek gedaan om te laten zien welk type verlichting het meest geschikt is om creatief te denken. Wie dat onderzoek hebben gedaan? Mehta en Zhu natuurlijk, dit keer met Chen Wang en Jennifer Argo. Ze ontdekten dat als je mensen in een vertrek zet met variërende verlichting en hun verzoekt creatieve taken uit te voeren, er een groot verschil is. Bij zwakke verlichting zijn mensen minder geremd en vrijer als het gaat om hun manier van denken. Hoewel ze met een stroom aan nieuwe ideeën komen, bleek uit één onderzoek echter dat de kans groot is dat die minder geschikt zijn.

Als je de verlichting thuis of op je werk kunt beïnvloeden, kun je haar zo instellen dat ze in de loop van de tijd verandert – er zijn aanwijzingen dat geleidelijke verandering van licht bevorderlijk is voor creatief denken. Een geleidelijke verschuiving qua tint of felheid om de acht à zestien seconden, zoals langzaam veranderende kerstboomverlichting, zal zorgen voor voldoende subtiele achtergrondbeweging in je periferie en dat draagt bij aan een toestand van constructieve afleiding.

Ruim niet op – een rommelige werkruimte is goed

Dit element van het zintuiglijk voorschrift is interessant voor mensen zoals ik, die niet kunnen werken in een rommelige omgeving. Ik kan niet beginnen voor ik de diverse vellen papier, pennen en uiteenlopende dingen op mijn bureau op de een of andere manier heb geordend – ik wijt het aan een milde dwangneurose, maar het komt waarschijnlijk meer door mijn neiging om uit te stellen. Maar dit is aantoonbaar de verkeerde aanpak als het gaat om het stimuleren van creativiteit.

Bij één onderzoek werden deelnemers in twee vertrekken ondergebracht die identiek waren afgezien van de spullen die op het bureau lagen. In het eerste lagen mappen en papier keurig opgestapeld, maar in het andere waren dezelfde mappen en papieren verspreid over het bureau. Om hun creativiteit te testen, kregen de deelnemers te horen dat een pingpongballenfabriek op zoek was naar nieuwe toepassingen voor hun product, en werd hun gevraagd nieuwe ideeën op een rijtje te zetten. Deze gekke opdracht werd bedacht door Kathleen Vohs, Joseph Redden en Ryan Rahinel van de University of Minnesota en is een variant op wat wel een *alternate uses task* wordt genoemd, die in 1967 werd bedacht door de Amerikaanse psycholoog J.P. Guilford om creatief denken te meten (al werd hierbij oorspronkelijk geen pingpongballetje maar een baksteen gebruikt).

Uit het onderzoek bleek dat mensen in de rommelige omgeving meer onconventionele en 'creatieve' oplossingen en ook meer ideeën bedachten. De cognitieve prestaties bleken conventioneler in de opgeruimde omgeving, terwijl onze denkprocessen minder conventioneel zijn als het vertrek rommeliger is. Kunstenaars, schrijvers, wetenschappers en andere innovatieve denkers hebben vaak een chaotische werkplek – van Mark Twain tot Steve Jobs, veel van de knapste denkers staan erom bekend dat het in hun werkomgeving een zootje is. Wat mezelf betreft, ik probeer mijn werkkamer iets minder geordend te laten zijn dan ik door mijn milde dwangneurotische neigingen zou wensen – ik voer mijn gebruikelijke uitstelritueel uit voor ik begin maar laat gaandeweg tijdens het werken de natuurlijke entropie haar gang gaan, zodat mijn gedachten gemakkelijker richting het onbekende afdwalen.

Open ruimtes

Zoals ik in de inleiding op de werkdag al schreef, beïnvloedt de hoogte van het plafond in een kamer onze manier van denken. Een hoog plafond geeft ons een vrijer en ongeremder gevoel, waardoor we anders denken. Juliet Zhu leidt dit fascinerende onderzoeksgebied. Bij een experiment liet ze mensen in kamers met een plafond van 2,40 meter of van 3 meter hoog plaatsnemen en hen een reeks anagrammen oplossen die bestonden uit woorden die te maken hadden met ofwel vrijheid – 'bevrijd' en 'onbegrensd' – ofwel beperking – 'beteugeld' en 'begrensd'. De gedachte hierachter is: of je je nu vrij of beperkt voelt, de bijpassende woorden zullen voor in je gedachten liggen. De resultaten bevestigden de hypothese; de reactietijd van de deelnemers met de woorden die samenhingen met vrijheid was sneller in de kamer met het hoge plafond. Bij andere experimenten behorend bij hetzelfde onderzoek werd gekeken naar de verschillende manieren waarop mensen informatie onthouden en bleek dat de kamer met het hoge plafond geschikter was voor meer abstract denken en het verbinden van ideeën op een minder voor de hand liggende manier. Hoe groter je kaders hoe meer je 'erbuiten' denkt.

Andere dingen – Play-Doh, een potlood en een schilderskiel?

Wil je er echt voor gaan in een creatieve sessie met je collega's of sta je stevig genoeg in je schoenen om aan een verkleedpartijtje te doen, dan is dit het perfecte moment om de kracht van aangeklede cognitie en materiële preparatie aan te wenden. Er zijn heel veel voorwerpen met een kunstzinnige connotatie, en je kunt gemakkelijk iets aantrekken of iets op tafel zetten om creatieve gedachten op te wekken. Een potje blauwe Play-Doh is heel geschikt, want het is onmiddellijk herkenbaar, mensen worden er opgewekt van en het zorgt bovendien voor het aroma en de kleur. Gebruik een potlood om te schrijven in plaats van een saaie balpen. Je kunt zelfs een penseel gebruiken, al is dat misschien niet bijzonder praktisch.

Wil je niet met een baret en een schilderskiel de kunstenaar uithangen, draag dan iets waar je je losjes en onbelemmerd in voelt, en gooi nonchalant een omslagdoek of een sjaal om je schouders zoals kunstzinnige types doen. Zoals we bij de kleding al zagen, zorgt het voor een associatie als je telkens dezelfde kleding of hetzelfde kleinood draagt als je creatief werk doet; je kunt ook iets dragen wat je herinnert aan een periode of persoon die je met creativiteit associeert.

Een zintuiglijk voorschrift voor creativiteit en creatief denken

- Geluid – Evocatief muzikaal panorama. Iets wat de situatie oproept, maar constant, vertrouwd en niet-repetitief is. Niet harder dan 65 decibel, en niet veel zachter.
- Aroma – Play-Doh. Deze geur is in een flesje verkrijgbaar, maar je kunt ook een potje in de buurt houden en dit voor je begint op tafel zetten.
- Kleur – Blauw. Zorg indien mogelijk voor een blauw aantekenblok, en blauwe muren of een blauwe tafel.
- Verlichting – Gedimd, om je te laten ontspannen en je remmingen los te laten. Als het mogelijk is, is een geleidelijke verandering van de verlichting geschikt.
- Omgeving – Rommelig, als je ermee om kunt gaan, met hoge plafonds.
- Andere dingen – Eerdergenoemd potje Play-Doh, losse kleren en accessoires die de gewenste gevoelens opwekken.

Einde van de middag – de tijd verhaasten

Tegen het eind van de dag verstrijken de minuten mogelijk langzamer. Maar ook al weten we nog zo goed dat het alleen maar erger wordt door op de klok te kijken, we kunnen het niet laten. Vooral omdat we tegenwoordig door zoveel klokken worden omringd – op je computerscherm, je telefoon, aan de muur en misschien om je pols.

De dopamine moet nu een beetje beginnen te werken, want je kijkt meer en meer uit naar je eerder geplande beloning. Je kunt niets doen om de tijd te verhaasten, maar je kunt wel iets doen waardoor het lijkt alsof de tijd sneller gaat. Verwijder om te beginnen alle klokken uit je gezichtsveld en volg vervolgens dit zintuiglijk voorschrift om de seconden voorbij te laten vliegen.

Rustige muziek

Ons gehoor kan van alle zintuigen het sterkst beïnvloeden hoe de tijd verstrijkt; het lijkt tegen de intuïtie in te druisen, maar rustige muziek in mineur zorgt ervoor dat de tijd sneller verstrijkt. Dit is een bewezen effect, dat ik ooit gebruikte voor een speellijst van de klantenservice van een bepaalde bank, muziek die je te horen krijgt als je in de wachtstand staat. Toen de wachttijd toenam, lieten we klanten die hoopten te worden doorverbonden met een mens luisteren naar een compilatie met *ambient chill-out*, waardoor het aantal klachten drastisch afnam. Tien minuten wachten leek opeens maar vijf minuten.

Dit effect is toe te schrijven aan opwinding. Snelle muziek zorgt ervoor dat het hart sneller klopt en maakt je waakzamer, zodat je het verstrijken van de tijd intenser opmerkt. Langzame muziek daarentegen is kalmerend en zorgt dat je pols vertraagt en je rustiger ademhaalt. En omdat je door het tempo van de muziek wordt beïnvloed, verstrijkt de tijd in jouw waarneming langzamer, wat wil zeggen dat de 'echte tijd' sneller verstrijkt dan je denkt.

Muziek in mineur is ook minder opwindend dan vrolijke muziek in majeur. Bij een onderzoek aan Northwestern University lieten onderzoekers een muziekstuk zowel in mineur als in majeur schrijven, terwijl beide versies in alle andere opzichten identiek waren. Vervolgens lieten ze 150 mensen naar een versie van de muziek luisteren en vroegen ze hun te schatten hoelang het duurde. Zelfs bij een korte tijdsspanne – het stuk duurde tweeënhalve minuut – was de geschatte tijd als het stuk in mineur was gemiddeld zo'n veertig seconden minder dan wanneer het in majeur was.

Luister dus om de tijd sneller te laten verstrijken naar langzame muziek in mineur. Het hoeven geen tranentrekkende ballads of koffiehuisnummers te zijn, maar een speellijst met relaxte en weemoedige nummers zorgt ervoor dat de laatste etappe van je werkdag erop zit voor je het weet.

Een aangename geur

Welke geur het ook is, zolang het er maar een is die je bevalt zal de tijd sneller verstrijken; het laatste uur van de werkdag is zonder meer een geschikt moment om je parfum te vernieuwen, een geurkaars aan te steken, een geurtje in de lucht te spuiten of iets aromatisch te consumeren. Bij een onderzoek naar het gedrag van winkelende mensen in Californië werden onder andere 298 studenten geobserveerd, aan wie werd gevraagd in een nepsupermarkt langs de schappen te lopen terwijl de onderzoekers de ruimte met verschillende geuren vulden. De onderzoekers maten niet alleen de hoeveelheid producten die de deelnemers aanraakten, maar ook hoelang de proefpersonen rondkeken, waarna ze achteraf vroegen hoelang ze er meenden te hebben doorgebracht. Ze vonden de winkel en de producten niet alleen aangenamer als er een luchtje hing, ze meenden dan ook gemiddeld 75 seconden korter in de winkel te hebben doorgebracht.

Interessant genoeg merkte niemand de geur op, wat maar weer eens aantoont hoe weinig we ons concentreren op onze zintuigen en het effect dat deze op ons hebben. Als er een lekkere geur in de lucht hangt heeft dat een positieve invloed op het verstrijken van de tijd, zelfs als je niet weet dat die er is.

Ook de stress van het moeten wachten wordt verzacht door een aangename geur. Een onderzoek werd uitgevoerd op een van de traagst functionerende plaatsen ter wereld, de wachtruimte in een Department of Motor Vehicles – waar arme zielen uren zitten te wachten op hun rijbewijs of kentekenbewijs. Zelfs in deze ondraaglijke omgeving zorgde een zweempje lavendel ervoor dat de wachttijd sneller leek te verstrijken, en de mensen waren, ongelooflijk maar waar, tevreden over het niveau van de dienstverlening.

Aangezien de muziek waarnaar je luistert langzaam en mijmerend is, wil je een geur die daarbij past. Ik zou lavendel kiezen, want dat is een 'langzame' geur, intermodaal gezien, en die sluit aan op de kalmerende kleur die volgt. Maar je moet ervan houden, dus kies wat volgens jou voor een aangename omgeving zorgt en zorg dat het past bij de overige elementen van het zintuiglijk voorschrift voor een opgewekte, harmonieuze toestand.

Rustgevend blauw

Het bovendrijvende thema is dat de tijd sneller verstrijkt naarmate je rustiger bent en je omgeving prettiger is. Zoals we eerder zagen is fris blauw fysiologisch gezien een kalmerende kleur. Een onderzoek bevestigde dit niet alleen maar gaf ook een waardevol advies aan webdesigners. Toen 49 mensen voor een computer werden gezet waarop beelden werden gesimuleerd op een website, verstreek in hun beleving de tijd sneller als de webpagina een blauwe achtergrond had dan als die rood of geel was. De deelnemers aan dit onderzoek zeiden ook dat ze zich relaxter voelden als het scherm blauw was.

Het zintuiglijk voorschrift is kort maar krachtig, maar perfect geconstrueerd. Muziek, geur en kleur zijn de zintuiglijke elementen die ons tijdsbesef versnellen, en samen vormen ze een eenvoudig trio dat eenvoudig te implementeren is als je er behoefte aan hebt.

Als het lijkt alsof de tijd begint te kruipen, is het fijn om te weten dat je door wat melancholieke muziek op te zetten, een lekker geurtje in de lucht te sproeien en je blauwe aantekenblok tevoorschijn te halen de werkdag eerder kunt laten eindigen en ook nog in een relaxtere toestand.

Een zintuiglijk voorschrift om de tijd te versnellen

- Muziek – Rustig, langzaam, weemoedig en melancholiek.
- Geur – Een aangename geur, maar kies een mild en rustgevend aroma dat aansluit bij de muziek en de kleur, zoals lavendel, jasmijn of salie.
- Kleur – Blauw of een andere kalmerende, koele tint, van groen tot turkoois of zelfs zachtroze.

Voor je het weet zit de werkdag erop en is het tijd om naar huis te gaan. Onderweg moet je een paar dingen halen bij de supermarkt; in hoofdstuk 7 onthul ik een paar trucjes die ik gebruik om je door de winkel te leiden en de eigenschappen van diverse producten over te brengen. Maar eerste een zintuiglijk uitstapje naar de wereld van de tastzin.

6

Tastzin

TASTZIN IS EEN SENSATIE DIE we niet kunnen uitschakelen. Je kunt je ogen sluiten, je oren dichtstoppen en je neus dichtknijpen, maar je raakt altijd iets aan. Onze huid is een reusachtig orgaan dat de geringste sensaties van temperatuur, textuur, vorm en gewicht opvangt; van de minste bries tot een klap met een hamer op je duim, het scala aan sensaties dat we kunnen opvangen is duizelingwekkend.

Als we iets aanraken of aangeraakt worden, voelen we dat op twee manieren. Er is zogenoemde 'differentiële tastzin', die ons nauwkeurig vertelt waar het gebeurde, hoe zacht of krachtig de aanraking was, hoe de textuur was en de richting van de beweging. En er is affectieve tastzin, die afkomstig is van sensoren in de huid die C-tactiele vezels worden genoemd. Affectieve tastzin houdt zich minder bezig met de bijzonderheden van de sensatie maar laat je weten of de aanraking aangenaam is, zoals bij een warme omhelzing of een zachte streling. Het gaat hier niet over twee brokjes informatie die afkomstig zijn uit dezelfde bron en die elk anders worden geïnterpreteerd; het zijn twee volkomen verschillende verzamelingen receptoren, de ene om feitelijk te voelen en de andere voor een emotioneel gevoel. Dit betekent dat differentiële tastzin altijd op dezelfde manier wordt geïnterpreteerd, terwijl affectieve tastzin verschillend kan worden geïnterpreteerd, afhankelijk van andere factoren – deze is emotioneel, en emoties veranderen al naargelang de context of worden gekleurd door andere zintuiglijke prikkels.

Zo klopt de uitdrukking 'pijn is fijn' soms. Het is misschien een vreselijk gevoel als je spieren pijn doen en je longen branden na een sprint om de trein te halen, maar dezelfde sensatie na een stevige work-out in de sportschool geeft je een kick omdat je het gevoel hebt iets te hebben gepresteerd, waardoor je je beter voelt. Een zachte streling kan weerzinwekkend zijn als deze ongewenst is. Stel je voor dat je ruzie hebt met je partner en dat deze probeert je te omhelzen of geruststellend te strelen; de aanraking kan dan weleens ongewenst zijn en manipulatief overkomen. De differentiële aanraking is identiek, naar het gevoel is volkomen anders.

De schrijver David Linden, die een compleet boek over tastzin heeft geschreven, vertelt over een vrouw die haar tastzin had verloren als gevolg van een zeldzame aandoening, primaire zintuiglijke neuropathie. Zij kon geen texturen onderscheiden, maar ze kon wel voelen of een streling over haar arm meelevend was of niet. Ze wist niet zeker waar ze precies was gestreeld, maar kon wel zeggen of het aangenaam was – haar gevoel voor differentiële tastzin was beschadigd, maar affectieve tastzin had ze nog wel.

Aangezien onze emoties zo sterk worden beïnvloed door de zintuiglijke informatie die we binnenkrijgen, mogen we ervan uitgaan dat onze andere zintuigen invloed uitoefenen op hoe we tastzin interpreteren. Zo is aangetoond dat een materiaal aangenamer voelt als gevolg van een aangename geur, en dat hetzelfde materiaal minder aangenaam aanvoelt als het is doordrenkt van een onaangename geur. Al in 1932 onderzocht de psycholoog Donald Laird de interzintuiglijke aspecten van aanraking. Hij gaf vrouwen vier ingepakte identieke zijden kousen en verzocht hun deze te openen en te bepalen hoe ze aanvoelden en wat de kwaliteit was. Een paar rook neutraal, maar de andere drie hadden elk een geurtje – waarvan een met het aroma 'narcis', een door en door groene, bloemachtige, doordringende geur. De dames hadden een voorkeur voor de kousen met de toegevoegde geuren, en vooral voor de kousen die naar narcis roken, maar als reden daarvoor noemden ze het superieure gevoel, weefsel of de superieure glans. Geen van hen noemde het verschil in aroma, ondanks het feit dat ze verder precies gelijk waren.

Onze tastzin kan ook worden gemanipuleerd door wat we horen; het geluid dat materiaal maakt als we het aanraken, beïnvloedt sterk hoe het aanvoelt. Bij een onderzoek moesten deelnemers over schuurpapier met diverse korrels strijken, terwijl de onderzoekers veranderden wat ze hoorden. Als het geluid werd gedempt, waardoor het in feite zachter klonk, leek de textuur gladder; werd het volume verhoogd, dan voelde het schuurpapier ruwer aan. Er is ook een verschijnsel dat de 'illusie van de perkamenten huid' wordt genoemd, die in 1998 werd ontdekt door twee wetenschappers van de Technische Universiteit Helsinki, en die aantoont dat het geluid dat we horen zelfs kan veranderen hoe onze eigen huid aanvoelt. Deelnemers werd gevraagd in hun handen te wrijven voor een microfoon, en het geluid werd direct teruggevoerd naar de koptelefoon die ze droegen. Als de onderzoekers ervoor zorgden dat het geluid ijler en hoger klonk, zeiden de deelnemers dat hun huid droog en ruw aanvoelde; als het geluid dof werd gemaakt, voelde die zacht en glad aan. Het is verbijsterend dat geluid kan onderdrukken wat je met je eigen huid voelt – je zou toch denken dat je tastzin in die situatie doorslaggevend zou zijn.

We kunnen zelfs een gevoel van aanraking toevoegen terwijl er helemaal niets wordt aangeraakt door met geluid de sensatie op te wekken. Ik voerde een onderzoek uit met een groep digitaal interactieve designers en het team op het Crossmodal Research Laboratory in Oxford. De designers hadden een ervaring van augmented reality gecreëerd die als een soort digitale spiegel fungeerde; terwijl je voor een groot tv-scherm stond, zag je jezelf in verschillende jacks die je met een veegbeweging afwisselend kon dragen.

Over kleding krijgen we heel veel informatie door aanraking, maar als we spullen via internet kopen worden we geacht deze te beoordelen zonder ze te kunnen aanraken. Regelmatig wordt er iets bezorgd wat goedkoop aanvoelt, wat is gemaakt van onaangenaam materiaal of wat niet goed staat – eigenschappen die je door een eenvoudige aanraking onmiddellijk zou herkennen. In ons onderzoek probeerden we hier een oplossing voor te vinden.

We namen twee kledingstukken die totaal verschillend klonken – een fleece- en een waterdicht jack – en namen alle geluiden op die ze maken als je erin beweegt. Die geluiden werden ingevoerd in de applicatie, zodat je voor het scherm kon staan, het jack kon aanraken en het geluid van het materiaal kon horen via een koptelefoon. Vervolgens lieten we op het laboratorium in Oxford mensen dit met of zonder geluid uitproberen. Als we ze achteraf vroegen of de kledingstukken hun bevielen en hoeveel ze ervoor bereid waren te betalen, bleek dat ze mét geluid het jack veel mooier vonden en het zo'n 35 procent hoger waardeerden. Als ze het materiaal konden horen, konden de deelnemers de kwaliteit ervan beoordelen; daardoor waren de emoties meer betrokken bij de ervaring en hadden ze meer binding met het product, wat zich vertaalde in de waarde. Dit laat zien dat onze ervaring van één zintuig dat op zichzelf lijkt te staan, in werkelijkheid een combinatie is van veel andere zintuigen, die stuk voor stuk onze waarneming ondersteunen.

De toepassing van dit soort technologie in online winkelen biedt reusachtige kansen. Als je het materiaal kunt horen door met je muis over een afbeelding te schuiven, zou je bijna net zo'n duidelijk idee van de textuur krijgen als wanneer je het vasthoudt.

Als je het vermogen om iets aan te raken wegneemt, is het praktisch onmogelijk om er een emotionele band mee te krijgen. Bij een experiment waarin mensen alledaagse activiteiten moesten doen, zoals stofzuigen, schoonmaken en eten terwijl ze dikke handschoenen droegen, zeiden de proefpersonen dat ze geen enkele emotionele band voelden met de ervaring – nog minder dan wanneer ze mensen geblinddoekt vergelijkbare activiteiten lieten uitvoeren. Als ze niet in staat waren te voelen, sloot dit hen in sterkere mate af van de ervaringen dan wanneer ze niet konden zien. Uiteraard verschilt hoe belangrijk mensen tastzin vinden van persoon tot persoon; om dit verschil te kwantificeren, bedachten onderzoekers de 'Need for Touch-schaal' (NFT). Mensen die hoog scoren op deze schaal voelen zich meer vervreemd van voorwerpen die ze niet kunnen voelen en zullen dus minder snel via internet iets kopen. Om de NFT-score te bepalen, ontwikkelden Joann Peck en Terry Childers, hoogleraren Marketing, een lijst met twaalf vragen, waarin mensen hun gevoelens waarderen op een schaal van -3 tot +3 op grond van de mate waarin ze het eens zijn met een bewering. Enkele voorbeelden uit deze lijst:

- Als ik door een winkel loop, voel ik sterk de neiging om allerlei producten aan te raken.
- Het kan fijn zijn om producten aan te raken.
- Ik zal een product gemakkelijker kopen nadat ik het fysiek heb onderzocht.

Mensen in mijn vakgebied kunnen de NFT-schaal gebruiken om de beoogde kopers van een bepaald merk of product in te schatten en vast te stellen of tactiele elementen van het ontwerp moeten worden veranderd. Toen ik bijvoorbeeld advies gaf over de verpakking van scheermesjes voor mannen, voerden we een onderzoek uit naar de doelgroep van het merk en stelden we vast dat 72 procent van hen meer vertrouwen had in producten die ze konden aanraken en 85 procent het prettiger vond om een voorwerp te kopen dat ze konden aanraken. Deze resultaten leidden tot bepaalde aanbevelingen: de fabrikant kon een deel van het handvat onbedekt laten of de plastic verpakking afschaffen, zodat mensen een beter gevoel kregen bij de scheermesjes.

In het volgende hoofdstuk gaan we door een winkel lopen en onderzoeken we enkele dingen die sensory marketeers kunnen doen om de consumentenervaring te verbeteren door middel van het ontwerp van de verpakking en de omgeving in de winkel in bredere zin. Hierbij speelt tastzin een grote rol.

Ongeacht hoe belangrijk tastzin voor jou is, de invloed die deze uitoefent is groot, al gebeurt dat hoofdzakelijk onbewust. We kunnen ons niet op elke aanraking concentreren – dat zou zoiets zijn als naar alle geluiden tegelijkertijd in onze omgeving luisteren, terwijl het volume ervan van allemaal gelijk is. We moeten het leeuwendeel ervan uitfilteren, zodat tastzin naar de achtergrond verdwijnt en we niet beseffen hoeveel invloed deze heeft op ons oordeel over een situatie, wat we van een plaats of persoon vinden en hoe we datgene waarmee we in aanraking komen inschatten. Ik hoop dat je je door dit boek meer bewust wordt van het bestaan van tastzin, net als van andere zintuigen, aandacht besteedt aan textuur en de wereld om je heen wat vaker aanraakt. Maar nu is het tijd om naar onze dag terug te keren. Laten we boodschappen gaan doen.

7

Boodschappen

VOOR VEEL MENSEN IS DE winkel op weg naar huis ideaal om een paar boodschappen te doen, en misschien om die kleine traktatie te kopen die je jezelf eerder had beloofd en te kijken wat je verbeelding nog meer prikkelt. Maar bij dit uitstapje spelen je zintuigen een enorm grote rol in je gedrag en in wat je koopt, en voor het grootste deel heb je daar geen zeggenschap over.

Je kunt voor je langs de schappen loopt een paar dingen doen om je besluitvorming te beïnvloeden.

Gezondere keuzes

Neem geen zware boodschappentas mee

Aan het eind van de dag, wanneer de mentale belasting van beslissingsmoeheid en egodepletie in volle gang is, is de kans groter dat je besluit je gezonde voedingspatroon te vergeten en iets te kopen om jezelf te verwennen.

Het wordt zelfs nog moeilijker als je de supermarkt in gaat met je tas over je schouder. Bij een onderzoek in een universiteitskantine werd gekeken naar de voedselkeuzes van mensen als ze een lichte of een zware tas droegen. Als de tas zwaar was, kozen ze ongezondere dingen dan als hij licht was. Hetzelfde effect werd waargenomen als ze het experiment uitvoerden met borden van verschillend gewicht – mensen kozen minder gezond voedsel als ze een zwaar bord in de hand hadden. Volgens de onderzoekers reduceert de last van het gewicht ons 'regulerend vermogen'. Niet in staat onze wilskracht en voornemens te reguleren, gooien we alle voorzichtigheid overboord en gaan we voor de gemakkelijke keuze – iets wat er voedzaam en troostrijk uitziet. Neem als je de supermarkt in gaat een karretje en zet je tas erin – dit vermindert je last en maakt dat je je eigen gedrag gemakkelijker in de hand houdt.

Ruik wat bevredigende geuren

Als je langer dan twee minuten wordt blootgesteld aan de geuren van lekkere dingen, geeft dat je een gevoel van zintuiglijke tevredenheid, alsof je de traktatie ook echt hebt gehad, en je zult zeker gezondere dingen kopen. Een onderzoek van Dipayan Biswas en Courtney Szocs toonde dit tegen de intuïtie indruisende effect aan door mensen de geur van koekjesdeeg, pizza, appel of aardbeien te laten ruiken voor ze hen iets te eten of te drinken lieten kiezen. Bij dit experiment werden proefpersonen bij het binnengaan van een supermarkt blootgesteld aan een geur, waarna ze boodschappen gingen doen en hun winkelmandje achteraf werd geanalyseerd. Ze bleken gezondere boodschappen te hebben gedaan als ze koekjesdeeg hadden geroken voor ze naar binnen gingen dan wanneer ze aardbei hadden geroken. De blootstelling moet lang duren wil de geur een positief effect hebben – dit treedt pas na twee minuten in werking. Bij een kortstondig vleugje was het resultaat bij het onderzoek slechter, want dit verhoogde het verlangen en de kans dat de proefpersonen zouden zwichten. Draag dus een lekkere en verleidelijke geur met je mee of snuif de geur voor een fastfoodketen of een warme bakker eens diep en langdurig op voor je de supermarkt in gaat.

Als je eenmaal binnen bent, wordt het tijd om te ontdekken welke middelen winkelontwerpers inzetten om je te verleiden bepaalde artikelen te verkiezen boven andere. We nemen de zintuigen een voor een onder de loep en bekijken de slimme plaatsing van artikelen in de schappen, de kleur en textuur van de verpakking en de achtergrondmuziek en geuren, die allemaal van invloed zijn, hoewel je je daar misschien niet van bewust bent.

Zintuiglijke invloeden in de winkelomgeving

Zicht

Bij het binnenkomen van de supermarkt is het eerste wat je ziet vers fruit en verse groenten, die bij de ingang staan om de winkel een verse uitstraling te geven. De zaak zou er een stuk minder aantrekkelijk uitzien als je meteen op de afdeling met schoonmaakartikelen zou stuiten en met dikke bleek, vaatwasmiddel en dweilen werd geconfronteerd. De kleuren en geuren van de artikelen brengen versheid en levendigheid over. Heel veel supermarkten gebruiken tegenwoordig houten kistjes waar termen als 'boerderij' of markt' met laser op geëtst zijn, om authenticiteit en 'streekproducten' te suggereren – ze stralen ondanks de grootte van de winkel waarin je je bevindt uit dat ze nuchtere kruideniers zijn die verbonden zijn met hun wortels.

Er zit een ontwerp achter de ordening van de schappen en er is een machtsstrijd tussen merken om de optimale positie voor hun producten te verwerven, maar het is niet domweg een kwestie van gezien worden. Bij een onderzoek van Carlos Velasco, een belangrijk man op dit gebied van de consumentenneurowetenschappen, werd ontdekt dat de hoogte waarop diverse artikelen worden gelegd, van invloed kan zijn op je verlangen om ze te kopen – als gevolg van de manier waarop we intermodaal smaak koppelen aan visuele hoogte.

Het onderzoek stelde vast dat de meeste mensen het begrip 'zoet' opvatten als hoog en 'bitter' als laag. Dit strookt met wat we weten over verbanden tussen muziek en smaak – mensen brengen zoete smaken in verband met hogere muzieknoten, terwijl bitterheid vooral als een lage toon wordt beschouwd. Carlos en zijn team zetten zoete en bittere producten in verschillende ordeningen op een paar namaakschappen. Als de zoete producten hoger stonden, vonden de deelnemers ze aantrekkelijker dan wanneer ze lager stonden. Door de zoete dingen boven de bittere te zetten – jam boven marmite op de afdeling met boterhamspreads bijvoorbeeld – lijken beide producten aantrekkelijker en zijn consumenten eerder bereid deze te kopen.

Het is vooral de verpakking van producten die er echt toe doet. De kleuren, beelden en beweringen: alles aan de verpakking is bedoeld om in te spelen op jouw ontvankelijkheid.

In moderne voedseltrends is gezondheid van het allergrootste belang, dus laten we daar eens naar kijken. We koppelen de kleur groen automatisch aan gezondheid, want die associëren we met natuur. Als er dus een groene verpakking om een artikel zit, nemen we aan dat het gezonder is dan een vergelijkbaar product in een anders gekleurde verpakking. Wanneer je zeer bewust bezig bent met gezondheid, is de kans groter dat je van deze veronderstelling uitgaat. En het hoeft ook niet de kleur van de hele verpakking te zijn; bij een onderzoek van Jonathon Schuldt, hoogleraar aan Cornell University, werd aan 98 studenten gevraagd zich voor te stellen dat ze trek hadden terwijl ze in de supermarkt bij de kassa stonden. Er werden hun twee repen aangeboden, terwijl op beide duidelijk op een label het aantal calorieën werd vermeld. De hoeveelheid calorieën was gelijk, maar het ene label was rood en het andere groen. Geconfronteerd met rationele informatie voor onze neus reageren we emotioneel, gebaseerd op een aangeleerde zintuiglijke associatie – groen is natuurlijk, dus moet gezond zijn.

Andere kleuren hebben vergelijkbare effecten. We zagen al dat rood als zwaarder wordt opgevat dan geel. Bij een Duits onderzoek werd bekeken of dat intermodale verband wordt omgezet in de manier waarop we de calorische inhoud van eten en drinken evalueren. Een groep proefpersonen kreeg afbeeldingen te zien van een verzonnen merk prikdrank, in rode of gele blikjes. De deelnemers verwachtten dat het gele blikje minder suiker en minder calorieën zou bevatten.

Ook de afbeeldingen op voedselverpakking kunnen ons idee over hoe gezond iets zal zijn sterk beïnvloeden. Stel dat op het ene pak koekjes een afbeelding van tarwekorrels staat en op het pak ernaast een illustratie van het koekje. Onderzoek laat zien dat we denken dat de verpakking met de tarwe natuurlijker is dan die met de tekening en ook puurder zal smaken. Zoals ik hierboven al zei, wanneer mensen wordt gevraagd hoeveel waarde ze hechten aan gezonde voeding, worden degenen die dat belangrijker vinden ook sterker beïnvloed door deze visuele aanwijzingen.

Tot slot, als de tekst op de verpakking je iets over de gezondheidsvoordelen van het product vertelt, zoals '100 procent volkorentarwe' of 'vol natuurlijke kracht', geloven mensen hier eerder in als de bewering bovenaan staat – we brengen gezondheid in verband met lichtheid en lichtheid met een hogere positie.

Tastzin

Wanneer je een voedselverpakking vastpakt, val je ten prooi aan wat bekendstaat als 'sensatieoverdracht', als de ervaring van het ene zintuig wordt overgebracht naar een andere eigenschap, ook al is daar misschien geen verband tussen. Als verpakkingsmateriaal een enigszins ruwe textuur heeft, verwachten we dat het artikel gezond en natuurlijker is, waarbij de milieuvriendelijke kwalificaties die we toeschrijven aan het gerecyclede materiaal worden overgebracht naar onze gevoelens over het voedsel erin. De ingrediënten kunnen net zo goed vol zitten met chemische middelen en op massale schaal zijn geproduceerd in een fabriek van een gigantisch concern, maar we worden zo sterk beïnvloed door onze zintuigen dat we bij een verpakking met een ruwe textuur geloven dat de inhoud is gemaakt door aardige mensen die zich bekommeren om de planeet.

Welke textuur je ook ervaart, de aankoop is al bijna een voldongen feit als je het product überhaupt aanraakt. Hoe langer we iets vasthouden, des te waarschijnlijker is het dat we het kopen, omdat we er een emotionele band mee voelen – dit is het eerdergenoemde endowmenteffect. Marketeers, winkels en merken doen steeds meer hun best om je zover te krijgen dat je hun producten aanraakt en je over te halen deze te kopen. Ze kunnen diverse texturen in hun verpakking gebruiken, zodat je nieuwsgierig wordt als je het vastpakt en het dus langer vasthoudt; alles wat tactiele belangstelling in je opwekt, vergroot de kans dat je het koopt.

Wanneer we een artikel pakken, merken we niet alleen de textuur ervan op maar ook het gewicht. Het gewicht van een verpakking is een belangrijke aanwijzing voor eigenschappen die we intuïtief aanvoelen maar misschien niet bewust registreren. Afhankelijk van het product kan iets bijvoorbeeld doeltreffender (als het een schoonmaakartikel is), voedzamer (als het om voedsel gaat) of kwalitatief beter lijken als het zwaar is. Als de fabrikant niet voor zwaardere verpakking heeft gekozen om dit uit te stralen (de transportkosten worden er namelijk hoger door), kan hij afbeeldingen, tekst en donkere kleuren onder aan de verpakking zetten om het zwaarder te laten lijken.

Halverwege de supermarkt bevindt zich de koelafdeling, vol met zeer verleidelijke luxeproducten. Er is één element van tastzin waar je nu iets aan kunt doen: je eigen temperatuur.

Trek in de buurt van de koelafdeling je jas aan

Er bestaat interessant bewijs dat het gevoel van lucht op de huid onze besluitvorming kan veranderen. Volgens een onderzoek 'thermoreguleren' we mentaal. Onder normale omstandigheden is dit een wetenschappelijke manier om te zeggen dat we een jas aantrekken als het koud is, maar dat we het mentaal doen betekent dat we een cognitief besluit nemen om onze temperatuur op een andere manier aan te passen – door een instinctieve keuze. Uit het onderzoek bleek dat we geneigd zijn meer bevredigende producten om onszelf te verwennen te kopen als we het koud hebben; als we het warm hebben, vinden we het gemakkelijker iets verstandigs te kiezen. Bij het onderzoek waren proefpersonen ofwel opgewarmd ofwel afgekoeld voor ze de keuze tussen chocoladetaart en fruitsalade kregen voorgelegd. Degenen die het koud hadden stortten zich op de taart, terwijl degenen die het warm hadden de fruitsalade kozen. Als vervolg op deze ontdekking werden de temperaturen in diverse zaken in de winkelstraat bepaald; in de duurdere winkels, of winkels voor luxeartikelen, zoals kleding, schoenen, sieraden en dure taartjes, was het kouder.

Dus als je jezelf thermoreguleert met kleren voor je bij de koelafdeling staat of in chique boetiekjes rondneust, voorkom je dat je natuurlijke reactie optreedt of met geld smijt om iets troostrijks aan te schaffen.

Reuk

Het valt gemakkelijk te begrijpen waarom voedselgeuren worden gebruikt om ons tot koop te verleiden; bijna iedereen kent wel de lucht op de broodafdeling van een supermarkt en weet dat die uit effectbejag wordt verspreid. Toen halverwege de jaren zeventig de bakkerijafdeling in de supermarkt zijn intrede deed, steeg de verkoop van brood met 300 procent. Koffie heeft een vergelijkbaar verleidelijk aroma, zoals een recent onderzoek liet zien. Een benzinestation dat vers gezette koffie verkocht, zette bij de pompen een tv-scherm waarop een koffiereclame werd vertoond. De verkoop steeg significant, met zo'n 80 procent. Maar toen ze er een apparaat aan toevoegden dat tijdens de reclame het aroma van koffie verspreidde, steeg de verkoop met 374 procent.

Bij voedsel en drank wordt de aanwezigheid van geur hoogstwaarschijnlijk wel opgemerkt, maar elders kan reuk naar het onbewuste verschuiven. Sensory marketeers zoals ik kunnen die vervolgens gebruiken als subtiele achtergrond om je langer te laten rondkijken, meer te laten kopen en een band tussen een merk en je emoties te vormen. Geuren omhullen je in een omgeving en accentueren eigenschappen van de getoonde producten. Zo creëerde de Nederlandse lingeriewinkelketen Hunkemöller een geur met ingrediënten die gevoelens van 'luxe' en 'zachtheid' opwekken, en gebruikte deze in de helft van zijn vestigingen. Onder verder gelijke omstandigheden keken de klanten 25 procent langer rond en gaven zo'n 30 procent meer uit per persoon als het aroma in de lucht hing.

Het is niet domweg een kwestie van in een winkel een prettige geur laten rondzweven en de beloning oogsten – je moet dit proces op een wetenschappelijke manier aanpakken, want anders kunnen de effecten nadelig zijn. In 2005 liet een warenhuis onderzoeken wat de voorkeuren van zijn mannelijke en vrouwelijke klanten waren. Er werden achtereenvolgens twee aroma's gecreëerd: een zoete, bloemige geur voor de mannen en een vanillegeur voor de vrouwen. De aroma's werden in de betreffende kledingafdelingen gepompt, en de verkoopcijfers verdubbelden. Toen ze de twee geuren echter omkeerden, daalden de verkoopcijfers spectaculair. Je kunt het ook al snel overdrijven. Sommige winkels staan erom bekend dat ze overweldigende aroma's naar buiten blazen – als je ooit langs een Lush-zeepwinkel of een vestiging van Abercrombie & Fitch bent gelopen, dan weet je wat ik bedoel. Het draagt zeker bij aan de naamsbekendheid, maar is tegelijk ook ongelooflijk polariserend: als je er een afkeer van hebt, dan is dat ook echt zo. De beste resultaten schijnen altijd te worden behaald als de geur bescheiden is en nauwelijks waarneembaar.

Als de intensiteit en de ingrediënten goed zijn, kan een 'aroma horend bij een merknaam' een sterke eigenschap zijn die doeltreffend kan worden gebruikt om emotionele associaties op te roepen die je hebt bij een winkel of een product. Stel dat je een kledingwinkel in gaat, vol spanning omdat je jezelf op iets chics wilt trakteren. Op de achtergrond hangt een licht zweempje van een luchtje dat je niet duidelijk gewaarwordt; als het goed is gedaan weerspiegelt dit de persoonlijkheid van de modeontwerper en de verlangens die je in verband brengt met diens kleding. Een herenkleermaker ruikt bijvoorbeeld naar leer, ceder en tabak. Je past het pak of die jurk en besluit tot koop over te gaan. De verkoper spuit een vleugje van de geur op het pakpapier voor hij het kledingstuk inpakt en het in een tas van hoge kwaliteit stopt, en je voelt je zeer gedistingeerd als je de winkel verlaat.

Thuisgekomen maak je de tas open, opgewonden bij de gedachte dat je het kledingstuk kunt dragen, en je vangt opnieuw een zweempje van die geur op. Vanaf dit moment heb je een emotionele band met die geur, die rechtstreeks wordt toegeschreven aan die ene modeontwerper. Van nu af aan zullen die gevoelens terugkomen als je dat weer ruikt. Stel dat de zaak je iets toestuurt, een catalogus die doortrokken is van die geur bijvoorbeeld, dan komt er een stroom emotionele herinneringen terug. Of er komt een zweem van terug als je ergens ter wereld langs een andere winkel van dezelfde ontwerper komt. Het is ontzagwekkend en complex – zoveel lagen emotie, herinneringen en associaties hangen samen met één geur.

Dat is de kracht die onze reuk voor heeft op de andere zintuigen. Hij kan een herinnering oproepen, een fysieke eigenschap overbrengen, je gedrag beïnvloeden en een nieuwe herinnering vormen, allemaal tegelijkertijd, terwijl je er meestal geen erg in hebt.

Smaak

Je proeft niet veel in de supermarkt, tenzij je bij de delicatessenafdeling iets pakt om tijdens het winkelen op te eten of een hapje proeft bij een van die tafeltjes waar reclame wordt gemaakt voor een product. Ze zouden heel wat kunnen doen om dat lekkerder te maken, maar het is helaas meestal een ongeïnteresseerd personeelslid met een schort voor en plastic handschoenen aan die een stukje kaas op een plastic bord uitdeelt – niet bijzonder aantrekkelijk.

Bij de verpakking van voedselproducten wordt echter heel veel gedaan om hoge verwachtingen te wekken over hoe lekker ze wel niet zullen zijn. Dit beïnvloedt je tot het moment dat je ze eet, en het verbetert je perceptie van de smaak en kwaliteit van het product.

Een donkerder, warmere kleur zou, zowel instinctief als door middel van aangeleerde associaties, een intenser aroma moeten betekenen. Stel dat je twee glazen met fruitdrank vult en het ene is donkerder dan het andere, dan zou je weten dat het eerste smaakvoller is. We projecteren deze aangeleerde associatie op de verpakking van voedsel. Toen proefpersonen bij een onderzoek werd gevraagd te kiezen tussen koffie die werd aangeboden in een gele, een blauwe en een rode kop, verwachtte iedereen dat de koffie in de blauwe kop slap, in de gele mild en in de rode krachtiger en voller van smaak zou zijn.

Dezelfde truc wordt gebruikt bij de gezonde producten waar we het eerder over hadden. Omdat mensen denken dat de 'light' versies van producten – van voedsel met minder calorieën tot alcoholvrij bier – in vergelijking met hun volvette, alcoholische tegenhangers slap smaken, kopen ze die niet zo snel. Maar als de verpakking warme, opvallende kleuren bevat, verwacht de consument ondanks het ontbreken van suiker een volle smaak. En die kleurenintensiteit zal ook je ervaring de smaak verbeteren, want die zal voller en voedzamer lijken, net zoals wanneer je je ontbijt en koffie in een rode kom en een rode beker serveert.

Intensiteit van smaak hangt samen met intensiteit van kleur en andere zintuiglijk aangeleerde associaties. Terugkomend op tastzin: meer gewicht versterkt de smaakintensiteit, zowel in termen van wat we ervan verwachten maar ook van hoe het eigenlijk smaakt. Door een afbeelding van het voedsel en de beschrijving van de smaak onder aan de verpakking te zetten, heeft het product een vollere smaak, maar als je die bovenaan zet, lijkt het lichter en gezond. Als vloeistoffen op de verpakking stromen en rondspetteren, smaakt de drank frisser, en dat is de reden waarom bij melk en andere zuivelproducten vaak onder aan de verpakking een afbeelding staat van de drank die in een glas wordt geschonken. We worden voor we iets proeven geprepareerd om op die smaak te rekenen; als dit strookt met de inhoud, zal het lekkerder en beter genietbaar zijn, en zijn we ook graag bereid er meer voor te betalen.

Gehoor

Het effect van achtergrondmuziek in supermarkten is al lang bekend. Als de muziek een rustig tempo heeft lopen mensen langzamer langs de schappen, bekijken ze meer artikelen en kopen ze meer. Toen dit effect werd getest in een supermarkt door het tempo van de achtergrondmuziek te veranderen van 94 bpm naar 72 bpm, liepen de klanten 15 procent langzamer en steeg de verkoop met zo'n 40 procent.

Er zijn een paar interessante onderzoeken gedaan naar de effecten van diverse muzieksoorten op ons koopgedrag. Een wijnzaak in Texas speelde een week lang uitsluitend klassieke muziek, vervolgens een week lang hitparademuziek. Bij de klassieke muziek ging het gemiddelde aankoopbedrag per klant 40 procent omhoog – als gevolg van de emoties en associaties die we hebben bij klassieke muziek, voelen en gedragen we ons deftiger. In de wijnwinkel kwam die emotionele verandering tot uitdrukking in de keuzes van de klanten.

Om terug te keren naar de supermarkt, bij een ander onderzoek werd gekeken naar de keuzes van mensen als er muziek uit verschillende landen werd gedraaid. Op de wijnafdeling van een vestiging van Tesco werd ongeveer een week lang typisch Franse muziek gedraaid, en een week later draaiden ze Duitse hoempamuziek. Laten we zeggen dat mensen gewoonlijk vier keer zoveel Franse als Duitse wijn kopen, een verhouding van vier op één; toen de Franse muziek werd gespeeld, ging die verhouding omhoog, naar zo'n acht op één. Maar toen de Duitse muziek werd gespeeld, sloegen de verkoopcijfers om en werd er tweemaal zoveel Duitse wijn verkocht als Franse. De consumenten werden bij hun keuzes geleid door de niet zo subtiele suggesties van de gedraaide muziek. Het interessantste is dat slechts 2 procent van de mensen bij vertrek uit de winkel, met de fles spätburgunder in de hand, erkende dat de muziek hun keuze had beïnvloed toen hen daarnaar werd gevraagd. De andere 98 procent verklaarde niet alleen de muziek niet te hebben opgemerkt; ze ontkenden ten stelligste dat die iets met hun keuze te maken had. 'Ik eet vanavond Sauerbraten,' beweerden ze. 'Ik kwam voor deze wijn.' De cijfers wijzen echter uit dat dit niet kan kloppen.

Creëer je eigen zintuiglijke reis

Als je wilt ontkomen aan dergelijke atmosferische overredingstechnieken, dan kun je natuurlijk de wetenschap in je voordeel gebruiken en je onderdompelen in je eigen zintuiglijke wereld. In de wetenschap dat muziek en aroma's onze beslissingen beïnvloeden en onze beleving van producten versterken, kun je een speellijst en een aroma uitzoeken voor je doelgericht langs de schappen loopt. Stel dat je vanavond een curry gaat maken; als je je koptelefoon opzet met een Bollywoodsoundtrack en jezelf een kruidige geur opspuit, met een vleugje kardemom, koriander of komijn bijvoorbeeld, dan neemt je enthousiasme toe, komen emoties aan de oppervlakte en zoek je vol verwachting alle ingrediënten uit, waarbij het water je in de mond loopt en je smaakpapillen worden geprikkeld. Wil je het persoonlijker maken, dan kun je uit je eigen herinneringen putten en iets gebruiken waarvan je weet dat het je naar de gewenste artikelen leidt, zodat de reis een meer emotionele ervaring wordt.

Als je je wel openstelde voor de supermarktomgeving, en je arriveert bij de kassa met een fles Australische pinot noir omdat ze bij de wijnafdeling Kylie speelden, voel je je misschien een tikje beetgenomen door de manipulatie. Maar volgens mij is dit niet verkeerd, mits goed gedaan en met goede bedoelingen. Het is een doeltreffende manier om informatie sneller door te geven, waardoor ons plezier in de producten en de plaatsen waar we boodschappen doen toeneemt.

Wat de verpakking betreft, de zintuiglijke informatie en de ervaring moeten bij elkaar passen – denk aan het oude gezegde 'een vlag op een modderschuit'. Als synthetisch, goedkoop en zoet voedsel in een verpakking zit met een natuurlijke textuur en afbeeldingen van verse ingrediënten erop, koop je het misschien één keer maar niet nog eens, zo teleurstellend is het. Maar als het design en de textuur de echte eigenschappen van het product weergeven, krijg je waar voor je geld en smaakt het zelfs beter vanwege de verwachtingen die zijn gewekt.

Als het om de wijn gaat, is je keus misschien zelfs beïnvloed door de muziek; maar onderzoek wijst uit dat de Franse wijn lekkerder smaakt als je naar Franse chansons luistert. Als je die muzikale herinnering in je achterhoofd had toen je hem kocht, zorgt die er ook voor dat hij beter smaakt als je hem eenmaal openmaakt.

Afgezien van de producten, kunnen deze zintuiglijke toevoegingen aan het boodschappen doen het geheel aangenamer, meer omvattend en verleidelijker maken – meer een echte 'ervaring' waardoor het de moeite waard is om naar de winkel te gaan in plaats van dingen online te kopen. Nu de omzet van de fysieke winkels in de winkelstraten daalt, draait het voor winkels steeds meer om het verkopen van een ervaring dan om de artikelen zelf. Sommige zaken zien helemaal af van voorraden en hanteren een online catalogus zodat je kunt bestellen wat je wilt en het laten thuisbezorgen. De winkel zelf is niet meer dan een plaats om het product te ervaren – voor het aangename en de warmte van interactie die digitaal niet te leveren zijn.

Als consument, en we zijn allemaal consument, is het belangrijk om te beseffen wat er aan de hand is, want marketeers worden steeds geraffineerder. We hebben graag het gevoel dat hun 'trucjes' in ons voordeel worden uitgevoerd in plaats van dat ze trucjes met ons uithalen. Stem je zintuigen af en beschouw niet alles wat je ervaart als vanzelfsprekend, zoals bij alles in het leven.

8

Reuk

ALS JE HET ZONDER EEN van drie zintuigen zou moeten stellen – zicht, gehoor of reuk – welk zou je dan kiezen, denk je? Welk zou de grootste invloed hebben op je geluk en kwaliteit van leven? Niet meer kunnen zien zou zonder meer verschrikkelijk zijn. Stel je voor dat je bent veroordeeld tot een donkere wereld en dat je je kinderen niet meer kunt zien. Geen film meer kunt bekijken, geen beeldende kunst en nooit meer kan genieten van een ontzagwekkend uitzicht. Elk eenvoudig klusje, van je aankleden tot een maaltijd bereiden, zou een onvoorstelbare prestatie zijn. Doof worden lijkt bijna net zo rampzalig. Stel je een leven zonder muziek voor – nooit meer je lievelingsnummers kunnen beluisteren. Maar bedenk ook eens hoe het zou zijn om te zijn afgesneden van je omgeving doordat je leven geluidloos is geworden. Geen geroezemoes van een café of een levendige markt meer. Het geklets van vrienden en familie tijdens het eten. De stemmen van je dierbaren.

Maar hoe zit het met niet meer kunnen ruiken? De verleidelijke geuren van voedsel vormen voor de meeste mensen het grootste probleem; stel je eens voor dat je geen spek, koffie of vers gebakken brood meer kunt ruiken. En de geuren in de natuur, van pas gemaaid gras tot het moment nadat het in de zomer heeft geregend en de grond die onmiskenbare geur vrijgeeft, ook wel bekend als petrichor. Maar zou het verlies van je reuk net zo erg zijn als dat van je zicht of gehoor? Het lijkt in vergelijking tamelijk onschuldig naast de impact die het verlies van een van de twee andere zou hebben op je leven. Voor diegenen van ons die het geluk hebben over al hun zintuigen te beschikken, is een leven zonder te kunnen zien of horen bijna onvoorstelbaar, maar lijkt een leven zonder reuk niet zo erg.

Uit onderzoek blijkt echter dat we het mis hebben als we dat denken – reuk is een bedrieglijk belangrijk zintuig. Een uitvoerig overzicht van onderzoeken naar dit onderwerp, uitgevoerd door een groep aan de University of South Carolina, laat zien dat 76 procent van de mensen met anosmie – een volledig reukverlies – lijdt aan ernstige depressies, angst en het gevoel afgescheiden en kwetsbaar te zijn. Dat is een veel hoger percentage dan onder degenen die blind of doof zijn geworden. In de eerste plaats verlies je ook je smaak als je je reuk verliest, want die twee hangen nauw samen. Als je geen voedsel kunt proeven, raak je niet alleen het genoegen van eten kwijt maar verlies je ook je eetlust. Mensen die lijden aan reukverlies melden dan ook dat ze niet met anderen willen eten, wat leidt tot enorme eenzaamheid en een verlies van gemeenschappelijke ervaringen. Bovendien zijn geuren essentieel geweest voor onze evolutie, want we vangen voortdurend deeltjes in de lucht op die verband houden met familie, vrienden, bedreigingen, aantrekking en de fysieke of emotionele toestand van andere mensen.

Zoals in het hoofdstuk over seks aan de orde komt, is reuk het krachtigste zintuig als het om seksuele aantrekking gaat. Zonder reukzin verdwijnen seksuele lust en gevoelens van intimiteit. Mensen met anosmie vertellen ook dat ze bang zijn geen gevaar te kunnen herkennen omdat ze het niet opmerken als er ergens rook of gas is en niet signaleren dat voedsel bedorven is. Mensen zonder reukzin melden sociale ongerustheid omdat ze zichzelf niet kunnen ruiken en het niet weten als ze een onfrisse geur verspreiden; dit alles bij elkaar veroorzaakt een toestand van vervreemding, afgescheiden zijn en angst.

Het feit dat iets verliezen wat haast oppervlakkig lijkt – 'fijn om te hebben' – zo'n sterke impact heeft op ons leven dat het voor sommigen niet meer de moeite loont om door te gaan, toont aan hoe multizintuiglijk we in werkelijkheid zijn.

Wat onze evolutionaire ontwikkeling betreft, is onze reuk het oudste zintuig en ook het meest primitieve. Het deel van onze hersenen dat aroma's verwerkt – de *bulbus olfactorius* of reukkolf – lag ten grondslag aan de vorming van het limbisch systeem, het netwerk van zenuwstructuren dat verantwoordelijk is voor de verwerking van emoties; die twee zijn onlosmakelijk met elkaar verbonden. De reukkolf is drie synapsen verwijderd van het deel van het limbisch systeem dat herinneringen verwerkt, terwijl de visuele cortex duizend synapsen verwijderd is. Op grond van onderzoek aan The Rockefeller University is ons kortetermijngeheugen voor aroma's gemiddeld zeven keer sterker dan ons visuele geheugen. Op de lange termijn is reukgeheugen het scherpst en het meest emotioneel. Een van de eerste studies over het zogenoemde 'autobiografisch geheugen' – het vermogen om door middel van een zintuiglijke prikkel momenten uit je leven in herinnering te roepen – werd in 1935 geschreven door Donald Laird. Hij en zijn collega H.B. Fitzgerald onderzochten aroma's als 'opwekkers van herinneringen en aanzwengelaars van gedachten bij 254 eminente levende mannen en vrouwen'. De proefpersonen haalden duidelijke herinneringen op die een intense emotionele weerklank hadden aan geuren die gemiddeld 36 jaar oud waren; herinneringen van bijna vier decennia eerder werden zo teruggehaald, enkel en alleen door iets te ruiken.

Dit effect is ook wel bekend als het 'Proust-verschijnsel', naar de beschrijving ervan door deze Franse schrijver in *Op zoek naar de verloren tijd*. In de vaak geciteerde passage waarin de verteller terugdenkt aan het ogenblik waarop de herinneringen aan zijn kindertijd in hem opkwamen toen hij een in de thee gedoopte madeleine at staat: '[...] dan blijven alleen [...] de geur en de smaak nog lang als dolende zielen hun leven voortleven, herinneren, wachten, hopen en op de brokstukken van al het overige [...] weten zij het geweldige bouwwerk van de herinnering volkomen intact tot ons te brengen.'[1]

De emoties zijn meestal krachtiger als de geuren en smaken gepaard gaan met negatieve herinneringen. Denk maar eens aan een alcoholisch drankje waar je je op een gegeven moment in je jonge jaren aan hebt bezondigd. Voor veel mensen is dat tequila; voor mij en vele anderen die in de jaren tachtig in Londen zijn opgegroeid, is het Thunderbirdwijn. Een zweempje is al genoeg om onmiddellijk het gevoel van misselijkheid terug te krijgen. Er is zelfs een reden waarom een geur walging krachtiger kan oproepen dan iets anders; dit is een evolutionaire schakel naar het oorspronkelijke doel van het zintuig. Het is belangrijk dat we ons kwalijke geuren kunnen herinneren omdat we daardoor gevaar in de lucht opmerken of ruiken dat voedsel bedorven is – nuttiger voor onze voorouders uit de oertijd als het om leven of dood ging dan om te worden herinnerd aan de theekransjes van je tante of de eigenaardige geneugten van de jeugd.

Als we iets onaangenaams ruiken, heeft dat een interessant effect op ons morele oordeel; het is aangetoond dat we geneigd zijn tot meer extreme morele standpunten als een geur ons met afschuw vervult. Bij een onderzoek aan Stanford University werd aan 120 studenten gevraagd een reeks morele oordelen te vellen, terwijl een bus met 'scheetspray' een aanhoudende en onaangename geur verspreidde. De deelnemers moesten hun mate van afkeer aangeven in reactie op verscheidene scenario's; een ervan ging over de wet op huwelijken tussen neef en nicht en een ander over de vraag of iemand de korte afstand naar zijn werk in plaats van te voet met de auto mocht afleggen. Hoe sterker de geur, hoe negatiever ze reageerden op alle scenario's, maar slechts 3 procent van hen erkende dat de geur hun beslissingen had beïnvloed.

Ik heb dit onderzoek gebruikt voor een campagne voor World Animal Protection, een charitatieve instelling voor de rechten van

---

1 Vertaling C.N. Lijsen.

boerderijdieren. We maakten flyers met foto's van het favoriete fastfood van verschillende landen – op de Amerikaanse stond een bak met gebraden kip, terwijl op de Britse versie een broodje bacon stond. Aan de voorkant van de flyer zat bovendien een lipje dat kon worden opengetrokken waardoor een geur vrijkwam. Aan mensen uit het publiek werden flyers uitgereikt en gevraagd eraan te ruiken, en na het opentrekken van het lipje kwam een zweem van een nogal onaangename lucht die we hadden gemaakt vrij. Als ze de flyer openvouwden zagen ze vervolgens een foto van een zielige kip of een ongelukkig varken uit de bio-industrie; walgend als gevolg van de geur was hun ethische oordeel strenger. Daarna werd hun gevraagd of ze een petitie tegen de bio-industrie wilden tekenen – de campagne was succesvol en we haalden meer dan twintigduizend handtekeningen op.

Dit concept speelde ook in op de idee van context; als je een onverwachte vieze lucht rook terwijl je een bak met gebraden kip bekeek werd het nog erger. Uit een andere studie bleek dat dezelfde geur als goed of slecht kan worden opgevat, al naargelang de *framing*. Rachel Herz en Julia von Clef van Brown University lieten mensen aroma's ruiken, maar gaven van tevoren diverse beschrijvingen. Wanneer een van de geuren aan proefpersonen werd beschreven als 'Parmezaanse kaas', werd die met gekreun van genoegen begroet. Later werd dezelfde geur aan de deelnemers aangeboden maar nu met de omschrijving 'zweetsokken'; dit keer deinsden de proefpersonen onmiddellijk vol afkeer terug.

Er zijn onvermijdelijk enkele geuren met een persoonlijke betekenis voor onszelf vanwege een specifiek moment in ons leven toen we die voor het eerst roken. Maar er zijn andere geuren die vrijwel iedereen met dezelfde emoties associeert. Als er bijvoorbeeld een flacon zonnebrandcrème achter in je badkamerkastje staat, maak die dan open – vooral als je dit hartje winter leest en wel een opkikker kunt gebruiken. Ruik er even aan. Geeft het je een positief of een negatief gevoel? Vrijwel iedereen zal het eerste zeggen. Waarom? Omdat je doorgaans gelukkig bent als je zonnebrandcrème opdoet. Die geur kondigt per slot van rekening het begin van de zomer aan en dus positieve herinneringen aan lange dagen en vakantie – dus als je het ruikt roept het die herinneringen op.

Hier moet ik een voorbehoud maken: als je momenteel jonge kinderen hebt, zijn je positieve emotionele associaties met de geur van zonnebrandcrème vervangen door stress en boosheid als gevolg van je wanhopige pogingen om hen in te smeren terwijl ze kronkelen en klagen. Maar dat zou slechts tijdelijk moeten zijn – zodra ze inzien dat de crème nodig is, zul je weer een vlaag van vreugde ervaren als je er een zweempje van ruikt.

We zouden dankbaar moeten zijn voor onze reukzin en ons hele leven aroma's moeten gebruiken. Je kunt ze gebruiken om je stemming te verbeteren maar ook ter bevordering van meer praktisch gedrag, zoals productiever zijn, gezondere keuzes maken of meer zelfvertrouwen hebben, waar we verderop in dit boek op terug zullen komen. Je kunt ze zelfs gebruiken voor een zintuiglijke tijdreis – Andy Warhol veranderde om de paar maanden het luchtje dat hij opdeed, want als hij naar een bepaalde tijd wilde terugkeren, kon hij een flesje openen van het parfum dat hij toen ophad en was hij er meteen weer.

De kracht van een geur is veel uitgesprokener als deze een persoonlijke betekenis heeft, dus probeer meer geurherinneringen te verzamelen. Als je reist of als je tijdens een belangrijke ervaring een bepaalde geur ruikt, noteer dit dan zodat je het later kunt opzoeken. Het is fantastisch om te kunnen tijdreizen door middel van je herinneringen, en het is altijd fijn om te weten dat je er zelf voor kunt zorgen als je een oppepper nodig hebt of je je uitgelaten, sexy, jeugdig of zelfs boos wilt voelen.

9

Thuis

NA EEN WERKDAG SNAKKEN WE ernaar onze denkrichting om te zetten. Nadat we de hele dag ons best hebben gedaan om productief, zelfverzekerd, collegiaal en creatief te zijn, wordt het tijd om te stoppen. Het is een hardnekkig probleem dat velen van ons daartoe niet in staat zijn.

Als we na de werkdag thuiskomen, komt ieder van ons in een unieke situatie. Elk huis is anders. Misschien heb je een jachtig huishouden met kinderen, en misschien is je man of vrouw, je partner of de oppas er al, worstelend met de herrie. Maar misschien moet je het wel allemaal zelf opknappen. Sommigen wonen samen met een groep vrienden in één huis, anderen komen thuis in een stil maar warm huis dat wordt gedeeld met een huisdier. Hoe jouw situatie er ook uitziet, we moeten zorgen dat de overgang van het leven op het werk naar het leven thuis duidelijk is en we moeten de avond die voor ons ligt zo aangenaam mogelijk maken. Een multizintuiglijke benadering kan betekenen dat je een emotioneel meer ondersteunende ruimte creëert of het beste haalt uit datgene wat je besluit te gaan doen. Dit is waardevolle tijd waarin je jezelf kunt zijn en je je kunt overgeven aan dingen waar jij gelukkig van wordt, dus je moet proberen die optimaal te benutten.

Het thuiskomritueel

Iets wat de meesten van ons waarschijnlijk gemeen hebben, is een of ander ritueel bij thuiskomst. Misschien blijf je in de gang staan om je sleutels in een kom bij de voordeur te leggen, trek je je schoenen en je jas uit en ruim je die op. Misschien loop je meteen naar de keuken en zet je het water op, of ga je direct na thuiskomst naar je slaapkamer om je om te kleden. Wat het ook is, de meeste mensen hebben wel iets wat ze telkens doen als ze thuiskomen van hun werk. Misschien ontstaan deze rituelen vanzelf als gevolg van wat je altijd aanhebt en de inrichting van je woning – misschien heb je een kom op de tafel bij de voordeur gezet omdat je anders je sleutels altijd kwijt bent; de trapleuning is vlak voor je en is een geschikte plaats om je jas aan op te hangen. Ze kunnen ook doelbewust zijn; door iets te doen wat duidt op het gevoel van 'thuis' kun je de werkdag van je afschudden en de avond laten beginnen. Het water opzetten is een heel bekende – het geluid van het borrelende water maakt gevoelens wakker van warmte, comfort, welwillendheid en de emoties die verband houden met ons thuisgevoel.

Het belang van rituelen in ons leven van alledag is significant. Op het oog arbitraire gewoonten voor we aan een activiteit beginnen, zorgen ervoor dat we herinneringen en emoties opwekken – hun repetitieve aard creëert een schakel met de gevoelens rondom datgene wat we willen gaan doen. Of het nu gaat om een atleet die voor de wedstrijd zijn waterflesjes op een rij zet of iemand die met zijn vinger over de inkeping van een KitKat gaat om het folie eraf te scheuren alvorens hij de reep in tweeën breekt, rituelen verbeteren aantoonbaar de prestatie en het genot.

Het 'thuiskomritueel' is niet anders; het is een belangrijke uiting van gedrag die betekent dat het werk erop zit en de avond is begonnen. Of je nu van plan bent tv te gaan kijken of te gaan dansen, er moet een duidelijk leesteken aan voorafgaan. Het algemene doel van dit ritueel is lichaam en geest tot rust brengen, al wil dat niet zeggen dat alles wat je doet meditatief en dromerig moet zijn. Een lekkere borrel na een werkdag is ontspannend, maar het is ook een opkikkertje, en het inschenken zelf is een soort ritueel. Als dat wat je doet je maar in het hier en nu brengt en je kalmeert – rustiger aan doen is de eerste stap richting stoppen.

We hebben overdag heel veel informatie gekregen over hoe we ons moeten concentreren, ontspannen en hoe we een moment van opmerkzaamheid creëren. Nu wordt het tijd om die adviezen te combineren met een paar andere belangrijke wetenschappelijke inzichten om het volmaakte thuiskomritueel te vormen voor je aan de avond begint.

Koop verse bloemen

Telkens weer komen we uit bij de voordelen van planten en bloemen: ze verminderen de spanning, helpen ons bij het herstel van ziekte en zorgen dat mensen met elkaar praten en samenwerken. Planten in huis verbeteren je geestelijke en lichamelijke gezondheid, vooral als je geen uitzicht op een tuin of op bomen hebt. Dit werd bevestigd door een onderzoek van een groep in Tokio, die aan mensen vroeg vier minuten voor een vaas met rozen te gaan zitten. Een controlegroep zat in een identiek vertrek maar zonder bloemen. Naderhand vulden de deelnemers een vragenlijst in, terwijl ze verbonden waren met een meetapparaat. Degenen die in het vertrek met rozen hadden gezeten, hadden een lagere hartslag en ademhaling en voelden zich meer op hun gemak, relaxter en natuurlijker terwijl ze de vragenlijst invulden.

Boven op de fysiologische en psychologische voordelen van bloemen om je heen, gaat een mooi boeket gepaard met veel rituelen en aangename gevoelens. Ze symboliseren verzorging en aandacht; ze zijn een traktatie, zelfs als je de bloemen voor jezelf hebt gekocht. Het uitpakken, knippen en schikken is een enigszins afleidend maar niet te veeleisend proces dat je geest losmaakt van wat er allemaal om je heen gebeurt, de ziel kalmeert en misschien tot een moment van inspiratie leidt. De Japanse kunstvorm ikebana brengt dit op een volkomen ander niveau, want het is voor de beoefenaar een uitdrukking van emotie en een afspiegeling van het leven. Zo ver hoef je niet te gaan; maar je kunt wel iets meer doen dan ze alleen maar in een vaas proppen – je doet dit tenslotte ook niet dagelijks, dus pak ze uit en schik ze als onderdeel van je ritueel. Zet op de dagen waarop je geen nieuw boeket hebt de bloemen in de buurt van de plaats waar je tijd gaat doorbrengen. Zodra je thuiskomt oogst je de gezondheid bevorderende, ontspannende en existentiële voordelen van een mooi geschikt boeket.

Raak hout aan

Dezelfde wetenschappers uit Tokio die achter het bovengenoemde rozenonderzoek zaten, voerden nog een onderzoek uit waaruit ze concludeerden dat het aanraken van hout het stressniveau verlaagt, de zenuwen kalmeert en de hartslag vertraagt. Bij dit onderzoek werd aan achttien vrouwelijke deelnemers gevraagd een minuut met gesloten ogen te gaan zitten, waarna ze hun handen gedurende anderhalve minuut op een blok massief materiaal legden. Voor ze hun ogen opendeden, dekte een onderzoeker het blok af met een doek, zodat de proefpersonen niet konden zien waar het van gemaakt was. Vervolgens werden hun enkele vragen gesteld en werden hun hartslag en hersengolfactiviteit gemeten. Dit deden ze enkele keren met verschillende materialen: eiken, marmer, steen en roestvrij staal. Mensen waren fysiologisch veel relaxter als ze hun handen op hout hadden gelegd, terwijl het roestvrij staal een piek in de hersenactiviteit veroorzaakte die verband houdt met toegenomen spanning. Psychologisch gezien verklaarden de deelnemers dat ze een gerieflijker en relaxter gevoel, een gevoel van warmte en 'natuurlijkheid' hadden als ze het hout aanraakten, terwijl ze zich bij roestvrij staal emotioneel het koudst voelden.

Uit verscheidene andere onderzoeken blijkt dat aanraking van kunststoffen zoals pvc, spijkerstof en alweer roestvrij staal stijging van de bloeddruk en stressgevoelens veroorzaakt. De hoofdwetenschapper achter deze onderzoeken, Yoshifumi Miyazaki, denkt dat dit effect toe te schrijven is aan de 'terug-naar-de-natuur-theorie', zoals hij het noemt, vergelijkbaar met de biofilie die we al tegen-kwamen. Miyazaki heeft veel boeken geschreven over de therapeu-tische voordelen van het verblijf in een bos en denkt dat we een aangeboren connectie hebben met de natuur omdat we als soort slechts 0,01 procent van de evolutionaire geschiedenis in een mo-derne gebouwde omgeving hebben doorgebracht.

Volgens Miyazaki belanden we in een toestand van ontspanning als we worden blootgesteld aan iets wat met de natuurlijke omge-ving te maken heeft; door natuurlijke materialen in huis te halen, behouden we voor een deel deze connectie en de ervaring van de emotionele en gezondheid bevorderende voordelen van de natuur. Als je hiervoor aan een houten tafel moet gaan zitten, dan kan dat een onderdeel zijn van je thuiskomritueel na je werk. Je kunt mis-schien ook een borrelhapje opdienen op een houten snijplank, waarmee je op een andere manier van het voedsel geniet en je een band met de natuur krijgt die er anders misschien niet zou zijn.

Afbeeldingen en andere dingen – 'sociale snacks'

Foto's van vrienden en familie, plaatsen waar je geweest bent, avon-turen die je hebt beleefd en herinneringen die je hebt gecreëerd, vormen een belangrijk deel van het decor van ons huis, samen met voorwerpen die we in de loop van ons leven hebben verzameld. Al die dingen bieden tastbare herinneringen aan onze band met het verleden en met andere mensen die helpen te bepalen wie we zijn. Sociaal psychologen noemen deze artefacten ook wel 'sociale snacks'.

Telkens als je langs een afbeelding of voorwerp komt, krijg je een kleine emotionele oppepper – een vluchtige herinnering en het ge-voel dat je niet alleen bent. Ze hebben positieve invloed op ons welzijn, helpen gevoelens van eenzaamheid tegen te gaan en geven ons een gevoel ergens bij te horen. Ze hebben bovendien het vermo-gen om een ruimte onmiddellijk te bezielen met warmte. Waar je je thuiskomritueel ook uitvoert, ze moeten prominent aanwezig zijn.

Of je nu na thuiskomst naar de gang, de keuken of de slaapkamer gaat, zorg dat er iets aan de muur hangt waar je even over kunt nadenken terwijl je je schoenen uittrekt of jezelf iets te drinken inschenkt. Dit draagt bij aan het opwekken van de positieve gevoelens van het thuis zijn en helpt je herinneren wie je bent.

Een echte snack, of op z'n minst iets te drinken

Eten en drinken kondigen vaak een moment van rust aan. Ze kunnen ook fungeren als beloning voor het behalen van een bepaald doel of de uitvoering van een taak, zoals na een lange werkdag moeizaam binnenkomen met de kinderen en de boodschappentassen. Het is een goed idee een element van smaak aan je ritueel toe te voegen dat het begin van de avond aankondigt, en bij eten en drinken draait het om rituelen – korte, repetitieve processen die bevrediging uitstellen, verwachtingen wekken en je bevrijden van een overactieve mindset. Een wijnfles openen heeft bijvoorbeeld een sterk ritueel element. De kurkentrekker zoeken. Het hulsje van de kurk verwijderen. De kurk eruit trekken alvorens te snuiven, een bodempje in te schenken, te zwenken, nog een keer te snuiven en een slokje te nemen. Het is een uitvoerig proces waarbij elke handeling de verwachting verder opschroeft, de zenuwen kalmeert en je tot rust brengt. Tegen de tijd dat je de wijn proeft, ervaar je al geestelijk en lichamelijk profijt. Het hoeft natuurlijk geen alcoholische drank te zijn. Elk eet-of-drink-ritueel leidt de geest zodanig af dat er sprake is van constructieve ontspanning waarbij gedachten tot rust komen en de inspiratie misschien een kans krijgt.

Als je vervolgens plaatsneemt om je te goed te doen aan je traktatie, neem dan in elk geval de tijd om te genieten van de smaak – het is niet verstandig om iets te eten terwijl je de was verzamelt. Je hebt een aandachtig moment van reflectie nodig, waarin je je concentreert op de smaak en de textuur, wat je losmaakt van je druk in de weer zijnde en jachtige geest.

Maak je eigen 'signatuur-aroma'

Het laatste element van je thuiskomritueel is in potentie de krachtigste zintuiglijke versterking – die te maken heeft met je reuk. Zodra je binnenkomt, word je getroffen door een geur, die werkt als een onmiddellijk zintuiglijk-emotioneel teken dat je thuis bent. Net zoals een producent die een emotionele band met je wil smeden een geur kan gebruiken als een belangrijke eigenschap van een bepaald merk, kun je een band creëren tussen een geur en je hang om thuis te zijn. Voorzie je woning van een zintuiglijke identiteit, iets wat zodra je het ruikt zorgt voor een gevoel van veiligheid, warmte en comfort. Zet een geurverspreider bij de ingang, voor als je thuiskomt, of zet een verstuiver in het vertrek waar je je thuiskomritueel uitvoert. Je kunt ook de verlichting van een geurkaars toevoegen aan de lijst met dingen die je kunt gebruiken als je thuiskomt, als hulpmiddel bij deze verandering in je dag.

De geur op zich is een kwestie van persoonlijke voorkeur, en we komen zo terug op het algemenere onderwerp van geuren in je huis. Als ik een zintuiglijke identiteit voor een merk zou proberen te benoemen, zou ik gaan voor een bewezen proces. De eerste stap om je persoonlijkheid te benoemen en te bepalen welke aroma's je karakter belichamen, is een langdurig proces dat gepaard gaat met verscheidene workshops en stapels post-its. Maar afgezien daarvan moeten we nadenken over de functie van het aroma: wat verwacht je van de geur? Op dit moment is het doel de ziel te verwelkomen en te verwarmen, lichaam en geest te kalmeren en tot rust te manen.

Wat kalmerende aroma's betreft, de chemische verbinding D-limoneen kwamen we al eerder tegen. Dit zit in citrusfruit en houtoliën zoals cipres, grenen en ceder, en veroorzaakt een fysiologische en emotionele toestand van ontspanning. Van lavendel is eveneens bewezen dat het rustgevende eigenschappen heeft, net als veel andere bloemige geuren. Zowel hout als bloemen speelden al eerder een rol, dus beide zouden een geschikte toevoeging zijn in termen van zintuiglijke harmonie. Er zijn nog veel andere aroma's waarvan is

157

aangetoond dat ze vergelijkbare sensaties van rust opwekken, van de warme toetsen van vanille tot de levendiger, vuriger geur van sinaasappel of rozemarijn. Kies wat bij je past, maar het gaat erom dat je het regelmatig gebruikt en dat je consequent bent. Zorg dat bij de voordeur altijd dezelfde geur aanwezig is en gebruik die als je thuiskomt van je werk.

Nu kunnen veel andere zintuiglijke elementen een rol gaan spelen. Het kan enorm effectief zijn om muziek op te zetten; doe dat vooral als het je tot rust brengt en ervoor zorgt dat je je thuis voelt. Als je de thermostaat altijd op dezelfde temperatuur zet, voegt dat nog een niveau van zintuiglijke consistentie toe; als je dagelijks hetzelfde doet vorm je na verloop van tijd een sterke emotionele prikkel die je helpt je geest te verzetten van drukte naar rust en van werk naar huis.

Een zintuiglijk voorschrift voor een thuiskomritueel

- Bloemen – Verse bloemen zijn kalmerend en geven een emotionele oppepper, en het schikken van bloemen zorgt voor zenmomenten.
- Materiaal – Hout. En natuurlijke materialen in het algemeen. Als je een houten tafel hebt, ga daar dan aan zitten. Of serveer een borrelhapje op een houten snijplank alsof je in een gastropub zit.
- Afbeeldingen – Hang afbeeldingen van je dierbaren en van avonturen uit het verleden in de buurt van de plaats waar je je ritueel uitvoert. Sociale snacks herinneren je eraan wie je bent, geven je het gevoel dat je ergens bij hoort en geven emotionele steun.
- Smaak – Een hapje of een drankje voor jezelf klaarmaken is een ritueel op zich. Dit voegt een extra zintuiglijke laag toe aan het ritueel en brengt je tot rust terwijl je ernaar uitkijkt om ervan te genieten.

• Aroma – Creëer je eigen 'signatuur-aroma' voor thuis. Een afspiegeling van je smaak en een zintuiglijke aanduiding dat je over de drempel bent gestapt en thuis bent.

Als het effect van je thuiskomritueel in werking is getreden, kun je nadenken over de avond die voor je ligt en een multizintuiglijke benadering van de atmosfeer in het huis als geheel toepassen. Naar mijn mening is thuis zijn een emotionele reis, in welk vertrek je ook bent, maar je moet wel de juiste dingen in de juiste kamer doen.

De emoties en functies van de kamers

Het behoud van de heiligheid van elk vertrek is een belangrijke psychologische factor om van je huis te kunnen genieten. Elke kamer en ruimte in huis heeft een doel en een functie, die we moeten respecteren en niet mogen verstoren. Slaapkamers zijn om in te slapen en te vrijen, niet om te werken of tv te kijken. Woonkamers dienen voor ontspanning, rust, sociaal verkeer; seks misschien ook, maar niet als er bezoek is. Als het allemaal rommelig wordt en door elkaar gaat lopen, kun je niet van de ene activiteit of emotionele toestand naar de andere overgaan. Net zoals het thuiskomritueel een duidelijke overgang van werk naar huis aanduidt, moet je naar een ander vertrek kunnen gaan om het einde van het een en het begin van het ander te markeren. Als je in de woonkamer hebt zitten werken, waar ga je dan heen als je klaar bent? Als je met je partner in de slaapkamer over rekeningen en de schoolvakantie praat, hoe stap je dan over naar seks of slaap? Handel die zaken af op de daartoe geëigende plaats en ga vervolgens naar een andere kamer om je zinnen te verzetten en gedrag te veranderen, waarbij je geuren en andere elementen kunt gebruiken om de verandering te helpen definiëren.

Bij een recent onderzoek werd geprobeerd vast te stellen wat de gebruikelijke emotionele associaties zijn die we aan verschillende kamers in huis toeschrijven. Onderzoekers vroegen tweehonderd deelnemers de termen te kiezen die volgens hen 'de belangrijkste emoties en percepties' samenvatten die ze van elk vertrek wensen. Dit zijn enkele uitkomsten; oordeel zelf in hoeverre je het ermee eens bent:

Hal

Bijna iedereen vond dat 'uitnodigend' het eerste gevoel was dat je wenst als je een huis binnengaat.

Woonkamer

'Ontspanning', 'familie', 'comfort', 'knus' en 'saamhorigheid' stonden bovenaan en werden elk vrijwel even vaak genoemd.

Keuken

De grootste groep koos de term 'organisatie' voor de keuken, vlak daarop gevolgd door 'productiviteit', 'familie' en 'overvloed'.

Grote slaapkamer

'Romantiek' nam het grootste aandeel in, maar ook 'comfort', 'ontspanning', 'liefde' en 'privacy' waren gevoelens die mensen met de slaapkamer in verband brachten.

Badkamer

De emoties die het meest in verband werden gebracht met de badkamer waren 'ontspanning' en 'verjonging'.

Deze resultaten duiden erop dat de keuken de beste plaats is om huishoudelijke karweitjes en werk te doen, maar ook een geschikt vertrek is voor gezelligheid en om te genieten van 'overvloed'. De woonkamer moet zacht, opbeurend aanvoelen en saamhorigheid bevorderen – het is niet de plaats om het huishoudboekje op orde te brengen. Badkamers moeten fris aanvoelen voor 'verjonging', maar ook geschikt zijn om te ontspannen. Misschien ben je geneigd om uren door te brengen in de slaapkamer, er met de kinderen te spelen of met je partner saaie dingen te bespreken, maar het moet draaien om intimiteit en alle andere dingen zullen daarvan afleiden. Bovendien wijst elk onderzoek erop dat je beter slaapt als je de meeste andere activiteiten op geschiktere plaatsen uitvoert, en tot later op de avond uit de slaapkamer blijft.

Niet iedereen zal instemmen met deze emoties die specifiek bij bepaalde vertrekken horen, en misschien willen we wel wat meer overlap. Bovendien hebben veel mensen geen afzonderlijke kamers, zodat er veel in hetzelfde vertrek moet gebeuren. Het is de moeite waard om deze oefening zelf uit te proberen – vraag je af wat alle kamers of ruimtes moeten belichamen, en kijk wat je kunt doen om ze elk zo 'zuiver' mogelijk te houden. Als je weet waar elke kamer voor bedoeld is, kun je vervolgens de zintuiglijke omgeving gebruiken om die tot leven te wekken.

Afgezien van een complete revisie van je interieur krijg je dit het gemakkelijkst voor elkaar door middel van aroma's. Luchtjes kunnen eenvoudig worden toegevoegd en veranderd afhankelijk van hoe je je voelt, wat je van plan bent, het tijdstip of het jaargetij. Maar we kunnen een ander type geur gebruiken – wat ik geneigd ben 'empirische' aroma's te noemen in plaats van gelaagde parfummengsels of afzonderlijke ingrediënten – geuren die ons herinneren aan ervaringen uit het verleden. Volgens mij moeten we in het hele huis proberen een nostalgische ontdekkingsreis te creëren, gebruikmakend van geuren die je emoties prikkelen en een verhaal vertellen.

Maak je huis geurig – een emotionele ontdekkingsreis

Toen we bespraken hoe je op je werk creatief kon zijn, noemde ik het concept van de emotionele tijdreis – de kracht van aroma's gebruiken om gevoelens uit het verleden op te wekken, zoals de lucht van Play-Doh om beter creatief te kunnen denken. Onderzoek van

Ulrich Orth, hoogleraar Consumentenpsychologie, liet zien dat een geur die een nostalgische herinnering oproept een zogenoemde 'emotioneel-motiverende reactie' veroorzaakt, een vluchtige roes van positieve gevoelens die het verlangen aanwakkert om nieuwe dingen te ontdekken. Ze testten allerlei geuren op 281 mensen om te bepalen welke de krachtigste gevoelens van nostalgie opwekten; in een lijst met onder andere bramen, kaneel en citrusfruitbloesem stonden de geur van gebakken brood en pas gemaaid gras bovenaan. Beide zijn verbonden met bestaande momenten in het leven waarop onze emoties actief zijn, en aroma's die ons herinneren aan ervaringen uit het verleden, stimuleren de sterkste emoties.

In mijn werk gebruiken we zulke nostalgische en 'empirische' aroma's voortdurend. Mensen hebben onmiddellijk een band met deze geuren, die hun een verhaal vertellen over waar ze zijn, over de voorwerpen in de kamer en de kenmerken en de functie van het vertrek, waardoor ze worden aangemoedigd tot bepaalde gevoelens. Vaak beginnen we met dat wat zich al in een ruimte bevindt, en benadrukken we de natuurlijke geur ervan; soms gebruiken we iets wat abstracter is maar verbonden met de sfeer in de kamer, om een emotie op te wekken of tot een gedachte aan te sporen. Toen we bijvoorbeeld een geur aan het ontwikkelen waren voor de dealers van een luxueus automerk, kozen we ingrediënten uit die belichaamden wat klanten met dat automerk in verband brachten en verstrooiden die in de ruimte. In de buurt van de auto's rook het naar eikenhout, dat deed denken aan vakmanschap en prestige. In het vertrek waar het interieur werd gekozen, benadrukte een geur van leder op de achtergrond de materiaalmonsters die te zien waren. In de omgeving van de kassa hing een lucht van pas gemaaid gras, wat een toestand stimuleerde waarin we uit zijn op avontuurlijke sensaties en die gedachten opwekte aan de wijde wereld, waar de klant spoedig heen zou rijden, met de kap naar beneden, toupet wapperend in de wind. Aan elke geur die we gebruikten zat een gevoel vast dat het vertrek en de getoonde producten versterkte, zodat de wandeling door de showroom een emotionele ontdekkingsreis werd.

De geur in huis moeten we net zo benaderen, en we kunnen deze 'empirische' en nostalgische aroma's gebruiken om elk moment emotioneler en bevredigender te maken. Denk eens terug aan die vakantie in dat schattige oude huisje op het platteland. Stel je voor dat je de rustieke keuken van een Frans huis op het platteland in loopt en de geur van vers brood ruikt. Loop de veranda op en ruik de lavendel en jasmijn. Ga de woonkamer in en je ruikt een brandend haardvuur, wat niet bij de tijd van het jaar hoort maar wel uiterst evocatief en authentiek is. Op pittoreske plaatsen lopen we altijd op deze manier rond, afgestemd op onze zintuigen en genoegen scheppend in het aangename van de ervaring en genietend van kleine momenten van verwondering. Dus waarom zouden we dit thuis niet ook doen? Het is zo'n aangename ervaring als je zintuigen telkens als je een kamer binnengaat worden geprikkeld.

Net als een zintuiglijke versie van sociaal snacken kun je een evocatieve sfeer creëren die jouw persoonlijke verhaal vertelt en je verbindt met de warmte van mensen in je leven en plaatsen die belangrijk voor je zijn. Dit is een moment om speels te zijn en te genieten van diverse geuren. Hieronder lees je enkele suggesties om je op gang te helpen.

Hout

Tonen van ceder, eikenhout en sandelhout hebben een sterke uitwerking op een kamer en ook op je emoties. Warme, houtige geuren wekken gedachten op aan vakmanschap en authenticiteit, en versterken percepties van 'luxe' en 'kostbaarheid' als ze worden gebruikt in winkels en hotellobby's. Ze hebben ook een kalmerende eigenschap die volgens Yoshifumi Miyazaki het gevolg is van de 'terug-naar-de-natuur-theorie', volgens welke het aanraken van hout onze fysiologie beïnvloedt. Bij een ander Japans onderzoek werden de effecten van cederhoutolie gemeten en werd vastgesteld dat deze stress en angst verminderde. Als er veel houten meubels in een kamer staan of je een houten vloer hebt in je woonkamer, zou een subtiele houtgeur de natuurlijke schoonheid van het materiaal accentueren. Omdat dit een intrinsiek uitnodigende geur is, past die ook goed in de hal.

Pas gemaaid gras

Gemaaid gras lijkt misschien een vreemde geur om binnenshuis te gebruiken, maar het fleurt kamers heel doeltreffend op – als het wordt gebruikt rond lichte kleuren en zachte, natuurlijke materialen, lijkt het een volmaakte combinatie. De geur geeft een vertrek een gevoel van open ruimte en versterkt bovendien het 'terug naar de natuur'-element van de zintuiglijke omgeving. En zoals Ulrich Orths studie naar het verband tussen geur en nostalgische herinneringen liet zien, maakt het ook ons ontvankelijke gedrag wakker – wat geweldig is als je wilt dat mensen zich avontuurlijker voelen in de ruimte, zoals in een woonkamer, waar samenzijn zo belangrijk is. In een onderzoek dat ik uitvoerde in het kader van een project voor het bestuur van British Summer Fruits toonden we aan dat de geur van pas gemaaid gras en de smaak van aardbeien de twee zintuiglijke prikkels waren die de sterkste gevoelens van geluk opwekten bij de Britse bevolking, vooral als ze werden gecombineerd.

In een onderzoek uit 2015 naar de favoriete geuren van de natie eindigde pas gemaaid gras op de derde plaats, vlak achter gebakken brood en gebakken spek. Dat is een gemakkelijk na te bootsen aroma – ik gebruik galbanum, een etherische olie, een van de voornaamste bestanddelen die vrijkomt als gras wordt gemaaid. Er is gemakkelijk aan te komen en omdat deze zo evocatief is, maken veel geurontwerpers en fabrikanten hun eigen mengsels om te gebruiken als luchtjes voor in huis, parfums of geurkaarsen.

Linnengoed

De geur van pas gewassen linnengoed is enorm beeldend – wie vindt het niet zalig om in een bed met schone lakens te kruipen? Het doet ons ook denken aan buiten zijn en frisse lucht, misschien omdat we schone was associëren met de aanblik van lakens die wapperen in de wind. Bij een project gebruikte ik de geur van linnengoed in een paar onderdompelende zintuiglijke 'cabines' die we ontwierpen voor een hotel. Het idee was dat je erin ging zitten en naar een scherm keek waarop een blauwe hemel was geprojecteerd waaraan een paar donzige wolkjes langsdreven, begeleid door het geluid van een briesje en de frisse geur van linnengoed. Deze drie elementen werkten perfect samen en de ervaring was kalmerend en verfrissend, en gaf nieuwe kracht.

Onderzoek dat werd uitgevoerd door een grote wasmiddelenproducent toonde aan dat mensen een stapel witte was die naar fris linnengoed rook schoner en witter achtten dan ofwel een identieke stapel zonder geur ofwel een stapel die naar citrusvruchten rook. Aan de geur van linnengoed is vrij gemakkelijk te komen. Gebruik deze 's morgens in de slaapkamer of om een woonkamer zacht, schoon en fris te maken, alsof er net een heerlijk lentebriesje door de kamer is gegaan.

Petrichor

Petrichor is de naam voor de geur in de zomer nadat het heeft geregend. Door de hitte van de zon komen natuurlijke oliën en bacteriën naar de oppervlakte van gewassen, aarde, wegen en stoepen. Als het regent komen die oliën vrij in de lucht en ontstaat dat heerlijke, bedwelmende aroma. Dit is zo evocatief omdat het alleen in de zomer en onder de juiste omstandigheden gebeurt, en voor menigeen is dit verbonden met specifieke herinneringen en uiterst tastbare emoties. Maar onze band ermee gaat mogelijk nog veel verder terug. Volgens Australische antropologen hebben we een evolutionaire band met die geur omdat deze de eerste regen van de zomer aanduidde en het vooruitzicht van groei van de gewassen waar onze voorouders van afhankelijk waren om in leven te blijven. Tegenwoordig is het domweg een heerlijke nostalgische geur.

In de winkel verkrijgbare versies van petrichor, gemaakt door fantasierijke parfumeurs, zijn overal toepasbaar, maar de badkamer leent zich er misschien het best voor. Met waterspatten op de grond en het geluid van een douche, completeert de geur van de eerste zomerregen het geheel op een prachtige manier. Als je wilt dat het vertrek relaxed en verjongend aanvoelt, is petrichor de perfecte geur.

Kruiden en specerijen

Mijn collega Jo en ik lieten ooit de geur van verse kruiden – salie, rozemarijn en laurier – verspreiden bij de schappen voor wintergroenten op de voedselafdeling van een bekende, drukbezochte Britse supermarkt, en dit wekte associaties op met een knus avondje thuis en de troostrijke geuren van een stevig maal dat staat te pruttelen op het vuur. Deze geur zorgde ervoor dat de groenten aantrekkelijker leken, zodat er meer van werd verkocht. Bij de eerstvolgende seizoenswisseling gingen we terug naar de winkel en veranderden we de geur – het voorjaar was begonnen en er moest een nieuw palet aan ingrediënten worden geïntroduceerd.

De geuren van voedsel zijn zo beeldend en wekken zo'n genoegen op dat kruiden en andere aromatische ingrediënten een bepaald jaargetij, ervaringen en reizen kunnen oproepen. Elk culi-moment en elke culi-plaats heeft zijn eigen aromatische identiteit. Kruidnagel doet ons aan Kerstmis denken, terwijl rozenwater misschien een vakantie in Marokko in herinnering roept. Ieder van ons heeft zijn eigen smaakherinneringen, naast talloze cultureel gedeelde herinneringen. De geuren van voedsel brengen mensen bij elkaar en kunnen een middel zijn om je iets over jezelf te vertellen.

De geur in je keuken zou je reizen, de seizoenen en het voedsel dat je wilt eten moeten weerspiegelen. Dat kan salie, laurier en rozemarijn in de winter betekenen, en basilicum en verse tomaten in de zomer (wat voor mij gelijkstaat aan een vakantie in de Provence). Eet als je op reis bent lokaal voedsel en registreer de bepalende specerijen en kruiden, waarna je er wat van mee naar huis neemt om je keuken geurig te maken als je deze herinnering tot leven wilt wekken. Je kunt hiervoor de echte verse kruiden en andere aromatische ingrediënten in potjes en kommen gebruiken, die hun natuurlijke aroma's in de ruimte verspreiden. Desgewenst kan een verstuiver met een etherische olie de geur aanvullen, en deze kan ook worden gebruikt om de 'productieve' of 'organisatorische' vereisten van een keuken te vergroten. Zo weten we dat munt en kaneel de productiviteit en geestelijke concentratie verhogen.

Vanille, karamel en alles wat lekker is

Vanille is een veelvoorkomend ingrediënt van parfum, maar het gaat ook door voor 'ervaringsgeur' omdat we het vooral in voedsel tegenkomen. Samen met andere aroma's zoals karamel, chocola en aardbei associëren we het met bevredigend voedsel en daardoor bevredigende gevoelens. De geur van karamel of vanille is even verleidelijk als de aanblik van dikke room die op chocoladefondant wordt gespoten. Uit onderzoek naar de verbanden tussen reuk en tast bleek dat veel mensen zoete geuren zoals vanille associëren met zachte, gladde texturen, en zachte materialen voelen nog zachter aan als er een vanillegeur in de lucht hangt. In winkelgebieden bewegen mensen zich langzamer en kopen ze duurdere dingen wanneer daar de geur van vanille of karamel wordt verspreid. Rijke, bevredigende geuren geven een omgeving ook een lome, soepele, bevredigende en luxueuze toets. Ze zouden perfect zijn voor de slaapkamer wanneer je daar meer doet dan slapen alleen, of voor een woonkamer wanneer de lichten gedimd zijn en je je klaarmaakt voor de avond.

Deze ideeën zijn slechts een begin – je kunt 'ervaringsgeuren' op veel meer manieren gebruiken om in heel je huis emoties op te wekken en die elke kamer een eigen, fijnere sfeer geven. Denk aan de geuren en smaken die voor jou het meest betekenen en kies de geur en smaak die de emoties oproepen die je wilt voelen als je een bepaalde kamer in loopt.

Het oproepen van nostalgische gevoelens is op zichzelf al een aangenaam tijdverdrijf en het is ook heel goed voor je. We worden er minder onrustig door, en genereuzer en opener, en het verbetert bepaalde processen in de hersenen – en dat laatste is een belangrijke reden waarom het steeds vaker wordt gebruikt bij de behandeling van dementie en andere degeneratieve ziekten. Psychologen van North Dakota State University toonden aan dat mensen die een tijdje nostalgische herinneringen opriepen, het eerder eens waren met uitspraken zoals 'het leven heeft zin' – een reisje door het verleden kan 'levenbevestigend' zijn. Uit Chinees onderzoek bleek dat warme herinneringen je echt kunnen verwarmen. Toen mensen in een koele kamer werd gevraagd oude herinneringen op te halen, voelden degenen die dat het meest bevlogen deden, zich warmer.

De tijd vertragen

De avond lijkt om te vliegen; je rommelt wat en doet een paar dingen, en voor je het weet is het bedtijd. Het zou geweldig zijn als je het onmogelijke voor elkaar kreeg door de avond langer te laten lijken – welnu, dankzij de wereld van de wetenschap van de zintuigen hebben we een oplossing. Net zoals we een zintuiglijk voorschrift voor het versnellen van het einde van de werkdag hadden, kun je een voorschrift samenstellen dat je tijdsbeleving in de avond vertraagt.

Snelle muziek

Als langzame muziek in mineur de tijd sneller laat verstrijken, dan volgt daaruit dat snelle, vrolijke muziek de tijd langzamer laat gaan, en uit onderzoek dat onder verschillende omstandigheden werd uitgevoerd, blijkt dat dit inderdaad het geval is. Een onderzoek toonde aan dat hoe vrolijker en opwindender muziek is, des te trager de tijd verstrijkt. In een lab in Bordeaux werd deelnemers gevraagd om in hokjes te gaan zitten en verschillende muziek te beoordelen als aangenaam of onaangenaam en kalmerend of opwindend, en vervolgens te schatten hoelang elk stuk duurde. Bij snelle muziek schatten ze dat er meer tijd verstreek; een minuut voelde als anderhalve minuut. En hoe 'opwindender' ze de muziek vonden, des te trager dachten ze dat de tijd was gegaan; een minuut voelde dan bijvoorbeeld als 1 minuut en 45 seconden.

De onderzoekers speelden de muziek ook achteruit af voor de deelnemers, zodat die niet meer herkenbaar of erg aangenaam was, en er deed zich hetzelfde effect voor. Hoe sneller en opwindender de muziek was, des te langer dachten ze dat die duurde. Hoe aangenaam muziek is bleek geen rol te spelen in hoe die onze tijdwaarneming beïnvloedt; het gaat erom hoe opwindend die is.

Opwindende kleuren – rood of geel

De onderzoeken die we eerder bespraken, waaruit bleek dat de kleur blauw de waarneming van tijd versnelt, gaven het tegengestelde effect voor de meer prikkelende, warmere kleuren van het spectrum. Bij het experiment waarin mensen moesten beoordelen hoelang het duurde om een website te downloaden, ging de tijd het traagst voor mensen die een geel scherm hadden. En als je je opwindingsniveau wat wilt opkrikken, blijkt rood consistent de opwindendste kleur te zijn, die het brein het meest stimuleert. Zowel rood als geel strookt zintuiglijk met de vrolijke muziek die je speelt, dus zet rode of gele voorwerpen om je heen wanneer je online aan het browsen bent of wat aanrommelt. Bij stampende muziek heb je misschien het idee dat je een half uur iets hebt gedaan, terwijl er slechts een kwartiertje is verstreken.

Fel licht

Wat later op de avond zou je voor wat relaxter licht in je woonomgeving moeten zorgen – felle lampen aan het plafond brengen in een mens niet het beste boven. Door licht dat je ogen in de schaduw zet, voel je je moe en minder aantrekkelijk, terwijl het uitlichten van elk foutje in je kamer je onaangenaam bewust maakt van je huis en ontspanning in de weg staat. Maar op dit punt van de dag is fel licht beter voor het opwekken van de alerte toestand die de tijd helpt vertragen. Je wilt geen afbreuk doen aan de kalmte en de veranderde stemming waarmee je overgang van werk gepaard ging door de tl-verlichting van een kantoor op te hangen, maar je kunt bijvoorbeeld de keukenlichten aandoen of een goede bureaulamp naast je zetten terwijl je je met je huiselijke zaken bezighoudt.

Geen geur óf vieze luchtjes!

Het gebruik van geur om de tijd te vertragen is nogal riskant, omdat uit onderzoek steevast blijkt dat de aanwezigheid van een aangename geur de tijd sneller doet gaan. Als je een ruimte echter met een ónaangename geur vult, vertraagt de tijd meteen. Onderzoekers in Frankrijk vroegen mensen te beoordelen hoelang een ruis duurde terwijl ze in hokjes zaten. De deelnemers droegen stofmaskers, waarvan de helft in decaanzuur was gedoopt, dat een ranzige zweetgeur heeft. De arme stakkers met de stinkende maskers hadden uiteraard het idee dat de tijd compleet vertraagde en dat er geen einde kwam aan de ruis. De toepassing hiervan is niet bepaald aangenaam, maar als je de avond wilt rekken, spuit dan een vieze geur in de lucht – of ga als je een puberzoon hebt een tijdje in zijn kamer zitten, dan komt de tijd compleet tot stilstand.

Een zintuiglijk voorschrift om de tijd te vertragen
- Muziek – Snel en opwindend. Speel muziek waar je vrolijk van wordt.
- Kleur – Rood of geel, opwindende kleuren waar je alerter van wordt.
- Licht – Helder, draai voor het eerste deel van de avond het licht hoog, wat bij de levendige sfeer past.
- Geur – Ik vraag me af of je hierin meegaat, maar vieze geuren vertragen de tijd. Als je de avond wilt rekken, is dit het moment waarop je juist géén geurkaarsen aansteekt.

Met stampende techno en felrode lampen waan je je misschien in een Berlijns bordeel. Maar als je het voorschrift opvolgt en wat rondscharrelt en je ding doet, zul je verheugd vaststellen dat er maar heel weinig tijd is verstreken als je op de klok kijkt.

Er is nog steeds een hoop avond over; dit is het moment waarop je kunt gaan genieten van de leuke kant van het multizintuiglijke leven. Elke ervaring kan worden versterkt door het coördineren van de zintuigen, ongeacht wat je doet. Zo meteen krijg je een zintuiglijk diner dat alles samenbrengt in één allesomvattende maaltijd. Maar eerst wil ik een paar andere creatieve ideeën aanreiken die je hopelijk inspirerend vindt.

Totaalcinema (of een boxset) thuis

De ervaringseconomie draait als een tierelier – de afgelopen jaren probeert iedereen, van chocolatiers tot sportmerken, totaalervaringen voor hun klanten te creëren. De mantra van nu is PET – *purpose* (doel), *experience* (ervaring) en *talkability* (overdraagbaarheid). Dit betekent dat je als bedrijf een hoger doel (dan geld verdienen) hebt, een ervaring creëert die dat doel omvat voor degenen die het geluk hebben om erbij te zijn, en hun verhalen geeft zodat ze de bijzondere herinneringen eraan zullen doorvertellen.

De laatste tien jaar ben ik betrokken geweest bij de creatie van veel van dergelijke immersieve of totaalervaringen. Om te zorgen dat een ervaring echt het hogere doel van een bedrijf omvat, moet je eerst naar de wetenschap van de zintuigen kijken: welke geluiden, geuren, smaken, kleuren, texturen en gedragingen brengen de juiste boodschap over? Vervolgens kun je dat gebruiken als een zintuiglijk voorschrift van waaruit je de ervaring opbouwt. Wanneer je dat goed doet, bereik je opnieuw dat 'superadditieve' effect waarbij alles samenwerkt om een gevoel te creëren dat van alles een betere versie van zichzelf maakt.

De explosie in populariteit van dit soort evenementen bewijst hoe geweldig mensen die vinden. Overal zie je immersieve diner- en cocktailervaringen (en wij behandelen die in het volgende hoofdstuk), evenals multizintuiglijke kunstinstallaties en totaaltheater. De immens populaire Secret Cinema ontwikkelde zich als onderdeel van een ondergrondse kunstscene tot een zakenpartner van bedrijven zoals Disney. Bij hun evenementen komen theater, gekostumeerd feest, voedsel, cocktails en cinema bij elkaar in enorme, georkestreerde vormen van massaparticipatie. Gasten worden meegenomen op een extreme ontdekkingstocht in een weldoordachte omgeving vol details. Ze beleven allerlei verrassende momenten, net zoals we doen wanneer we een nieuwe stad verkennen, maar dan opgeschroefd tot max. Elk moment wordt iets waarover je je vrienden wilt vertellen, of misschien de vonk van een idee dat zich een weg zal weven in je dagelijks leven.

En waarom zou je als uitgangspunt voor recreatief zintuiglijk leven niet je eigen totaalcinema thuis creëren? Er is een wetenschappelijke ondersteuning voor de genoegens van een dergelijk gebruik; we grijpen terug op het 'superadditieve' aspect en creëren een passende toestand waarin alles klopt en die elk aspect ervan fijner maakt. Dat betekent niet dat je elke keer alles uit de kast moet trekken, het is gewoon een kwestie van vooraf bedenken wat je gaat kijken en dan andere zintuiglijke extra's te bedenken die je ervaring nog fijner maken. Zelfs op een doordeweekse avond kun je een film nog indringender en leuker maken door hem simpelweg vergezeld te laten gaan van passend eten en drinken. Toen ik, bijvoorbeeld, onlangs met mijn zoon Linus naar *The Avengers* keek, maakten we een paar 'Tony Stark-burgers' met 'Hulksaus' (groen gemaakte mayonaise) en 'Captain America freedom fries'. We maakten alle lichten in de kamer blauw en rood. Linus trok zijn superheldpak aan (wat hij altijd doet; een kei in aangeklede cognitie, die jongen) en we speelden tijdens de bereiding van het eten de soundtrack van de film. Het was opeens een hele gebeurtenis om de film op tv te zien.

Hier zijn om te beginnen een paar voorbeelden met klassieke films:

The Great Gatsby
- Speel voorafgaand aan de film een soundtrack met traditionele jazz.
- Serveer wodka-martini's of champagne.
- Maak een schaal met zalmblini's of andere snacks.
- Doe wat Tabac Blond-parfum van Caron op, hét geurtje van het hedonisme uit de Roaring Twenty's. Dit zijn de belangrijkste ingrediënten, voor als je het wilt namaken: leer, iris, vetiver, ylang-ylang, ceder, patchoeli, vanille, grijze amber en muskus.

The Godfather, Goodfellas of andere maffiafilms
- Speel het thema van *The Godfather* of een speellijst met Louis Prima, Frank Sinatra of andere favorieten van de maffia.
- Maak grote schalen pasta met worst en tomaat (met de knoflook vliesdun gesneden).
- Drink lekker veel nero d'avola, een Siciliaanse rode wijn.
- Zorg voor wat cannoli om op te eten als de film al wat verder gevorderd is.

Pulp Fiction
- Zet de soundtrack op om voor het begin van de film in de stemming te komen.
- Maak Big Kahuna-cheeseburgers met ananasschrijven.
- Flans een '$5 milkshake' in elkaar – het recept staat open voor interpretatie, maar een scheut bourbon zou een goede start zijn.

Een populaire vrijetijdsbesteding is het kijken van een hele serie, de gelegenheid bij uitstek om de setting aan te kleden en goed voorbereid een wereld binnen te gaan waarin je vele uren zult vertoeven.

Downton Abbey
- Leg een keurig gestreken wit kleed op je salontafel en zorg dat je het bestek met mathematische precisie recht legt.
- Serveer cocktails in theepotten en theekopjes, of drink thee.
- Maak een paar edwardiaanse canapés: oesters à la Russe, komkommersandwiches of Lady Mary's krabcanapés.
- Spray bergamot in de kamer, een belangrijk ingrediënt van earlgreythee.

Peaky Blinders
- Schenk jezelf een glas donker bier of whisky in.
- Spriets een rookgeur de kamer in.

Game of Thrones
- Schenk bier (of mede, als je dat te pakken kunt krijgen) in reusachtige kroezen.
- Serveer een schaal met brood, vlees en kaas, in grote brokken gesneden.

De planning van zintuiglijk reizen

Online een vakantie zoeken of activiteiten voor een reis plannen begint soms met plezier maar eindigt met frustratie en beslissingsmoeheid. Als je eerst een passende zintuiglijke setting in de kamer creëert, steekt je nieuwsgierige, ontvankelijke gedrag de kop op terwijl je emoties opborrelen en het hele proces nog leuker maken.

Voor het boeken van een strandvakantie of wintersport:
- Zoek een soundtrack van een branding en zingende tropische vogels en speel die op de achtergrond.
- Kies muziek uit die je doet denken aan de bestemming van je keuze.
- Pak wat zonnebrandcrème en smeer die op de rug van je handen waarbij je oppast dat hij niet op je laptop of iPad komt.

Als je hebt besloten waar je heen wilt maar de vakantie nog niet hebt geboekt, koop dan wat snacks uit die regio of kook zelf wat:

- Wat olijven en een bord charcuterie als je een reis naar het Middellandse Zeegebied plant.
- Loempia's voor een reis naar Thailand.
- Taco's als je naar Zuid-Amerika vertrekt.

Als je een stedentripje gaat maken, breng het dan op een vergelijkbare manier tot leven door de voorpret op te voeren:

- Restaurants in New York uitzoeken is leuker als je naar Lou Reed, Jay-Z of Gershwin luistert – afhankelijk van welke kant van New York je wilt beleven.
- Of je doet het terwijl je naar een klassieke film kijkt die zich in New York afspeelt: *Manhattan, Working Girl, Taxi Driver,* om er slechts een paar te noemen.

Elk moment van je tijd thuis wordt leuker als je de tijd neemt om de setting aan te kleden en een zintuiglijk passende atmosfeer te creëren.

Nu zijn we echt aangekomen bij de leuke kant van zintuiglijke ervaringen. De ultieme toepassing van alles wat we tot nu toe hebben geleerd komt nu: zintuiglijk eten en drinken. Het is een onderdeel van het leven waarin alle zintuigen samenkomen en een heel scala aan verrassende multizintuiglijke ontdekkingen kan je helpen bij het creëren van de ultieme eetervaring. Maar eerst doen we een zintuiglijk stapje opzij naar het rijk van de smaak.

10

Smaak

SMAAK IS ALS ZINTUIG MOEILIJK te isoleren, omdat onze beleving ervan met zoveel andere factoren te maken heeft. Eten en drinken is de multizintuiglijke onderneming bij uitstek en onze emoties en omgeving zijn van grote invloed, zoals je je zult herinneren van de Provençaalse roséparadox uit de inleiding. En zoals we in het volgende hoofdstuk zullen zien, kan de ervaring van smaak door van alles worden gemanipuleerd, van de vorm van het glas waaruit we drinken tot het gewicht van het bestek dat we gebruiken.

Om te beginnen zijn smaak en geur onlosmakelijk met elkaar verbonden. Experts zullen stellen dat onze ervaring van smaak voor minstens 80 procent via geur gaat; dat weet ieder die weleens probeerde te eten terwijl hij verkouden was of zijn neus dichthield om een vies medicijn te kunnen doorslikken. Dit idee gebruikte ik ooit bij het bedenken van een vernieuwende manier om Haig Club-whisky te laten proeven (waarvan David Beckham mede-eigenaar is), op plaatsen zoals vliegvelden waar het uitdelen van proefjes verboden is. De Verenigde Arabische Emiraten, Vietnam en Singapore zijn alle drie zulke 'dark markets', maar ze zijn ook heel lucratief voor de whiskybusiness. Aangezien smaak de beste manier is om nieuwe kopers te trekken, werd mijn bedrijf uitgedaagd om een manier te bedenken om mensen Haig Club te laten 'proeven' zonder dat ze dat echt deden. We richtten ons op het aroma en definieerden in samenwerking met de meester-distillateurs het exacte smaakprofiel van de vloeistof voor we een aroma creëerden dat naar de smaak rook. Het rook niet naar de whisky – als je een glas whisky inschenkt en eraan ruikt, krijg je eerst een stoot alcohol, gevolgd door de lichtere en frissere tonen. Maar op het verhemelte smaakt het zoet en voelt het dik en viscoos aan, met tonen van bananenbrood en brioche. We creëerden de geur van Haig Club met de zoetheid en viscositeit opgeschroefd naar tien.

We mengden het aroma vervolgens met blauwe inkt en maakten een stempel van het Haig Club-logo. Voor het 'proeven' hield een promotiemedewerker een mogelijke klant aan en vroeg: 'Wilt u misschien Haig Club-whisky proeven?' Als die persoon toestemde, stempelde hij het geurige blauwe logo op de rug van diens hand. Hij vroeg hem daarna zijn hand omhoog te brengen zoals bij een toost en dan naar zijn mond te brengen alsof hij een slokje uit een glas nam, intussen inademend door de neus. De klant snoof dan de geur op en kreeg een smaakervaring die echte whisky in je mond zo dicht mogelijk benaderde.

Er zijn miljoenen aroma's, maar slechts vijf smaken. Een tijdlang waren er zelfs maar vier – zout, zoet, zuur en bitter – tot in 1908 umami op het toneel verscheen, voor het eerst ontdekt door een Japanse hoogleraar chemie, Kikunae Ikeda genaamd. Umami, een beetje een outsider, is een hartige smaak die je krijgt van ingrediënten zoals paddenstoelen, tomaten en vissaus. De algemene opvatting is dat onze tong is uitgerust om deze vijf smaken op te pikken, via smaakreceptoren die aminozuren herkennen in voedsel en informatie over wat we eten naar de hersenen sturen. De smaken hebben alle een evolutionair doel: zoet om koolhydraten op te pikken, zout voor mineralen, zuur voor zuren, bitter voor giffen en umami voor eiwitten – hoewel er volop wordt beweerd dat het er meer zijn.

Je hebt natuurlijk ook pikantheid, maar onze beleving daarvan is in feite een vorm van pijn. De belangrijkste actieve stof in chilipepers is capsaïcine, dat smaakreceptoren op onze tong activeert die als moleculaire thermometers functioneren. Ze trekken doorgaans aan de bel wanneer iets boven een bepaalde temperatuur is, maar doordat capsaïcine hun drempel verlaagt ervaren we de sensatie van hitte. Pikantheid geldt daarom niet echt als een smaak; het valt in het rijk van de tast.

Een gegadigde voor een zesde smaak zou een kompaan van umami kunnen zijn, 'kokumi' genaamd, dat letterlijk 'mondvol' of 'hartigheid' betekent. De kokumi-sensatie is een verbreding en verlenging van smaken in de mond; het is een smaakversterker die de andere smaken meer diepte geeft. De vraag is of we hier een smaak of een gevoel proberen te beschrijven.

Kokumi werd in 1989 ontdekt in de laboratoria van Ajinomoto, het bedrijf dat ooit werd opgericht door de umami-pionier Kikunae Ikeda. Smaakloze aminozuren, onttrokken aan knoflook, werden aan andere oplossingen toegevoegd, die toen opeens een mond vullende eigenschap kregen. De onderzoekers isoleerden vervolgens het type aminozuur dat bepaalde soorten voedsel dat bevredigende gevoel geeft, en sindsdien zijn dezelfde samengestelde stoffen ook ontdekt in kazen zoals parmezaan en goudse, evenals in kamschelpen, gistextract, uien en bier. Ze worden op de tong opgepikt door de smaakreceptoren die umami voelen en hebben wellicht hetzelfde evolutionaire doel: eiwitten herkennen. Daarom beweren sommige mensen dat kokumi als een smaak moet worden geclassificeerd.

Net zoals MSG (een gesynthetiseerde versie van pure umami) in blikjes en kant-en-klare producten wordt gebruikt als smaakversterker, en ook aan zoutarm voedsel wordt toegevoegd om de smaak in balans te brengen, zo kan kokumi in de toekomst worden gebruikt om dat bevredigende mondgevoel toe te voegen aan producten, of om vetarm voedsel te verbeteren. We moeten nog zien of dit dezelfde zorgen over mogelijke gezondheidsrisico's en kunstmatigheid met zich zal meebrengen, maar voor de beginnende chef is kokumi in zijn natuurlijke vorm een nuttig wapen in het smakenarsenaal. Het idee is dat je voedsel een hartige sensatie kunt meegeven door ingrediënten toe te voegen die rijk zijn aan kokumi, net zoals umami nu een mogelijkheid is bij de bereiding van een lekker maal.

Metalige tonen zijn weer een andere mogelijke smaak. We krijgen die sensatie wanneer we bloed of kruiden zoals salie proeven, of met onze tong metaal aanraken. Een metalige smaak in je mond kan ook een vroeg teken van zwangerschap zijn, of het begin van medische aandoeningen, waaronder nier- of leverproblemen, of zelfs dementie. We kunnen dus beslist de smaak van metaal onderscheiden en je zou kunnen zeggen dat hij een evolutionair doel heeft als hij een teken is van zoveel lichamelijke veranderingen, maar het blijft de vraag of hij al dan niet een smaak is. Niemand heeft het bestaan van metaalsmaakreceptoren op de tong kunnen aantonen, zoals met de andere smaken wel is gebeurd.

De smaak van metaal is een onmiskenbare sensatie die een soort vitaliteit in zich heeft, en de theorie is dat het voor een deel een vorm van een elektrische schok is. Onderzoekers van Cornell University hebben aangetoond dat je een metalige smaak kunt simuleren door de tong lichtjes te elektrocuteren, net zoals wanneer je je tong tegen zo'n batterij van 9 volt houdt. Ze toonden met hun experiment aan dat de deelnemers de gesimuleerde smaak ervoeren wanneer ze hun neus dichthielden, maar toen ze ijzersulfaat proefden en hun neus dichthielden, proefden ze niets. Dit suggereert dat de ware smaak van metaal deels een soort elektrische stimulatie van smaakreceptoren op de tong is – een vorm van tastgevoel – en deels een 'retro-nasale' smaak die via aroma wordt waargenomen, dus geen 'smaak' als zodanig.

Veel andere dingen die we proeven kunnen al of niet 'smaken' zijn. Er is wel geopperd dat vettigheid of romigheid een smaak is, maar het kan net zo goed een sensatie zijn die samenhangt met kokumi en umami. We kunnen de smaak van calcium herkennen, en daar zal een evolutionaire reden voor zijn, aangezien de inname van calcium belangrijk is voor onze gezondheid. Je proeft het in kraanwater en in voedsel zoals kool of spinazie; de smaak wordt vaak beschreven als bitter, zuur en krijtachtig. Onderzoekers hebben bij muizen twee calcium proevende genen ontdekt en gaan ervan uit dat ze dezelfde bij mensen zullen aantreffen.

Als je de smaak van bittere groenten echt vies vindt en een hekel hebt aan al te vette smaken, ben je misschien een zogenoemde 'superproever'. We zijn allemaal ofwel niet-proevers, gewone proevers of superproevers; als je een superproever bent betekent dat niet dat je heel goed bent in proeven, het betekent dat je een gen hebt dat jou gevoelig maakt voor bittere en vettige smaken. Superproevers zijn doorgaans iets slanker omdat ze minder vet eten en ze kunnen ook een tekort hebben aan dingen zoals ijzer en calcium. Je kunt een test doen om te bepalen of je wel of niet een superproever bent. Je hoeft alleen maar een dun strookje papier dat is gedrenkt in de onschuldige chemische stof propylthiouracil op je tong te leggen. Niet-proevers zullen niets proeven en normale proevers zullen iets oppikken maar niet al te heftig reageren. Voor superproevers zal het walgelijk, bijna ondraaglijk zijn. Ik heb massaal getest en het is grappig om een ruimte vol mensen te zien van wie sommige kreten van walging slaken terwijl hun vrienden denken, waar maak je je druk om? Als je geen superproever bent, begrijp je dat niet. Voor degenen die altijd een hekel hebben gehad aan witlof en spinazie en nooit begrepen waarom – misschien gaven je ouders je daarvoor op je kop toen je klein was – nou, je bent niet pietluttig, hoor, je bent waarschijnlijk een superproever.

Om het nog ingewikkelder te maken, is er een verschil tussen het 'gevoel' en de 'waarneming' van een smaak. Wat ik zojuist besprak, verwijst naar wat onze tong en neus kunnen oppikken, maar onze ervaring van smaak wordt meer door onze emoties en de andere zintuigen beïnvloed dan wat dan ook. Dat is de reden dat ik voornamelijk voor bedrijven werk die in eten en drinken doen, van restaurants zoals The Fat Duck en winkels zoals Marks & Spencer, tot producenten van whisky, luxe chocola en ijs voor de massamarkt; als je elk zintuig als onderdeel van de smaakervaring beschouwt, helpt dat het genot van mensen te vergroten en de ervaring van eten en drinken indringender te maken.

Onze smaak is iets prachtigs om te onderzoeken als onderdeel van een multizintuiglijk leven, omdat hij het gebied is waar al onze zintuigen en emoties in elkaar overlopen, wat jou de directe bevestiging geeft dat je niet uit aparte delen bestaat, zoals we ooit dachten. In zekere zin is het verbeteren van hoe we proeven datgene waarvan ik denk dat het je leven het meest zal veranderen, zoals bij mij gebeurde toen ik mezelf begon onder te dompelen in deze multizintuiglijke wereld. En nu gaan we zonder verdere omhaal door naar het volgende hoofdstuk, om de wonderen van multizintuiglijk eten en drinken te onderzoeken.

11

Diner en drankjes

ETEN EN DRINKEN IS DE meest multizintuiglijke activiteit waarvan we kunnen genieten. Wanneer je een kamer vol mensen vraagt welke zintuigen ze tijdens het eten gebruiken, worden die alle vijf genoemd, is mijn ervaring. Ze zullen natuurlijk proeven en ruiken noemen. Ze zullen het er ook over eens zijn dat we ook met onze ogen eten; eten dat er mooi uitziet is verleidelijk. Ze zullen de textuur noemen, gezien hoe verschillend voedsel kan aanvoelen in de mond. En ze zullen geluid opperen, denkend aan hun gekraak of geslurp bij het eten, en de manier waarop dat bijdraagt aan de ervaring. Kijk aan, alle belangrijke zintuigen tellen mee.

Dat antwoord is echter maar gedeeltelijk waar; al deze factoren zijn onderdeel van de ervaring van het eten, maar ze concentreren zich rond het eten zelf – hoe het eruitziet, ruikt, voelt en klinkt wanneer je het eet. Wat niet wordt meegeteld, is al het andere om je heen. Om de volledige invloed van je zintuigen op je maaltijd vast te kunnen stellen, moet je de kleur van je bord, tafelkleed, de kamer en verlichting meewegen. De textuur van je bestek of je glas, hoe het servet aanvoelt en het comfort van je stoel. Het geluid van de kamer, de muziek die je hoort en de manier waarop het voedsel dat je eet beschreven wordt. En nog een stapje verder terug: de hele sfeer en hoe je je op dat moment voelt. Al deze elementen spelen een gigantische rol in onze beleving van hoe iets smaakt.

Bij eten en drinken draait het om de ervaring ervan. Denk maar aan de paradox van de Provençaalse rosé waarmee we deze reis begonnen, toen we tevreden voor een idyllische *auberge* zaten in de stralende zon en een fles rosé van twee euro magisch smaakte. Als je denkt aan het eten dat je in het grootste deel van je leven genoten hebt, spelen er heel veel emotionele factoren mee. Onze favoriete maaltijden vonden vaak plaats op momenten waarop bepaalde omstandigheden samenvielen en een perfecte setting creëerden: een vakantiemaaltijd in een hutje aan het strand; met z'n allen aan een lange tafel voor een familiefeest; een spontane zomerbarbecue met een groep vrienden. In al deze situaties kwamen locatie, emoties, gezelschap en smaken samen in een perfect zintuiglijk voorschrift voor een mooie herinnering. En net zoals bij de Provençaalse roséparadox weten we dat we door het creëren van een ervaring rond een maaltijd, en door de zintuigen op een passende manier te stimuleren, we de smaak van wat we eten of drinken kunnen verbeteren.

Het idee van 'dinerervaringen' wordt gezien als het domein van een handvol chique restaurants, geleid door visionaire chefs zoals Heston Blumenthal, Grant Achatz en Paul Pairet, maar het is iets waar we allemaal ook thuis van kunnen genieten. Van het kiezen van de juiste muziek voor bij je wijn tot het creëren van een alomvattend multizintuiglijk menu voor een dinertje, het draait allemaal om begrip van de zintuiglijke wetenschap van de smaak.

Laten we ons voorstellen om die wonderbare wereld te betreden, dat er vrienden komen eten en dat we alles uit de kast halen om een allesomvattende dinerervaring te creëren die hun zintuigen zal prikkelen en waar ze tot in lengte van dagen lyrisch over blijven vertellen. Het zintuiglijke diner voltrekt zich als volgt:

1. Aromamixologie: een zintuiglijke cocktailproeverij
2. Voorgerecht
3. Hoofdgerecht: zintuiglijke setting om het eten nog lekkerder te maken
4. Tongtwister als tussengerecht: een kleur- en smaaktest

5. Dessert: een tandje erbij in genot
6. Digestief

De maaltijd voorbereiden – een paar aanraders

Er zijn een paar dingen waarover je moet nadenken voor je gasten komen. Om er een topervaring van te maken en het eten en drinken te laten schitteren, moet je zorgvuldig aandacht besteden aan presentatie en sfeer.

Bestek

In een restaurant werd een experiment uitgevoerd: de helft van de diners werd opgediend met zwaar, voor banketten geschikt bestek en de andere helft kreeg lichtere, goedkopere messen en vorken in kantinestijl. Iedereen kreeg precies hetzelfde eten. De mensen met het zware bestek vonden hun eten artistieker, lekkerder – het was naar verluid zo'n 11 procent heerlijker – en ze waren bereid er zo'n 14 procent meer voor te betalen.

Kunstzinnige presentatie

Toen we de kracht van het zicht bespraken, gebruikte ik, zoals je nog wel weet, het 'Taste of Kandinsky'-onderzoek van het Crossmodal Research Laboratory in Oxford als voorbeeld van hoe de presentatie van voedsel de smaak ervan beïnvloedt. Mensen vonden de kwaliteit en de smaak van hun maaltijd beter wanneer die kunstzinnig was opgemaakt. Het onderzoek met het zware bestek dat ik hierboven noemde omvatte ook een experiment om te kijken of de presentatie invloed had op hoe de gasten hun eten waardeerden, waarbij opnieuw bleek dat een 'Michelinsterpresentatie' tot een hogere waardering van het eten leidde. We eten met onze ogen en hoe meer creatieve flair je in je presentatie legt (zonder over de top te gaan), hoe beter – zelfs wanneer dat inhoudt dat je dingen afmaakt met een paar druppels oliefolie en een snufje kruiden.

Betrek de gast erbij

Afhankelijk van hoe kunstzinnig je je presentatie wilt maken, kan de manier waarop je je gasten bij het eten betrekt variëren van iedereen van een centrale schaal laten pakken, tot iedereen een eigen juskommetje geven en hun vertellen hoe ze de jus kunstzinnig op hun bord kunnen schenken. Alles wat jouw gasten actief betrekt bij het serveren van het eten zal ertoe leiden dat ze het lekkerder vinden, wat wordt veroorzaakt door een fenomeen dat het 'Ikea-effect' wordt genoemd. De term werd in 2011 gemunt door hoogleraar Michael Norton van de Harvard Business School, na een reeks onderzoeken naar de gehechtheid van mensen aan Ikea-meubilair, legobouwsels en origamifiguurtjes die ze zelf hadden gemaakt. Wanneer mensen persoonlijk betrokken waren bij hun creaties en die tijdens het maken ervan konden aanraken, waardeerden ze die hoger in esthetisch, emotioneel en monetair opzicht. Toen een groep mensen werd gevraagd een alledaags Ikea-bouwpakket in elkaar te zetten, dat vervolgens werd geveild naast andere, identieke Ikeabouwpakketten die ze niet zelf hadden gebouwd, boden ze steevast gemiddeld 38 procent meer dan mensen die gewoon een bouwpakket kochten. Toen dit werd herhaald met de origamifiguurtjes, waren de biedingen van de mensen die ze hadden gemaakt bijna vijf keer zo hoog als die van andere mensen, die de figuurtjes amateuristisch en kreukelig vonden.

Voortbordurend op dit inzicht bewezen onderzoekers in Zwitserland dat het Ikea-effect ook kan worden toegepast op voedsel: wanneer mensen meer gehecht zijn aan een item genieten ze er meer van en eten ze er ook meer van. In hun experiment werd mensen gevraagd een milkshake te drinken die voor hen was gemaakt, of er zelf een te maken volgens een recept dat ze hadden gekregen. Wanneer ze de milkshake zelf maakten, vonden ze die lekkerder, met een natuurlijkere smaak, en klokten ze er aanzienlijk meer van weg dan de mensen die een kant-en-klare milkshake te drinken kregen.

Je denkt nu misschien dat je je gasten hun eigen eten moet laten maken, maar hun betrokkenheid bij de creatie van hun eten hoeft niet totaal te zijn; geef ze gewoon een actieve rol en het Ikea-effect treedt in. Er is een interessant marketingverhaal over een instant-cakemix uit de jaren vijftig dat rond dezelfde theorie draait. Toen het product voor het eerst op de markt kwam, werd het een grote flop. De huisvrouwen van toen hadden er niets mee; het maakte bakken te simpel en ze kregen er het gevoel door dat ze overbodig waren. Het product werd vervolgens opnieuw in de markt gezet, maar met één verschil: er moest nu eerst een ei door de mix worden gemengd. Het vloog de winkel uit; door de klant zo simpel bij het proces te betrekken kreeg die het gevoel dat de cake haar eigen creatie was.

De betrokkenheid van je gasten bij het proces kan zelfs volstrekt arbitrair zijn. Op diezelfde Harvard Business School maakte Michael Norton deel uit van een team dat pakweg honderd studenten vroeg om willekeurige rituelen uit te voeren, zoals drie keer op tafel slaan voor ze een hap van een reep chocola namen, en één keer slaan voor ze een paar worteltjes aten. In beide gevallen vonden de studenten het voedsel lekkerder, namen ze meer tijd om het goed te proeven en aten ze er meer van nadat ze het zinloze ritueel hadden uitgevoerd. Dat effect werd gedeeltelijk verklaard door het feit dat de verwachting hoger was nadat het eten van het voedsel enigszins was uitgesteld door het ritueel, maar de studenten hadden ook het gevoel dat ze actief betrokken waren bij het proces. De daad dat gasten zelf jus schenken of hun eigen kommetjes vol scheppen is vergelijkbaar. Wil je het effect nog vergroten, geef mensen dan een paar taken met een stel heldere instructies. Je vrienden zullen zich meer betrokken en verbonden voelen en zullen meer eten. En wat nog belangrijker is: ze zullen ervan genieten.

Een wijn-speellijst – muziek bij wijn kiezen

We kennen allemaal de koppeling van wijn en eten, dus waarom zou je dat niet ook met wijn en muziek doen? Luister naar Blondies 'Heart of Glass', drink er een sauvignon blanc bij en de wijn zal zo'n

15 procent sprankelender en frisser smaken. Waarom? Omdat het liedje sprankelend en fris aanvoelt. Uit onderzoek blijkt dat de koppeling van emotionele gevoelens bij muziek met smaken en geuren van eten en drinken de smaak op een bijpassende manier verbetert. Een van de productiefste onderzoekers op dit gebied is Adrian North van de School of Life Sciences aan Heriot-Watt University in Edinburgh. Hij toonde aan dat wijn consequent als lekkerder wordt beoordeeld wanneer de muziek die erbij wordt gespeeld 'emotioneel congruent' is: dat betekent vrolijke en lichte muziek voor wit en dramatische of sombere voor rood. Een onderzoek vroeg mensen de smaak van een malbec in stilte te beoordelen; daarna zetten ze Carmina Burana van Carl Orff op en proefden ze de wijn opnieuw. Met de muziek erbij vonden de deelnemers de wijn 15 procent voller en steviger smaken.

Je kunt hier goed mee experimenteren door een glas rode en een glas witte wijn in te schenken en te kijken welk je pakt bij wat voor soort muziek. Zet de twee glazen voor je op tafel en zet Blondie op (in gedachten, of bij voorkeur in het echt). Naar welk glas gaat je hand vanzelf? Ik weet bijna zeker dat je naar de gekoelde witte grijpt. Zet nu 'Bonnie and Clyde' van Serge Gainsbourg en Brigitte Bardot op. Wat lijkt nu de meest logische keus? Ik denk dat je nu de rode pakt. Het lijkt heel natuurlijk dat de ene soort wijn met een bepaald soort muziek samengaat, maar het zal iets verrassender zijn dat die zelfs nog beter smaakt wanneer je juist kiest, en viezer wanneer je het fout doet. Drink nooit malbec terwijl je naar Debbie Harry luistert – ze brengt alle tannines van de wijn naar boven en de smaak zal zeer onevenwichtig zijn.

Voor de perfecte combinatie van wijn en eten telt niet alleen de emotionele sfeer van de muziek; je kunt ook de instrumentatie en andere eigenschappen koppelen. Wanneer je naar 'Heart of Glass' luistert, klinkt dat frisse en opwekkende gevoel terug in elk element van de opname. De gitaar speelt hoog, afgemeten en plukkend. De hihat is scherp en fris. Debbie Harry's stem is hoog en sprankelend.

Hetzelfde geldt voor 'Bonnie and Clyde'. De sound is meteen lager, voller en wat ruiger van textuur. Gainsbourgs stem is bassig en gruizig, die van Bardot is laag en zacht. Alles komt samen om een sound en emotie te creëren die volstrekt overeenstemmen met de smaakeigenschappen van hun corresponderende wijn.

Wanneer je dit eenmaal weet, is het mogelijk om een instructie op te stellen voor het soort muziek dat je wilt hebben als ideale combinatie bij de wijn die je drinkt. Die instructies werken natuurlijk ook bij combinaties met eten; de theorie is hetzelfde.

Hieronder staat een instructie voor zowel lichte als volle rode en witte wijn, evenals een paar muzikale voorbeelden om je op weg te helpen. Ik heb de muziekkeus zo breed mogelijk gemaakt; het is alleen maar een startpunt van waaruit je liedjes kunt vinden die beter bij jouw persoonlijke voorkeur passen. Op de *Sense*-website staan ook voorbeelden van hele speellijsten voor elk wijntype.

- Lichte witte (sauvignon blanc, albariño, grüner veltliner, pinot gris)
  Gevoel: Vrolijk, licht en blij.
  Sound: Hoog, staccatoritme, helder en fris.
  Instrumenten om op te letten: Plukkende, puntige gitaar. Tingelende, hoge bellen. Frisse hihats en andere percussie.
  Voorbeelden: 'Heart of Glass' van Blondie; 'Everywhere' van Fleetwood Mac; 'Love is The Drug' van Roxy Music.
- Volle witte (chardonnay, viognier, sémillion)
  Gevoel: Mid-tempo, contemplatiever dan lichte witte, maar nog steeds positief.
  Sound: Zachter, gladder en helder. Weelderig, vol. Hoog en medium hoog (maar nog niet bassig).
  Instrumenten om op te letten: Strijkers. Langzame slaggitaar. Soepele synthesizer. Zachte achtergrondkoortjes.
  Voorbeelden: 'The Air That I Breath' van The Hollies; 'Mykonos' van Fleet Foxes; 'Cosmic Dancer' van T. Rex.

- Lichte rode (gamay, pinot noir)

  Gevoel: Licht. Vrolijk. Mid- tot upbeat-tempo.

  Sound: Lager. Meer bas. Minder hoog en fris. Staccato ritme en een beetje textuur.

  Instrumenten om op te letten: Plukkende elektrische bas. Plukkende gitaar. Zachte, ronde synthesizer. Strijkers. Koper.

  Voorbeelden: 'This Must Be The Place' van Talking Heads; 'Do It Again' van Steely Dan; 'Cape Cod Kwassa Kwassa' van Vampire Weekend.

- Volle rode (cabernet sauvignon, malbec, syrah, tempranillo, bordeaux)

  Gevoel: Dramatisch, kranig, ernstig. Engiszins arrogant.

  Sound: Lage, volle sound. Textuur en weerklank. Mid- tot laag tempo.

  Instrumenten om op te letten: Bas, lage vocalen, met een beetje gruizige textuur. Lichte vervorming op gitaren. Akoestische gitaar. Strijkers. Trombone.

  Voorbeelden: 'Bonnie and Clyde' van Serge Gainsbourg; 'Heartattack and Vine' van Tom Waits; '(Wading Through) The Waters Of My Time' van Richard Hawley.

Een zintuiglijk diner

Nu het voedsel is voorbereid, de tafel is gedekt en een speellijst is samengesteld, is het tijd om met het diner te beginnen. De volgende bladzijden nemen je mee op een avond vol zintuiglijke verrassingen en ontdekkingen.

We steken van wal met een multizintuiglijke cocktailervaring, een geweldige manier om te beginnen met de pret en de zintuigen te prikkelen.

Aromamixologie – een zintuiglijke cocktailproeverij

De term Aromamixologie bedacht ik toen ik een aantal concepten voor een whiskymerk aan het ontwikkelen was; ik wilde de wereld van cocktails onderzoeken maar niet afleiden van de zuiverheid van de single malt whisky die met zoveel moeite door de meester distillateurs van Speyside was gemaakt. Door geen extra vloeistoffen in het glas te schenken maar smaken toe te voegen in de vorm van aroma kun je cocktails creëren zonder de whisky te verdunnen, en de bonus hierbij is dat je met één drankje heel veel 'aromacombinaties' kunt uitproberen. Het is echt heel leuk om verschillende smaken te koppelen en soms zelfs drie of vier aroma's tegelijk uit te proberen. En als opening van een zintuiglijke dinerervaring richt het de aandacht van de mensen op hun zintuigen en wekt het een gevoel van spel en ontdekkingen, en bovendien zet het mensen aan tot praten en interactie bij het uitproberen van nieuwe combinaties.

Maak om te beginnen een drankje. Dat kan een simpele gin-tonic of wodka-tonic zijn, en het werkt ook heel goed met een gemixte drank die een rijke basis heeft, zoals gerijpte rum of whisky, vanwege de gullere smaken die daar goed bij passen.

De beste methode is om de geur op de rug van de hand waarmee je drinkt te doen, tussen de duim en wijsvinger, zodat je telkens wanneer je je glas naar je mond brengt de geur ruikt. Adem de geur in door je neus als je een slokje neemt. De twee smaaksensaties, een in je mond en de andere via je neus, worden in je brein gemixt en je zult ze als één smaak proeven. Een aromacocktail! Je kunt ook op elke hand een andere geur doen en afwisselen tussen die twee, zodat je twee cocktails tegelijk drinkt.

Stal je ingrediënten uit. Je kunt een heel verleidelijke uitstalling van smaakstoffen en kruiden op je tafel of aanrecht maken, waar mensen op slag enthousiast van worden en die hun zintuigen prikkelt. Schik ze op schalen zodat de gasten ze kunnen oppakken en bekijken, wat meteen de tastzin aan de ervaring toevoegt. Wrijf wat rozemarijn op de rug van je hand – de geur zal een heerlijk vleugje aan je drankje toevoegen. Stapel ze nu op, met bovenop wat anijs. Daarna kunnen jullie er allemaal bij betrokken raken door elkaar verschillende combinaties aan de hand te doen. Hier volgen een paar suggesties:

– Citrusschil – sinaasappel, citroen, limoen of grapefruit
– Gember
– Rozemarijn
– Verse munt
– Koriander- of kardemomzaad (beide vers gemalen in een vijzel)

Voor de 'experimentele aroma'-kant hoef je je niet te beperken tot kruiden en aromatische specerijen; je kunt alles gebruiken wat in je opkomt!

– Dennennaalden
– Bloemen
– Vers gemaaid gras
– Pijptabak
– Potloodslijpsel

Of gebruik etherische oliën. Dit voelt door hoe het eruitziet iets meer aan als moleculaire gastronomie van de gekke professor. Zorg voor een keur aan aroma's in flesjes, haal een vracht geurstrips in huis (van het soort dat je bij de parfumerie krijgt) en dip in elke geur een stripje. Houd dat vervolgens onder je neus terwijl je een slok van je drankje neemt. Het mooie van deze methode is dat je verschillende geurstrips tegelijk kunt proberen en krankzinnige combinaties kunt maken. Iemand trek in gras, sinaasappel, vanille en rum?

Nu ieders zintuigen in de ontvankelijke ontdekkingsmodus staan, is het tijd om met de maaltijd te beginnen.

Voorgerecht

Het doel van elke gang van de maaltijd is het veranderen van het zintuiglijke landschap om de smaak van elk gerecht op te tillen, met een aanpassing in de toon en sterkte van de verlichting, een spriets aroma over de tafel en wat atmosferische geluiden. Vergeet niet dat het hoofdonderdeel nog steeds het eten is; het doel is om smaken te versterken, niet om ze te overheersen of ervan af te leiden.

Het is niet aan mij om te zeggen wat je moet koken, maar voor het doel van dit voorbeeld, en om inspiratie te geven voor het soort zintuiglijke sferen waarmee je een gerecht gepaard kunt laten gaan, zal het voorgerecht iets fris zijn zoals vis.

Qua muziek zou je je lichte-witte-wijnspeellijst op hebben moeten staan. Dat kun je zo laten, maar je kunt er ook een andere soundscape aan toevoegen (verstop wellicht een bluetooth-luidspreker onder de tafel) of stap volledig over op de sfeerkant. Het is hoe dan ook tijd om een deel van heel beroemd gerecht uit een van de beste restaurants ter wereld te gaan maken.

Een strand-soundscape

In The Fat Duck, het driesterrenrestaurant van de vernieuwende, gekke professor alias chef Heston Blumenthal, is de hele maaltijd een ontdekkingsreis. Wanneer je ongeveer een uur aan deze epische maaltijd zit, beland je aan bij gerechtje zeven, dat waarschijnlijk het beroemdste onderdeel van het menu is: 'Sound of the Sea'. Ik had het genoegen betrokken te zijn bij de totstandkoming van dit ongelooflijk vernieuwende gerecht, door de soundscape te ontwikkelen die erbij hoort. Een mooi glazen plaatje boven een piepklein kuiltje zand wordt voor je neergezet, met daarop een arrangement van sashimi, tapioca-'zand', zeeschuim en ingelegd zeewier. Je krijgt eveneens een grote trompetschelp met daarin een set draadloze oortjes. In de schelp zit een mini-iPod die mijn soundscape speelt van brekende golven en meeuwen boven je hoofd. Je wordt uitgenodigd om voor je aan het gerecht begint de oortjes in te doen en dan word je meteen naar het strand getransporteerd. De combinatie van het geluid en de smaak vullen elkaar perfect aan en de vis smaakt echt verser, volop naar vis en lekkerder. Er gebeuren een paar dingen: de ongewone handeling wekt onverwachte verwachting bij je op, waarbij je ontvankelijk bent voor andere dingen. Door het geluid kom je in een vrolijke stemming; de meeste mensen hebben positieve herinneringen rond de geluiden van brekende golven, en zoals we al zagen hebben nostalgische herinneringen een positief effect op de gevoelens en leiden tot ontvankelijk gedrag. Bovendien zal het andere zintuiglijke herinneringen aan een verblijf aan zee bij je oproepen. Misschien herinner je je de geuren van de zee: het wier, nat zand en kiezels, de frisse zeelucht – en het gevoel van stuifwater op je gezicht terwijl de golven op de kust beuken. Misschien word je overspoeld door herinneringen aan vers geopende oesters in een strandtent. Deze zintuiglijke herinneringen en emoties werken allemaal samen om je beleving van de smaak te versterken.

De geur van zeelucht, of een aroma van het gerecht

Een spriets geur uit een spuitbus over de tafel wanneer je de borden opdient voegt een verrassend moment toe dat je gasten zal doen glimlachen. Probeer nog een ander veelvoorkomend soort 'ervaringsaroma' te pakken te krijgen, dat meestal 'zuivere lucht' of 'zeebries' heet, de poging van een parfumeur om die frisse geur van zuivere lucht, zout en algen na te bootsen die je ruikt als je op een pier of aan zee staat. Als dit niet mogelijk is, kies dan iets wat deel uitmaakt van je gerecht; misschien water dat op smaak is gemaakt met een vers kruid zoals dille, of citrus.

Verlichting

Lichter – je wilt niet dat iedereen zich opgelaten voelt in het licht van plafondlampen op volle sterkte, maar maak je verlichting wat witter, om de verse smaken en de strandsfeer te versterken.

Hoofdgerecht

Bij deze gang gaan we ervan uit dat je iets lekkers en hartigs hebt: gebraden vlees of een lekkere, langzaam geroosterde bloemkool, misschien met wat zelfgeplukte paddenstoelen.

Herfstbos-soundscape

Voor zo'n soort gerecht kun je een herfstbos- of woudsfeer kiezen. Het geritsel van blaadjes in de wind en op de grond. De krakende takken van bomen. De roep van een uil in de verte of het gehamer van een specht. Dit alles gaat goed samen met een umami-aardsheid van paddenstoelen en de bossigheid en rokerigheid van geroosterde bloemkool of vlees.

Gedimde verlichting of kaarsen

Verander voor elke gang de verlichting, maar niet alleen om de smaak van het gerecht te versterken: het draait allemaal om de ervaring en een verandering in de verlichting maakt iedereen erop attent dat er iets te gebeuren staat. Het markeert een moment, zoals de lichten doven voor het binnenbrengen van een verjaardagstaart met brandende kaarsjes, waardoor die nog warmer oranje van kleur worden, als dat al mogelijk is.

Rokerige haardvuurgeur

Spriets als laatste zintuiglijke toets een passend aroma over de tafel om de setting te completeren voor het eten wordt opgediend. Ik zou een rokerige geur die bij het geluid, de gedimde verlichting en de kaarsen past kiezen; je krijgt dan het gevoel dat je in een chalet hoog in de Alpen zit.

Een tongtwister als tussengerecht – een kleur- en smaaktest

Voor na het hoofdgerecht maar voor het dessert heb ik een idee dat de smaakpapillen van je gasten zal prikkelen en waarbij ik kleur gebruik om hun smaakbeleving te veranderen. Het doel is om je gasten twee of drie verschillende geleien voor te zetten, elk bewerkt met een 'verkeerde' kleur (bijvoorbeeld sinaasappelsmaak, paars gekleurd) en hun te vragen om het aroma te raden. Hopelijk proeven ze iets totaal anders of kost het hun op z'n minst moeite om de smaak thuis te brengen.

Dit werkt omdat kleur ons zozeer conditioneert in wat we denken te gaan proeven dat de ware smaak daar soms totaal bij verloren gaat. Als de kleur niet klopt met de smaak, proeven we ofwel wat onze geest denkt dat het is, zoals de wijnexperts die dachten dat ze rode wijn dronken terwijl het gekleurde witte was, of we proeven iets totaal anders. Ik organiseerde ooit een evenement in het Westfield Shopping Center in West-Londen dat geheel in het teken stond van hoe gemakkelijk onze smaak kan worden gemanipuleerd. In een zaaltje gaven we allerlei vruchtensappen verschillende kleuren en keken toen of mensen de smaak konden raden. Van rood gekleurd appelsap werd meestal gedacht dat het kersensap was, en van geel gekleurd water vond men dat het naar citroen smaakte. Een vergelijkbaar onderzoek liet kinderen vanille-ijs proeven en toen hetzelfde ijs bruin was geverfd dachten ze allemaal dat het chocolade-ijs was. Bij dat zelfde onderzoek kregen kinderen smaakloze gelei die rood en geel was gekleurd – ze zeiden dat de rode naar aardbei smaakte en de gele naar citroen.

De tongtwister-geleitest is behoorlijk simpel en een intermezzo in de stijl van de moleculaire keuken dat er heel eigentijds uitziet en wellicht indruk maakt op je vrienden.

1. Maak twee of drie verschillend smakende geleien.
2. Gebruik daarbij smaakloze voedingskleurstof om elk een kleur te geven die niet klopt met de smaak. Bijvoorbeeld:

- Gelei met citroensmaak, rood gekleurd
- Gelei met appelsmaak, blauw gekleurd
- Gelei met mandarijnsmaak, groen gekleurd

Of je bent avontuurlijk en gooit het over de hartige boeg:

- Gelei met de smaak van gele biet, met gele kleurstof om de onverwachte smaak te versterken
- Gelei met wortelsmaak, zwart gekleurd

3. Leg de geleien op een blad met een lage rand zodat je er gelijkvormige blokjes van kunt snijden.
4. Presenteer ze op een rijtje aan je gasten op een lang, smal schaaltje en draai het licht wat op zodat de kleuren goed te onderscheiden zijn.
5. Vraag je vrienden om tijdens het proeven de smaak te benoemen. De kans is groot dat ze het bij alles mis hebben.

Dessert

Ter afsluiting van de maaltijd gebruiken we de zintuiglijke sfeer om een bevredigend dessert nog bevredigender te maken. In dit voorbeeld wordt het een chocoladecheesecake met verse frambozen en een zoete frambozencompote. Alle kleuren en prikkels voor genieten zijn aanwezig op het bord; je hoeft alleen maar hun intensiteit op te schroeven.

Diepe, volle kleur

Het is compleet instinctief dat diepe, volle kleuren worden gekoppeld aan diepe, volle smaken. Als je in de winkel een doosje aardbeien koopt, pak je liever het exemplaar met mooie dieprode aardbeien dan zijn iets blekere, fletse buurman, in de wetenschap dat die lekkerder zijn: volheid en een hoge verzadiging van kleur geven altijd een verhoging van bepaalde eigenschappen aan, zoals smaak, sterkte of zoetheid. En dus moeten de kleuren rondom dit gulle gerecht allemaal diep en vol zijn, of dat nu weelderig rood, diep, verlokkelijk chocoladebruin of romig roomwit is.

- Geef je gasten een warm, felgekleurd servet bij hun dessert.
- Serveer het dessert op een donker gekleurd bord – opnieuw rood, bruin of zwart.
- Dim de lichten of zet ze op een warme, amberkleurige gloed.

Ronde vormen

Zoals we zagen, worden zoete aroma's geassocieerd met ronde, vloeibare vormen. Dat geldt ook voor romigheid of sensueel genot, dus dit is niet het moment om je gasten een dessert op een vierkant bordje voor te zetten. Maar beperk het niet tot het bordje, probeer de vormen ook elders te herhalen. Je kunt een extreem ronde lepel geven, of het voedsel zelf rond opdienen in plaats van als een driehoekige punt. Een paar jaar geleden bracht fabrikant Cadbury een herziene versie van hun beroemde Dairy Milk-reep uit, met ronde secties in plaats van vierkante; het bedrijf werd prompt overspoeld met klachten over het veranderde recept en de zoetere smaak. Maar behalve de vorm was er niets veranderd.

Gladde, zachte materialen

Alles wat je gasten aanraken moet een afspiegeling zijn van het mondgevoel van je volle dessert. Servetten moeten zijn gemaakt van een dikke, glanzende, zachte stof die zijde- of fluweelachtig aanvoelt; de sensatie stuurt de geest naar vergelijkbare sensaties die via andere zintuigen binnenkomen. Stel je eens voor dat je een ruw, jute servet vasthoudt terwijl je toetast. Misschien ontdek je plotseling een korrelige textuur in je cheesecake. Houd alles zo zacht en zijdeachtig als je wilt dat je dessert smaakt.

Chocoladearoma

Spriets als zwierig extraatje wat chocoladearoma over tafel of steek je vanillekaars van eerder op de avond aan. Maar doe dat niet ruim voordat je het eten serveert, want dan zijn je gasten al zintuiglijk verzadigd en vragen ze misschien om een fruitsalade. Je doet dit op het moment dat ze hun zware, ronde lepels optillen om aan te vallen, wat het niveau van het zintuiglijk genot verhoogt.

Zoete muziek

De soundtrack bij dit moment kan ook de zoete smaken benadrukken. Ik heb zelfs een wetenschappelijk bewezen 'zoet' geluid voor een onderzoeksverslag ontwikkeld, in samenwerking met twee chefs van The Fat Duck, Jocky Petrie en Stefan Cosser, en Charles Spence en Anne-Sylvie Crisinel van het Crossmodal Research Laboratory van Oxford University. Het verhaal van deze creatie markeerde mijn eerste uitstapje naar het gebied van het neurowetenschappelijk onderzoek. Nadat ik de soundtrack voor de Sound of the Sea had gemaakt, popelden Jocky, Stefan en ik om het smaak veranderende effect van geluid en muziek verder door te voeren.

Ik begon met het lezen van al het onderzoek naar de cross-over tussen geluid en smaak. Uit de onderzoeken bleek dat er een gemene deler was tussen de soorten geluid die we associëren met zoetheid en de andere basissmaken – zuur, zout, bitter en umami. De methoden om 'smaakgeluiden' te determineren varieerden van musici laten improviseren na de vraag om 'iets zoets te spelen' tot mensen voor het toetsenbord van een synthesizer neerzetten en hun vragen een gebiedje op te zoeken dat naar hun gevoel bij een bepaalde smaak past. Al die onderzoeken lieten zien dat mensen zoetheid steeds weer in een hoog en vrolijk toonbereik plaatsen, met instrumenten zoals piano's en vibrafoons. Bitterheid kwam altijd lager, met lange, trage tonen op rasperige instrumenten zoals trombones en strijkers. Bij het lezen van het onderzoek ontdekte ik ook dat niemand het andersom had geprobeerd door een 'zoet' en een 'bitter' muziekstuk te componeren en dan te kijken of dat invloed had op de smaakbeleving.

Ik nam het op me om twee muziekstukken te schrijven die smaak zouden veranderen, terwijl Jocky en Stefan wat 'honingraattoffee' in elkaar flansten, een traditioneel Engels goedje – zoet van smaak maar ook met verbrande, bittere aroma's. We namen beide elementen mee naar Oxfords Crossmodal Research Laboratory, waar professor Spence een experiment opzette om onze theorie te testen. De deelnemers zaten in hokjes met een koptelefoon op met een vragenlijst voor zich hoe bitter of zoet een smaak was, waar in de mond ze de smaak proefden en hoe lekker ze hem vonden. Toen het experiment begon, kregen de deelnemers een brokje voedsel te eten en moesten ze de vragenlijst invullen terwijl er door de koptelefoon een van de muziekstukken speelde. Daarna veranderde de muziek en kregen ze een tweede brokje. Het eten was zonder dat de deelnemers het wisten beide keren hetzelfde: honingraattoffee. Maar ze beoordeelden die afhankelijk van de muziek als heel zoet of heel bitter. De smaak zat bij het horen van de zoete muziek voor in hun mond en achterin wanneer de bittere compositie klonk, en ze vonden het lekkerder wanneer ze het zoete geluid hoorden.

De paper die dit tot gevolg had, 'A Bittersweet Symphony: Modulating the Taste of Food by Changing the Sonic Properties of the Soundtrack Playing in the Background', was mijn eerste gepubliceerde onderzoek. De muziek is te horen op de *Sense*-website; volgens de paper laat die voedsel zelf 17 procent zoeter smaken.

Digestief

Nu is de maaltijd is afgelopen en horen jullie allemaal geheel voldaan te zijn, zintuiglijk gezien. Er is tijd voor nog een laatste drankje, en dat geeft mij de mogelijkheid om de tast en zijn invloed op de smaak te behandelen.

De vorm en textuur van alles wat je aanraakt sturen je geest op zoek naar de corresponderende smaken, waardoor die sterker aanwezig lijken. Het is alsof je voor een mengpaneel van smaken staat en het volume van sommige elementen van de algemene smaak wat hoger zet zodat die luider klinken dan andere in de mix.

Het gaat erom dat je de smaak vindt die je wilt versterken en een corresponderende textuur of fysieke vorm kiest die jouw zintuigen daarop zal afstemmen. Ik paste deze benadering onlangs toe toen ik een glas ontwierp voor een mondiaal biermerk, voor op hun Aziatische markten. Wij mensen hebben wereldwijd verschillende smaakvoorkeuren die over het geheel genomen overeenkomen met individuele culturen. Mensen in Aziatische landen houden doorgaans van zoetere smaken en vinden bitterheid veel minder prettig dan, laten we zeggen, mensen uit Oost-Europa. De best verkopende whisky's in China en Taiwan, bijvoorbeeld, zijn de zoetere varianten. Vietnamese bieren zullen eerder zoet dan bitter zijn terwijl bier in Tsjechië meer naar bitter zal neigen. Het mondiale biermerk waarmee ik samenwerkte maakt een bier dat mooi in balans is, maar beslist westers wat betreft zijn smaakprofiel: het is enigszins aan de bittere kant en daardoor niet zo aantrekkelijk voor Aziatische consumenten als andere *lagers* op de markt. Met behulp van zintuiglijke wetenschap maakte ik een ontwerpinstructie voor een ronder glas met een ronde textuur op de plaats waar je je vinger zet als je het oppakt en een rode stip op de bodem die in je gezichtsveld is wanneer je drinkt. Het glas geeft de weegschaal van de smaak een zetje naar de zoetere kant; Aziatische drinkers vinden dat lekkerder en de bierfabrikant hoeft geen miljoenen uit te geven aan de ontwikkeling van een zoetere variant van zijn bierrecept.

Afhankelijk van je gewenste digestief en de voorkeuren van je verhemelte kun je het perfecte glas uitkiezen. Je hebt de keus om bepaalde smaken aan te vullen of te versterken – je kunt bijvoorbeeld een bitter drankje als negroni nemen en het in een 'zoet glas' serveren om de smaak in evenwicht te brengen, of je kiest een 'bitter glas' om die te accentueren. De beste manier om uit te vinden wat je het lekkerst vindt, is experimenteren. Schenk je favoriete digestief in een paar verschillende glazen en proef dan de verschillen en besluit wat jou het best bevalt. Voortaan kun je een speciaal glas voor dat drankje reserveren. Hier zijn een paar voorbeelden om je op gang te helpen:

- Zoetheid, volheid en viscositeit – Een rond glas met een bevredigend gewicht en een gladde textuur. Een vloeiende vorm en afgeronde rand, zodat je mond ook in contact met de vorm is.
- Zuurheid – Scherpe, hoekige vormen en texturen om je aandacht op citrus- of zure aroma's te richten en die naar voren te brengen. Hoekigheid doet het drankje ook verfrissender lijken.
- Kruidigheid – Ruige, rafelige, onregelmatige texturen verhogen de stoot van drankjes zoals gekruide rum of een gepeperde paloma. Als je iets bitters drinkt, zorgt de ruigheid er ook voor dat je dat beter proeft.
- Rook en houtigheid – Glazen hoeven niet van glas gemaakt te zijn. Een aardewerken of houten beker met ruwe textuur zal houtigheid en geuren zoals rook of hooi oproepen. Dit is ook goed voor alles wat op hout is gerijpt.
- Voor een zuivere, heldere smaak – Een heel zuiver en strak gevormd glas, zonder textuur en met weinig gewicht. Dit houdt de balans van wat in het glas zit zo dicht mogelijk bij zijn originele zelf. Het versterkt de ervaring van zuiverheid en past bij verfijnde aroma's.

Uiteindelijk (de fase waarin we ons nu bevinden) zijn al deze zintuiglijke inzichten niet alleen maar voor dit grote eetfestijn; je kunt ze bij elke maaltijd toepassen. Als je het beste wilt halen uit alles wat je eet en drinkt, probeer dan eens iets kleins te doen om een overeenstemmende en bevorderlijke omgeving te creëren, en kies een passend glas, beker, bestek of bord voor wat je opdient.

We hebben onze zintuiglijke wereld tot nu toe over al de vijf zintuigen uitgebreid, maar nu is het tijd om wat verder te gaan en te ontdekken dat die wereld meer behelst dan je wellicht dacht.

12

De andere zintuigen

IN DIT BOEK BEKEKEN WE de wereld tot nu toe door vijf zintuigen: zicht, gehoor, reuk, smaak en tast. Maar zo eenvoudig is het niet; net zoals je er niet van uit mag gaan dat elk zintuig los van de andere werkt, is de gedachte dat de menselijke ervaring slechts uit deze vijf is opgebouwd, ook een misvatting. De huidige gedachte is het aantal zintuigen dat we in feite hebben iets tussen 39-en-nog-wat telt, afhankelijk van hoe je het bekijkt.

De klassieke vijf zintuigen vormen het leeuwendeel van onze verbinding met onze omgeving, reden waarom ik me in dit boek daarop concentreer. Om multizintuiglijk te kunnen leven, houden we ons vooral bezig met externe prikkels: geluiden, geuren, kleuren, vormen, verlichting, texturen, gewicht en al het andere dat anders ofwel wordt genegeerd of als vanzelfsprekend wordt gezien. Dit zijn de elementen van onze zintuiglijke beleving die zeer effectief kunnen worden gecontroleerd en gecoördineerd.

Maar veel van wat we voelen en weten over onszelf en alles wat er zich in ons lichaam afspeelt, kan niet worden ondergebracht bij de vijf aristotelische zintuigen. We moeten ook kijken naar onze andere interne zintuiglijke vaardigheden, die steeds meer worden erkend als onze 'andere' zintuigen. Hier volgen er een paar die je misschien op dit moment gebruikt, zonder het te weten.

Proprioceptie

Doe je ogen dicht en strek je arm. Raak nu, met je ogen nog steeds dicht, je neus aan. Kon je je neus vinden? Goed zo. Je hebt zojuist proprioceptie in de praktijk ervaren. Dat is het vermogen om te voelen waar je ledematen zijn en wordt beschreven als 'de bewuste of onbewuste waarneming van de positie van het eigen lichaam of lichaamsdelen'. Zicht, reuk, smaak of gehoor staan er los van en het is ook niet echt tast, het is meer dan dat. Als je dit vermogen niet had, zou het moeilijk zijn om te lopen of om zelfs maar iets te doen. Ons gevoel van proprioceptie is tijdelijk belemmerd wanneer we dronken zijn; daarom kunnen we dan niet recht lopen en vraagt de politie je je neus aan te raken bij een alcoholtest. Sporters hebben vaak een heel verfijnd gevoel van proprioceptie omdat het hun helpt bij vangen, trappen, slaan en alles wat te maken heeft met goede controle van de motoriek. Al is het een zintuig dat we niet duidelijk herkennen, proprioceptie is wel van fundamenteel belang voor ons leven; veel mensen zien het als ons zesde zintuig.

Evenwicht

Zit je rechtop? Als dat zo is, moet je een gevoel van evenwicht hebben, of evenwichtszin, anders zou je op de vloer neergeploft liggen, met een draaierig gevoel. We noemen evenwicht met regelmaat een zintuig – zoals in 'die koorddanser heeft een geweldig evenwichtsgevoel' – maar we erkennen het meestal niet als een legitieme tegenhanger van de 'grote vijf'.

Ons vestibulum, dat verantwoordelijk is voor ons evenwichtsgevoel, zit in ons inwendig oor, maar heeft niet direct met horen te maken; dove mensen kunnen immers nog steeds skateboarden. Pas wanneer het inwendig oor ontstoken raakt, komen ons gehoor en ons evenwichtsgevoel vaak samen. Geluiden kunnen je echter uit balans halen; ongeveer één op de honderd mensen zal vroeg of laat het 'Tullio-fenomeen' ervaren, dat in 1929 werd ontdekt door de Italiaanse bioloog Pietro Tullio. Wanneer een aanhoudende muzikale toon, zoals van een viool of trompet, het vestibulum prikkelt, gaan je ogen rollen in een reflex omdat de hersenen denken dat je hoofd scheef staat. Je verliest dan totaal je evenwichtsgevoel tot het geluid ophoudt en het vocht dat je inwendige oor binnenstroomde, terugtrekt.

We kunnen op deze manier zien dat evenwicht ook nauw samenhangt met zicht. Er lijkt sprake te zijn van een bevel: je evenwichtsorgaan beveelt je ogen zich aan te passen en dan compenseren je ledematen om je overeind te houden. Dit werpt een licht op hoe ons zicht ons uit balans kan halen wanneer we naar een achtbaan op de tv kijken of struikelen op een vlakke vloer wanneer we een virtualrealitybril dragen. Maar onze evenwichtszin staat nog steeds aan als we onze ogen sluiten, dus hij is niet afhankelijk van zicht. Het is een apart zintuig met een apart systeem, maar eentje dat wel wordt beïnvloed door en zich mengt met de andere – nog een speler in onze multizintuiglijke ervaring van de wereld.

Kinesthesie

Zat je weleens in een trein op een station terwijl je naar een andere trein op het spoor aan de overkant keek en het gevoel kreeg dat je vooruit reed, om vervolgens te beseffen dat het de andere trein was, die de tegenstelde richting op ging? Dat gevoel treedt op omdat je zicht je kinesthetisch gevoel in de luren heeft gelegd, je vermogen om beweging te bespeuren. Kinesthesie is vergelijkbaar met proprioceptie, maar er is een verschil: proprioceptie is weten waar je ledematen zich bevinden in de 3D-ruimte, terwijl kinesthesie het besef is dat ze, met jou, in beweging zijn.

Professor Barry Smith, de filosoof en zintuigenexpert die we al eerder in dit boek tegenkwamen, heeft een mooi verhaal over hoe het cross-zintuiglijke effect met je aan de haal gaat en kinesthesie sluw je zicht verandert. Stel je voor dat je in een vliegtuig op de startbaan zit, zegt hij. Als je door het gangpad naar de deur van de cockpit kijkt, zie je dat het vliegtuig horizontaal staat – de deur aan het einde staat op ooghoogte. Wanneer het vliegtuig opstijgt en je de wolken in gaat, kijk je opnieuw door het gangpad; je ziet nu duidelijk dat de deur hoger is dan jij en dat het vliegtuig omhoog wijst, maar het beeld is precies hetzelfde. In relatie tot waar je zit en waar de deur aan het eind van het gangpad is, is die op hetzelfde niveau voor je ogen als toen je op de startbaan stond, maar nu lijkt hij hoger. Waarom? Omdat je kinesthetisch en evenwichtsgevoel je vertellen dat je de lucht in schiet; en je zicht past zich aan om de situatie te bevestigen.

Interoceptie

Heb je honger? Hoe weet je dat? Interoceptie, daar komt het door! Het is het besef van inwendige gevoelens, zoals een hongergevoel, vlinders in je buik, weten dat je moet gaan braken of naar de wc moet. De constante inwendige controle van receptoren in je lichaam houdt je op de hoogte van die gevoelens en attenderen je erop als er iets moet worden gedaan om je systeem te reguleren.

Ons gevoel van interoceptie vormt een groot deel van ons zelfconcept; je eigen lichaam kennen en het gevoel hebben dat je lichaam 'van jou' is, is essentieel voor ons zelfbeeld. Het is iets waar we als ouders rekening mee moeten houden als we met onze kinderen praten: terwijl ze een begrip van wie ze zijn ontwikkelen, krijgen ze constant te horen dan hun interoceptie niet deugt. Ze zeggen ons dat ze honger hebben en wij zeggen dat dat niet zo is. Ze zeggen dat ze moe zijn en wij zeggen dat dat niet kan. Het moet heel verwarrend zijn.

Deze informatie kunnen we ook als fundamenteel beschouwen voor hoe we emoties vormen en voelen; ze geeft ons wat Antonio Damasio 'somatische stempels' noemt: gevoelens die je aan een emotie koppelt en die vervolgens de signalen voor die emotie worden. Je voelt misschien een vlinder in je buik en je hartslag gaat omhoog wanneer je bij een bepaald persoon bent; en door je eerdere ervaringen van wat die gevoelens betekenen, weet je dat je verliefd bent.

Dat gevoel en de vlinders raken vervolgens wellicht gekoppeld aan de geur van die persoon en zo kan zich een verband vormen tussen inwendige gevoelens, emoties en externe zintuiglijke prikkels. De volgende keer dat je die geur ruikt, zal hij de vlinders laten fladderen en de emotie wekken. Of misschien triggert hij de emotie en veroorzaakt dat de vlinders; over de volgorde van dingen kun je discussiëren, en misschien hangt het van de situatie af. Maar één ding is zeker: zonder interoceptie zou je de vlinders van de liefde helemaal niet voelen.

Magnetoreceptie

Een sterk richtinggevoel zou eigenlijk ook een zintuig kunnen zijn. Magnetoreceptie klinkt misschien als iets uit *X-Men*, maar het betekent dat je je bewust bent van het aardmagnetisch veld, en niet zozeer dat je metalen voorwerpen met je geest kunt besturen. Het is een vermogen waarvan bekend is dat veel dieren het hebben – van vogels die 's winters naar het zuiden vliegen, tot muizen, vleermuizen, padden en zelfs bepaalde weekdieren – maar we zijn er altijd van uitgegaan dat de mens dit zintuig mist.

Uit recent onderzoek aan het California Institute of Technology blijkt echter dat we wél over dit zintuig beschikken. Proefpersonen werden in een kooi van Faraday gezet terwijl er een magnetisch veld om hen heen bewoog en de onderzoekers maten hun hersenactiviteit. Ze namen 'specifieke en herhaalbare effecten op de hersenactiviteit' waar, wat leek te duiden op het bestaan van een ingebouwd biologisch vermogen om elektromagnetische velden te voelen. De onderzoekers opperden dat we het bewuste besef van dat vermogen misschien door de eeuwen heen zijn kwijtgeraakt. Desondanks zullen veel mensen voorbeelden kunnen geven van momenten waarop ze instinctief op hun richtinggevoel vertrouwden, zelfs al was dat zoiets simpels als weten in welke richting je hotel lag terwijl je in een vreemde stad rondliep.

De lijst van mogelijke zintuigen kan veel langer worden gemaakt, afhankelijk van hoe gedetailleerd je wordt en wat je als zintuig classificeert. Sommige mensen willen de bestaande zintuiglijke cake in meer plakjes opdelen – valt het voelen van temperatuur onder de tast (waar ik in dit boek van uitga), of is thermoceptie een geheel ander, op zichzelf staand zintuig? Sommige wetenschappers zullen aanvoeren dat het voelen van hitte een zintuig is, en het voelen van kou een ander. Eén zintuig wordt er op die manier algauw drie. Pijn wordt ook wel als op zichzelf staand zintuig opgevat – nociceptie – in plaats van als onderdeel van de tastzin. Ook wordt er geopperd dat we het zicht kunnen opdelen in een apart zintuig voor kleur en eentje voor beweging. Als we deze manier van denken doorvoeren, kunnen vijf zintuigen er algauw twintig of meer worden.

Het aantal begint echt groot te worden wanneer je de definitie van wat een zintuig is uitbreidt. Wat dacht je van een zintuig voor vertrouwdheid, een zintuig voor humor, een zintuig voor trots, een zintuig voor gerechtigheid en een zintuig voor stijl – tellen die mee? Mensen kunnen er beslist in verschillende mate over beschikken, er van nature rijkelijk mee bedeeld zijn en ze ineens weer kwijtraken. Zo is er het verhaal over iemand die bij een ongeluk zijn zicht verloor en daarna niet beter ging horen, maar een scherp gevoel voor gelegenheden ontwikkelde. Hij kon niet zien, maar vierde altijd verjaardagen of jubilea met een perfect afgestemd niveau van enthousiasme.

Gezien de verschillende wetenschappelijke en filosofische opvattingen is er geen antwoord op de vraag hoeveel zintuigen we hebben. Maar zelfs wanneer we ons aan een redelijk strenge definitie van wat een zintuig is houden, en een paar sensaties tot één samenvoegen (hitte, pijn en tast samen, bijvoorbeeld), dan nog kunnen we, denk ik, met zekerheid zeggen dat er minstens zeven zijn en misschien wel negen. Ongeacht op hoeveel we uitkomen, gaat het erom dat geen van onze zintuigen geheel zelfstandig werkt. Harde muziek belemmert je balans, en geur kan je hongerig maken. Ik weet zeker dat we een aroma kunnen isoleren dat je het gevoel geeft dat je arm ergens is waar hij niet is; of je neemt gewoon een paar drankjes. We zijn multizintuiglijke wezens, hoe multi het ook mag zijn; en hoe meer we dit inzien en afstemmen op alle zintuigen die we gebruiken, des te meer worden we ons bewust van onszelf en onze omgeving en des te leuker wordt het leven.

13

Seks

IEDEREEN IS NU NAAR HUIS, de zinnen tintelen, hun honger naar beleving en voedsel is volkomen bevredigd. Jij en je partner schuifelen naar elkaar toe en denken: wie doet de afwas? Maar nadat jullie de geurstoffen, kruiden, geurspuitbussen en geleivormpjes hebben opgeruimd, en de extra verlichting en verborgen luidsprekers hebben onttakeld, waaieren jullie geesten misschien uit naar het terrein van de intimiteit. Want als er één ding is dat kan wedijveren met eten als het meest multizintuiglijke ding dat we doen, dan is het wel seks.

Zelden benadert een bedrijf me met de vraag om zintuiglijk design toe te passen om seksuele intimiteit bij hun klanten te bevorderen, maar ooit werd ons gevraagd de opbouw naar het genot van seks te versterken – we hielpen bij de ontwikkeling van een baanbrekende vibrator, MysteryVibe genoemd, die nu een van de best verkopende producten op die markt is. Wat hem onderscheidt is zijn veelzijdigheid; hij kan in allerlei vormen worden gezet en heeft zes motortjes die los van elkaar kunnen worden bediend voor een oneindig aantal niveaus en soorten van stimulatie. Ik kwam erbij toen het product in zijn prototypefase was. Mijn rol was om aanbevelingen te doen voor het ontwerp die gevoelens van intimiteit, nabijheid en individualiteit zouden overbrengen en versterken op elk contactpunt met hun klant, evenals de opbouw van seksuele opwinding.

Vloeiende, welvende vormen overheersten in het grafisch ontwerp van het merk. In het geluid van hun advertenties en zelfs op de smartphone-app waarmee de MysteryVibe gepaard ging, waren zacht gefluister en tedere stemmen te horen. Zelfs de doos liet een zacht 'shhh' horen als je hem openschoof. De verpakking gaf zachte, zoete geuren af en de vibrator zelf zat in een quiltzakje dat ook dienst kon doen als oogmasker. Elke textuur was zacht maar tactiel, en nodigde uit tot aanraking en ontdekking.

Het proces dat mijn team en ik doorlopen om de zintuigen te versterken is altijd hetzelfde. We beginnen met het uitpluizen van onderzoeksrapporten om te zien wat er al is op dat gebied. Wanneer we erachter zijn hoe we de 'hoofdattributen' (in dit geval intimiteit, nabijheid, individualiteit en verwachting) kunnen communiceren via verschillende zintuigen, zoek ik de verbanden die geschikt zijn voor het product en het merk en benoem ik de gevoelens en emoties die we via elke zintuiglijke interactie willen opwekken. Het Mystery-Vibe-project was een uitdaging omdat het naarmate je dieper in de psychologie en wetenschap van seks duikt, het steeds moeilijker wordt om die tot een stel absolute waarheden terug te brengen. Smaak, voorkeuren en ervaring zijn buitengewoon persoonlijk en zijn alle drie van invloed op wat ons opwindt.

Er zijn echter bepaalde geluiden en aroma's, kleuren en vormen die op ons allemaal hetzelfde psychologische effect hebben – die zijn onontkoombaar, ongeacht persoonlijke voorkeuren. De zintuiglijke signalen die we voor en tijdens seks ontvangen zijn allemaal verbonden met het oorspronkelijke evolutionaire doel van voortplanting. Voorbij alle pret en genot zijn we nog steeds zeer primitieve wezens. Op grond van die signalen en de regels van zintuiglijke overeenstemming, kunnen we een zintuiglijk voorschrift voor seks opstellen dat alle zintuigen erbij betrekt.

De opbouw

Geur speelt een gigantische rol in onze aantrekkingskracht voor partners en kan in zijn eentje de trigger voor een nachtje rollebollen zijn. Tot voor kort werd de rol van geur bij lichamelijke aantrekkingskracht onderschat, maar het bewijs heeft zich door de jaren heen opgehoopt, zeker ten gunste van de kracht van feromonen. Deze onbewust waarneembare hormonale aromamoleculen activeren een specifieke reactie in de psyche en het gedrag van andere individuen. Hun invloed op de aantrekkingskracht wordt getriggerd door een instinctieve zoektocht naar genetische voordelen, zoals het verlangen om het te doen met iemand die een tegengesteld immuunsysteem heeft, zodat je kinderen zult voortbrengen die minder ontvankelijk voor ziekten zijn.

Een veelgenoemd onderzoek liet vrouwen T-shirts dragen die waren gedragen door mannen met of overeenstemmende of verschillende immunologische samenstelling; de vrouwen prefereerden de geur van de T-shirts van de mannen die genetisch van hen verschilden. Een ander, vergelijkbaar onderzoek liet mannen met een masker over hun neus en mond naar foto's van vrouwen kijken; de helft van die maskers was in androsteron gedrenkt, een zogenoemd vrouwelijk hormoon. De mannen met de geurige maskers vonden de vrouwen op de foto's aantrekkelijker.

De daad van het kussen zou zich volgens een theorie hebben ontwikkeld omdat het onze neuzen en tongen zo dicht mogelijk bij elkaar brengt en ons zo in staat stelt te ruiken en te proeven of onze potentiële partner geschikt is. Kussen is geheel zintuiglijk – het behelst tast, geur, smaak en zelfs gehoor, in het zachte, instemmende gekreun van beide partijen. Op dat uiterst intieme moment geven we ons over aan alle zintuigen, maar op het moment van aantrekking lijkt geur dominant te zijn.

Wees natuurlijk

De psycholoog Rachel Herz van Brown University leidde een onderzoek dat keek in welke mate mensen het belang van geur erkennen, en waar de overlap zit tussen de natuurlijke geur van een mens en een kunstmatige, zoals parfum. Zij en haar team ontwikkelden het zogenoemd 'Romantic Interests Survey', en lijst van achttien vragen die aan 99 mannen en 99 vrouwen op de campus van Brown University werd voorgelegd. Een van die vragen luidde: 'Als een mogelijke geliefde op z'n minst gemiddeld is wat betreft uiterlijk, stem, gevoel van de huid en de geur, van welk aspect zou je dan het liefst willen dat het beter was dan gemiddeld?' Voor vrouwen bestond de top twee uit geur en daarna uiterlijk; voor mannen was het uiterlijk het belangrijkst, gevolgd door geur. Een ander gedeelte vroeg naar het belang van iemands natuurlijke geur en diens favoriete parfum wanneer het ging om seksuele interesse in die persoon. Uit de resultaten bleek dat zowel mannen als vrouwen zich het meest aangetrokken voelden tot een potentiële partner als die schoon was en ze de natuurlijke geur van die persoon lekker vonden, en ze waren totaal niet geïnteresseerd als die schoon was maar ze diens natuurlijke geur níét lekker vonden. Als ze het kunstmatige geurtje lekker vonden, werd dat als aantrekkelijk beoordeeld maar minder belangrijk gevonden dan de natuurlijke geur. Geur bleek al met al belangrijker te zijn voor vrouwen dan voor mannen, maar woog voor beiden zwaar.

Volgens het onderzoek voelen we ons veel meer aangetrokken tot de natuurlijke geur van een persoon dan door diens kunstmatige geur. Wanneer je samen bent, is de kans groot dat je een instinctieve sympathie voor de geur van de huid van de ander hebt. Dus regel nummer één bij geur is: laat de natuur haar gang gaan. Als je na deze lange dag wilt douchen, doe dan niet na afloop een kunstmatig geurtje op – houd je huid zuiver.

Steek een kaars met een warme geur aan

De geur van pompoentaart verhoogt de bloedstroom naar de penis van een man met 40 procent. Dit is wetenschappelijk bewezen door een onderzoek dat in Chicago werd uitgevoerd; de deelnemers werden gerekruteerd via spotjes op een 'radiozender voor klassieke rock'. Daar heb je al je eerste voorbehoud: pompoentaart verbetert de erecties van mannen die van klassieke rock houden. Elk aroma dat ze in dit onderzoek gebruikten – en ze probeerden dertig combinaties uit – verbeterde de erectie van de deelnemers zelfs in zekere mate, en niet een had het tegengestelde effect. Cranberry gaf een verbetering van 2 procent. De topscorer, pompoentaart in combinatie met lavendel, liet een verbetering van 40 procent zien, zoals gezegd. Maar de geur die op de tweede plaats kwam, met een toename van de bloedstroom van 31,5 procent, was donuts met drop. Mijn tweede voorbehoud is dat dit onderzoek uitsluitend bij Homer Simpson lijkt te zijn uitgevoerd.

De onderzoekers opperen dat de voedsel gerelateerde geuren om evolutionaire redenen van invloed zijn op de erectie van mannen: nadat onze voorouders terugkwamen van de jacht hadden ze meer kans op een vrijpartij. Of het kan samenhangen met de geestestoestand die nostalgie bij ons teweegbrengt: ontvankelijk voor ervaringen. De meest nostalgische geuren hangen vaak met voedsel samen. De genoemde geuren lijken cultureel nostalgisch te zijn voor Amerikanen, dus is het voor Britse mannen misschien de geur van rabarberkruimeltaart met slagroom. Ik kan slechts voor mezelf spreken.

We kunnen uit deze resultaten opmaken dat mannen psychologisch en emotioneel reageren op verleidelijke aroma's en hetzelfde kan van vrouwen worden gezegd. De belangrijkste eigenschappen van deze gebakken desserts zijn warmte, kruidigheid en zoetheid. Kaneel, nootmuskaat, vanille en anijs zijn stuk voor stuk hoofdingrediënten in de geuren-top drie van het onderzoek. Het aansteken van een zoet geurende kaars creëert op zich al een gevoel van warmte en de geur van deze voedsel gerelateerde ingrediënten helpt de zaak op gang te brengen – vooral als iemand een of twee of meer drankjes heeft gehad bij het diner.

Draag iets roods

Bij paringsrituelen in de natuur voeren veel soorten een soort dans uit waarbij de kleur rood een rol speelt, zoals pronken met die kleur op het verenkleed en ermee in de richting van de potentiële partner schudden. Mensen zijn niet anders en onderzoekers opperen dat rood de ingebouwde aanstichter is van wat zij 'voortplantings-relevant gedrag' noemen. Een onderzoek in New York toonde aan dat mannen tijdens een flirterig gesprek vrouwen intiemere vragen stellen en dichter bij hen zitten wanneer die vrouwen een rode blouse dragen dan wanneer ze iets groens of blauws dragen. Uit een ander onderzoek bleek dat vrouwen mannen op foto's aantrekkelijker vonden als ze iets roods droegen én als ze voor een rode achtergrond stonden.

Dit aangeboren verband verklaart misschien deels waarom Sting Roxanne verzekerde dat ze haar rode licht niet aan hoefde te doen. En de aantrekkingskracht van rode lipstick. Het gebruik van rood als symbool van seks, lust en passie door de eeuwen heen stamt in theorie van deze primitieve trigger.

Oranjerode verlichting

Hoewel het nogal voor de hand liggend lijkt en een beetje goedkoop, lijkt het negeren van Stings smeekbeden aan Roxanne en het wél aandoen van het rode licht zowel een evolutionair als sociaal aangeleerde stimulans te zijn. Rode verlichting kan echter ook te fel aanvoelen en past niet goed bij de andere zintuiglijke elementen; een warme, oranjerode kleur is een vriendelijker optie die ook wordt ondersteund door onderzoek. In 2016 voerde de hotelketen Travelodge een onderzoek uit onder 2000 Britse klanten, en vroeg hun naar de kleur van slaapkamermuren en seksueel gedrag. Uit de resultaten bleek dat mensen met karamelkleurige muren het vaakst seks hadden, gemiddeld 3,5 keer per week (het Britse nationale gemiddelde is ongeveer 2 keer per week). De onderzoekers denken dat dit komt door een aangeleerde associatie tussen de kleur en het genot van het eten van karamel of chocola, en de link tussen chocola en seks. Met een mooie amberkleurige gloed in de kamer kom je heel dicht in de buurt van een rijke karamelkleur en leg je ook een zintuiglijke link tussen de warme geur van vanille, nootmuskaat of pompoentaart en elk element dat de aanwezigheid van de ander nog fijner maakt en een intieme, sensuele sfeer creëert.

Gewelfde patronen en objecten

Mensen zien over het algemeen liever gewelfde, vloeiende lijnen dan rechte en hoekige vormen. Dit zal misschien bestreden worden door liefhebbers van modern design, maar het wordt niettemin bevestigd door onderzoeken naar de psychologie van de esthetiek – wat suggereert dat onze voorkeur voor welvende contouren biologisch is bepaald door onze natuurlijke affiniteit met de menselijke vorm. In 1947 opperde Robert H. Thouless, psycholoog van Cambridge, dat seksuele verlangens ten grondslag liggen aan onze esthetische waardering van welvingen omdat welvingen fundamenteel zijn voor het menselijk lichaam. Welvingen zijn ook aangenamer om naar te kijken vanwege de soepele manier waarop de ogen over een beeld of object glijden, in tegenstelling tot het abrupte staccatogevoel dat je bij rechte en onderbroken lijnen krijgt.

Zoals we door onze dag heen al heel vaak zagen, houden ronde vromen ook verband met de stoute-maar-fijne elementen van smaak: zoetheid, dikheid, volheid en genot. En wellicht vormt deze link met seksueel verlangen een onderdeel van dat cross-zintuiglijke effect. In de wereld van productontwerp en -verpakking zul je zien dat hoe aangenamer het product is, des te vloeiender de vormen zijn die zijn gebruikt voor de grafische vormgeving, belettering, logo's en verpakking. Wanneer ik de beeldtaal aanbeveel voor alles variërend van een chocolademerk tot de vibrator waaraan ik meewerkte, is het uitgangspunt van hun ontwerp altijd rondheid en zachtheid. Gewelfde vormen versterken en verhogen wezenlijk de ervaring van genot; ze zijn ook emotioneel en zintuiglijk warmer, wat hen verbindt met geur, verlichting en stemming.

Als je op dit moment van de avond een sprei, een deken om op de grond te liggen of objecten om je kamer mee te versieren uitkiest, ga dan voor ronde contouren in 3D-vormen en patronen met gewelfde en vloeiende lijnen. Dat creëert een aangenamere, rijke en decadente omgeving.

Muziek – de keuze van de dames

Wanneer je overweegt intiem te worden, is de keuze van de achtergrondmuziek puur persoonlijk, maar misschien wil je toch een paar ideeën horen. Professor Daniel Müllensiefen, een muziekpsycholoog aan Goldsmiths University in Londen, vroeg bij een onderzoek uit 2012 aan tweeduizend mannen en vrouwen welke muziek ze het liefst hoorden voor en tijdens seks. De favoriet bij de mannen was, niet erg fantasievol, 'Let's Get It On' van Marvin Gaye, terwijl bij de vrouwen de soundtrack van de film *Dirty Dancing* op één stond. Ook werd aangetoond dat mannen aanzienlijk meer moeite doen om muziek uit te kiezen die hun partner mooi zal vinden; ze passen hun eigen muzikale voorkeur drastisch aan om het de ander naar de zin te maken. Verrassend was dat zowel de mannen als de vrouwen in het onderzoek Queens 'Bohemian Rhapsody' als béter dan seks waardeerden – luister daar niet naar voordat je de slaapkamer in gaat, anders gaat het daarna alleen nog maar bergafwaarts, voor beide partijen.

Bij de analyse van de muzikale keuzes in het onderzoek bleek dat de muziek die mensen in de stemming brengt consequent de eigenschappen 'relaxed', 'teder', 'vredig', 'blij' en 'zacht' had.

Tijdens de seks

Met 'tijdens de seks' bedoel ik niet alleen de feitelijke geslachtsdaad, maar ook de langzame opbouw van nabijheid en intimiteit, vanaf nog voor de eerste aanraking, wanneer de opwinding toeneemt, de zintuigen gevoeliger worden en de lichtste aanraking of geluid al een rilling over je huid laat gaan. Het is nu de tijd om elk gevoel te onderzoeken en te genieten van een intieme en multizintuiglijke ervaring.

Concentreer je op je zintuigen

Wees in het moment. Onze geest kan zomaar afdwalen en sommige mensen kunnen de verleiding voelen om bij seksuele intimiteit weg te zweven in fantasieën. Maar uit onderzoek blijkt dat mentaal aanwezig zijn in het moment tijdens seksuele opwinding het genot dat je daarbij beleeft kan verhogen. Het hele concept van sensualiteit kenmerkt zich door de totale onderdompeling in de beleving van je zintuigen. Door je met gebruik van mindfulness-technieken op je zintuigen te concentreren, kun je jezelf in het moment houden. Hoe meer je verbonden bent met de aanraking, de geur, het geluid en de smaak van je partner, des te aanweziger zal je geest zijn.

Tast

Huid, en het voelen daarvan, is de meest seksueel opwindende textuur op psychologisch en emotioneel niveau. Bij het zachtjes strelen van elkaar komt oxytocine vrij, het 'knuffelhormoon', dat een rol speelt bij herhaaldelijke orgasmes en het genot daarvan, en bij het smeden van liefdesbanden. Ons oxytocineniveau piekt tijdens de eerste zes maanden van een relatie, maar het aanraken wordt meestal minder met het verstrijken van de tijd. In een gemiddelde relatie zijn de mannen in het eerste jaar het meest aanrakerig, en daarna nemen de vrouwen het over. De beroemde sekstherapeut Linda De Villers is een groot voorstander van wat zij 'niet doelgerichte sensuele aanraking' noemt. Ze raadt aan om een tijdje elkaars armen en rug te strelen en eraan te wennen zowel een gever als ontvanger van aanrakingen te zijn, om zo een dieper niveau van verbondenheid te creëren.

Streeloefeningen

Het materiaal dat onder onze huid voor seksuele prikkeling zorgt wanneer je iemand aanraakt of zelf aangeraakt wordt, is een kwestie van persoonlijke voorkeur. De Villers geeft een multitexturele oefening voor stelletjes waarmee je de texturen en gevoelens die je fijn vindt kunt testen. Ze stelt voor om tien verschillende voorwerpen van verschillend materiaal en temperatuur te verzamelen: bijvoorbeeld een want van bont, een satijnen lint, een ijsblokje, een nagelvijl, een zachte schilderskwast en een tandenborstel. Ga naakt liggen en sluit je ogen, en laat je partner (of jezelf) de zijkant van je lichaam strelen en merk op wat je fijn vindt en wat niet, waar je het fijn en welke de gevoelens je ervaart. Je ontdekt misschien een geheel nieuwe zintuiglijke ervaring die je prettig vindt. De Villers adviseert dit intussen allemaal op te schrijven, maar ik stel voor dat je je telefoon pakt en de voicerecorder aanzet. Dan hoef je niet te stoppen met waar je mee bezig bent om een nieuw gevoel neer te krabbelen, en je hebt ook een opname van de momenten waarop een textuur een golf van sensueel genot teweegbracht – een sexy geluid dat je kunt gebruiken om op een ander moment het verlangen te prikkelen...

Ademhaling en fluisteringen

Nu de zintuigen alert zijn en de intimiteit groeit, is er niets nabijers en persoonlijkers dan gedempte, hijgerige stemmen. Toen Serge Gainsbourg aan Brigitte Bardot vroeg om hijgerige seksgeluidjes te maken bij 'Je t'aime... moi non plus' werd het liedje verboden. Fluisteringen zijn ook intrinsiek emotioneel en wekken herinneringen op aan intimiteit, zorgzaamheid, aandacht en vertrouwen. Er bestaat online een immens populair en relatief nieuw gebruik, ASMR genaamd, of *autonomous sensory meridian response*. Dat verwijst naar het effect van zeer nabije, fijne geluiden en fluisteringen die bij de luisteraar een tintelend gevoel oproepen dat op het achterhoofd begint en via de ruggengraat door je lichaam gaat, wat een gevoel van euforische ontspanning geeft. De term werd in 2009 gemunt door Jennifer Allen nadat ze een gemeenschap van mensen had ontdekt die beweerden hetzelfde te ervaren, en er een wetenschappelijk klinkende naam voor nodig had. De laatste paar jaar liggen de effecten ervan onder een wetenschappelijke loep. Een onderzoek liet deelnemers video's kijken terwijl er fMRI-scans van hun hersenen werden gemaakt, en die toonden een reactie die vergelijkbaar is met het effect bij dieren wanneer die gepoetst worden. Er was activiteit te zien in de hersengebieden die samenhangen met sociale cognitie, zelfbewustzijn en sociaal gedrag. Ook in de prefrontale cortex was activiteit te zien, wat het vrijkomen van oxytocine suggereert – dit kan bijdragen aan het ontspannende effect.

ASMR is geen seksuele handeling, maar het euforische, tintelende effect is buitengewoon aangenaam een kan een extra niveau van zintuiglijke intimiteit toevoegen aan een toch al intiem moment tussen twee mensen. Stimulering van meer oxytocine aan het begin van een seksuele ervaring versterkt het gevoel van een romantische band – door zachtjes tegen elkaar te praten of te fluisteren stimuleer je misschien niet zozeer een autonome zintuiglijke reactie, maar de daad kan niettemin intiem en aandachtig zijn. Om in die sexy, intieme, persoonlijke sfeer te komen, kun je muziek met hijgerige stemmen en gefluister spelen, naast muziek waar ASMR-triggers in verwerkt zitten als extra stimulans voor het gevoel.

Muzikale 'huidorgasmes'

Muziek heeft meer eigenschappen die niet alleen kunnen bijdragen aan de fysieke, maar ook aan de emotionele beleving van de liefdesdaad. Zo is er bewezen dat een effect, dat soms 'huidorgasmes' wordt genoemd, wordt opgewekt door muzikale passages 'die botsen met onze verwachtingen'. Uit een onderzoek uit 1991 bleek dat ongeveer 80 procent van de proefpersonen rillingen over de ruggengraat ervoer bij het horen van muziek met plotselinge veranderingen in harmonie, onverwachte momenten of stukjes waar er een ongebruikelijke dissonant tussen twee elementen klonk. 38 procent van de ondervraagden verbonden het gevoel met seksuele opwinding. Andere onderzoeken toonden aan dat sommige proefpersonen verglijkbare gevoelens, zoals kippenvel of tintelingen door de armen, vergelijken met een seksuele ervaring. Zelfs wanneer je het gevoel niet op zichzelf als sexy beschouwt, zou het een fijne extra dimensie van gevoel zijn wanneer je midden in het liefdesspel zit.

Misschien ben je je zelf al eens bewust geweest van dit gevoel en weet je dat bepaalde liedjes of muziekstukken die sensatie bij jou opwekken. Het treedt weliswaar op wanneer er een onverwacht moment in de muziek zit, maar het werkt zelfs wanneer je weet dat iets er aankomt. Onderzoekers op dat gebied, zoals de psycholoog Psyche Loui van Wesleyan University, zeggen dat het effect sterker kan zijn wanneer je je ervan bewust bent, aangezien je geheugen dan een emotionele brug tussen de muziek en je gevoel heeft geslagen.

Stukken muziek die aantoonbaar huidorgasmes veroorzaken zijn Rachmaninovs tweede pianoconcert en 'Someone Like You' van Adele. Iedereen heeft ongetwijfeld zijn eigen favorieten, maar de aanwezigheid van onverwachte veranderingen blijkt een van de belangrijkste triggers te zijn. Maak een speellijst van muziek die dit gevoel opwekt en laat die op de achtergrond spelen zodat je huid gevoeliger is terwijl je je concentreert op de intimiteit van het moment.

Plankgas met geur

Mensen met een gevoeliger reukorgaan genieten doorgaans meer van seks en vrouwen met een beter-dan-gemiddelde neus blijken meer orgasmes te hebben. Een groep onderzoekers uit Dresden deed een onderzoek waarbij ze eerst de olfactorische vermogens van mensen onderzochten met de zogenoemde 'Sniffin' Sticks'-methode, waarbij de proefpersonen aan geurstrips roken om te zien tot op welk niveau ze geuren konden oppikken. Toen de gevoeligheid van hun neus eenmaal was vastgesteld, lieten de onderzoekers hun proefpersonen vragen over hun libido, seksuele verlangens en ervaringen beantwoorden. De resultaten lieten een direct verband zien tussen de mensen met een betere reuk en de mate waarin ze van seks zeiden te genieten.

Net zoals geur een onderliggende, primitieve invloed op onze aantrekkelijkheid voor anderen heeft, zo speelt die ook een enorm grote rol bij het bedrijven van de liefde. De onderzoekers van het

Dresden-project leggen uit hoe onze natuurlijke lichaamsgeuren, die we afgeven tijdens seks, een belangrijke factor in de ervaring zijn. Daarom hebben mensen met een verhoogde reukzin meer plezier op het moment dat een kamer zich vult met sexy geurtjes. Voor mensen die olfactorisch minder rijkelijk bedeeld zijn, geldt dat hoe meer je ruikt, hoe beter de seks is – dus de aromaknop opendraaien zal je reuk bij de seks betrekken en je er mee van laten genieten. De vraag is vervolgens: welke geuren moet je gebruiken? Wanneer we kijken naar de wereld van de aromatherapie, zijn er een paar mogelijkheden voor wat het beste kan werken:

Jasmijn werd in Azië eeuwenlang als afrodisiacum gebruikt en er is een diepgewortelde reden waarom het een goede optie is: het bevat een sterk geurende stof die indool heet. Dit is een enigszins onaangenaam ruikend ingrediënt dat in veel dingen aanwezig is, zoals chocola, poep en onze eigen huid. Indool komt rond je genitaliën vrij wanneer je zweet en door wrijving, dus vormt het in feite een belangrijk onderdeel van de 'geur van seks'. Een jasmijngeur in je kamer geeft je misschien net die extra stoot primitief, sexy aroma die je zou missen als je niet de meest gevoelige neus hebt.
Gember stimuleert de doorbloeding, wat meer zweet en feromonen kan betekenen. De Romeinen zwoeren erbij; mannen kauwden voorafgaand aan seks op rauwe gember. Het gaat ook goed samen met de oranjerode gloed van de verlichting.
Amber is eveneens een beproefd afrodisiacum en heeft een warme, houtachtige, masculiene geur. Onderzoekers in Indiana toonden aan dat vrouwen intensere seksuele fantasieën hadden wanneer ze een mannelijke geur roken. Van amber is ook bekend dat het de bloedsomloop bevordert waardoor je geprikkelder wordt, wat het vrijkomen van feromonen bevordert. De kleur ervan past ook bij het verlichtingselement van ons zintuiglijke voorschrift voor seks.
Vanille De geur van vanille wordt in verband gebracht met seksuele opwinding bij mannen en vrouwen en het werd eeuwenlang ge-

bruikt als afrodisiacum. In een boek uit de late negentiende eeuw, *King's American Dispensary* genaamd, wordt beweerd dat het 'de seksuele neigingen stimuleert' van mensen die dit bedwelmende aroma opsnuiven.

Sandelhout is ook zo'n mannelijke geur en een afrodisiacum dat werd gebruikt bij tantrische seksuele gebruiken omdat het je gevoeliger voor aanraking zou maken. In een onderzoek uit 2006, dat de fysieke reacties op Oost-Indisch sandelhout mat, bleek de etherische olie de hartslag en het 'huidgeleidingsniveau' van proefpersonen te verhogen, wat wellicht verklaart waarom het zo lang populair was.

Met al deze elementen op hun plaats moeten we nu het perfecte zintuiglijke voorschrift voor een heel fijne tijd hebben. Hier volgt een samenvatting van de feiten:

Een zintuiglijk voorschrift voor betere seks

- Kleur – Draag bij de opbouw wellicht iets roods.
- Verlichting – Draai de lampen op een warme, oranjerode gloed.
- Aroma – Warme, kruidige geuren helpen op veel niveaus. Zorg voor een sterk geurende kamer.
- Aanraking – Streel elkaars huid voor een dieper niveau van verbinding. Experimenteer met voorwerpen van verschillende textuur en temperatuur om nieuwe, aangename gevoelens te ontdekken.
- Muziek – Sensuele zang en ontroerende momenten waar je ruggengraat van gaat tintelen.
- Geluid – Fluister en praat zachtjes tegen elkaar voor intimiteit en een tintelende huid.
- Vorm – Gewelfde contouren en vloeiende vormen van voorwerpen, patronen en ontwerpen om je heen.
- Anders – Concentreer je op je zintuigen om in het moment te blijven.

Het nagenieten – klaar om opnieuw te beginnen

De dagen van de post-coïtale sigaret liggen ver achter ons. In het tijdperk van het rookverbod is het moeilijk voor te stellen dat iemand binnenshuis een rokertje opsteekt, laat staan in bed na het vrijen. En al post-coïtaal 'dampend' pluimen kunstmatig gezoete mist de lucht in blazen, geeft niet echt hetzelfde coole gevoel uit de films. Het idee achter een sigaret na seks was dat de rook je ontspant en mogelijk de 'refractaire periode' versnelt, de tijd die je lichaam nodig heeft om te herstellen na een orgasme. In werkelijkheid vermindert het innemen van nicotine het libido van een man met ongeveer 23 procent op de korte termijn, vlak na de sigaret – een peuk lijkt de feilloze manier om elke kans op nog een rondje uit te doven.

Als je klaar bent voor die avond, is de meeste activiteit in je hersenen na seks erop gericht je een goede nachtrust te bezorgen. Na je orgasme geeft je lichaam hormonen zoals prolactine, serotonine en nog meer oxycotine vrij, die je allemaal helpen om in slaap te vallen. Een onderzoek uit 2012 scande de hersenen van recent bevredigde individuen en liet zien dat de prefrontale cortex ook grotendeels in de slaapstand gaat, waardoor de hersenactiviteit afneemt. Dit alles leidt tot het feit dat je klaar bent om te gaan slapen, misschien afgezien van nog gauw even je tanden poetsen. Als dat het geval is, ga dan door naar het volgende hoofdstuk en kijk wat er zintuiglijk kan worden gedaan om je naar dromenland te helpen. Als je meer actie wil, lees dan verder. Er zijn bepaalde fundamentele fysieke obstakels om de draad weer op te pakken, waarvan leeftijd het belangrijkste is. Het is een welbekend feit dat de refractaire periode bij mannen langer duurt dan bij vrouwen. Voor een tiener kan die misschien een paar minuten duren; boven de vijftig kan dat meer dan twaalf uur zijn. Jeugd is verspild aan de jongeren.

Voor al die vijftig-plus mannen die nu vol vuur hun eigen seksuele prestaties verdedigen: dat hoeft inderdaad niet het geval te zijn bij u, meneer. Er spelen nog veel meer factoren dan leeftijd alleen mee. De toestand van je relatie, de gevoelens van seksuele aantrekkingskracht tussen jou en je partner, je gezondheid en je libido kunnen die wachtperiode allemaal drastisch verkorten. En een paar extra zintuiglijke toevoegingen kunnen ook helpen.

Verander de geur

Het hormoon prolactine dat het lichaam afscheidt na een orgasme speelt een grote rol bij het in slaap vallen, maar het stimuleert de hersenen ook om meer neuronen in het reukcentrum te produceren, wat onze reukzin versterkt. Geur is een krachtige stimulans voor seksueel genot, dus dit is een goed moment om je neus nog wat meer te prikkelen. De kamer zal al naar seks en je geurkaars ruiken, maar nu is het moment aangebroken om die geur voor iets nieuws in te ruilen, als tegenhanger voor het feit dat je gewend bent geraakt aan wat je eerder rook. Iets nieuws ruiken verfrist de zintuigen en brengt je meer in het moment. Wanneer je een paar minuten in elkaars armen hebt uitgerust, sta je op en steek je een aroma aan dat anders is dan wat je eerder had. De verandering van de geur wekt de zintuigen en verdiept de sensuele sfeer.

Chocola en slagroom

Als je na het eten nog niet voldaan bent of razende trek hebt na de seks, is dat een uitgelezen moment om sexy te doen met voedsel. Een van de problemen in ons lichaam is een gebrek aan het hormoon dopamine, dat jou seksueel opwindt, omdat andere hormonen in je lichaam het onderdrukken. Gelukkig kunnen een paar van de meest sexy etenswaren, zoals chocola, slagroom en aardbeien, je dopamineniveau verhogen.

Als je net een nieuwe relatie hebt, zullen jullie gevoelens voor elkaar nog verder aangewakkerd worden door iets zoets te eten. Wetenschappers aan Purdue University in Indiana toonden aan dat mensen die iets suikerachtigs dronken of aten mogelijke partners als aantrekkelijker beoordeelden en meer interesse hadden in een langdurige relatie met hen. Bij stellen die al langer met elkaar gingen, was echter geen sprake van grotere aantrekkingskracht. De onderzoekers schrijven dat effect toe aan wat zij 'metaforisch denken' noemen: je koppelt een zoete smaak aan prettige gevoelens bij iemand en projecteert die op die persoon. In een langere relatie zullen vertrouwdheid en ervaring de directe, kortstondige effecten van een zoete smaak overvleugelen.

De introductie van bevredigend voedsel in een vroege fase van een relatie is een uitstekend idee. Als je al heel lang bij elkaar bent, kun je nog steeds genieten van iets lekkers eten en zal de stoot dopamine die je krijgt nog steeds hetzelfde lust opwekkende, ontvankelijke effect hebben. Als je dit pad kiest, kun je tussen het vrijen door 'een Nigella doen' en naar de ijskast schieten in je kamerjas om terug te komen met een bord vol heerlijkheden om mee te spelen.

Zet je favoriete liedjes op

Luisteren naar vertrouwde muziek is ook een goede manier om het vrijkomen van dopamine in je hersenen te bevorderen. Een onderzoek van Canadese neurowetenschappers mat de hersenactiviteit terwijl proefpersonen naar muziek luisterden. Ze ontdekten twee fasen van dopamine-afgifte: bij de verwachting van wat komen gaat, en een tijdens de ervaring van het luisteren naar de muziek. Wanneer je luistert naar muziek die je kent en mooi vindt, krijg je een golf van dopamine als je meezingt en nog een kick terwijl je wacht op dat ene heel mooie stukje.

Wanneer jullie daar samen liggen te eten en te luisteren, spant alles samen om de vermoeidheid op te lossen en je libido te herstellen, dus jullie zijn klaar voor de Tweede Ronde. En wanneer jullie eindelijk klaar zijn, kun je beginnen met je zintuiglijke aanloop naar de slaap.

14

Slaap

EN ZO KOMEN WE AAN het einde van onze multizintuiglijke dag. Als je je strikt aan de voorschriften hebt gehouden, zou je nu moeten kunnen slapen als een roos. Als je wakker werd bij de dageraad en vogelgezang, ging sporten op het juiste tijdstip en minstens een paar uur in natuurlijk daglicht doorbracht, moet je circadiaans ritme perfect zijn afgestemd en zal de balans van je slaap opwekkende hormonen precies goed zijn. Het belang van slaap voor onze mentale en fysieke gezondheid kan niet worden onderschat – het is het fundament van het leven, net zo vitaal als water en voedsel. Zoals hoogleraar neurowetenschappen en psychologie Matthew Walker in zijn boek *Why We Sleep* schrijft: 'Er is geen weefsel in het lichaam en geen proces in het brein dat niet verkwikt door slaap, of niet aantoonbaar verslechtert als je te weinig slaapt.'

Toch is slaap een groot probleem in het moderne leven. Zo'n 30 procent van de volwassenen slaapt minder dan zes uur per nacht; vijftig jaar geleden was dat maar 3 procent. Zoals we vandaag in alle vroegte zagen, zijn onze circadiaanse ritmes tegenwoordig behoorlijk van slag, door veeleisende agenda's, kunstlicht, computerschermen en te weinig blootstelling aan natuur, en allerlei andere dingen die een goede nachtrust in de weg kunnen staan. We houden vast aan slechte gewoonten die onze lichaamsklok alleen maar verder in de war sturen, maar dit is het moment om daarmee op te houden. Als we hart hebben voor onszelf en onze zintuigen, moeten we goed slapen.

Dit hoofdstuk beweert niet een panacee voor de slechte slaper te zijn. Voor sommige mensen is het een probleem dat specialistische aandacht vereist. Er zijn echter bepaalde zintuiglijke mogelijkheden die een enorm positief effect hebben en er zijn ook een paar dingen die we moeten vermijden. De sleutel voor een betere nachtrust ligt in het ritueel of de routine die we voorafgaand aan het slapengaan uitvoeren. Vanaf zo'n twee tot drie uur van tevoren stoppen we ermee onze zintuigen met het verkeerd soort prikkels te bombarderen en gaan we ze bedachtzamer behandelen. Wikkel ze in een warme deken van multizintuiglijke zaligheid, zodat niet een element tegen het doel in werkt. Probeer onze natuurlijke processen, die ons in harmonie met de cyclus van dag en nacht houden, te kalmeren, te ontspannen, te vertragen en te verzachten, in plaats van ze tegen te werken.

Om dat te bereiken, telt het perfecte zintuiglijke voorschrift voor slaap af naar het moment waarop je je ogen sluit. Je hoeft alleen maar terug te werken vanaf de gewenste bedtijd en het zo nauwkeurig mogelijk te volgen. De eerste stap is iets wat we inmiddels allemaal weten, maar nog steeds niet doen.

Aftellen tot bedtijd

Nog twee tot drie uur te gaan: kijk niet meer op schermen en vermijd fel licht

De led-lampjes die de schermen van je smartphone, laptop en televisie verlichten zijn rijk aan het soort blauw licht waarvan bekend is dat het de lichamelijke productie onderdrukt van melatonine, het slaapverwekkende hormoon dat essentieel is voor een goede nachtrust. Volgens de beroemde slaapwetenschapper Charles Czeisler van Harvard Medical School kan het staren naar led-schermen vlak voor het slapengaan weleens het meest slaapverstorende element van onze avondroutine zijn. We moeten minstens twee uur voor het slapengaan ophouden met naar schermen te kijken, en liefst zelfs drie. Televisies zijn minder slecht omdat we er verder vandaan zitten; het zijn telefoons, tablets en computers die de grootste slaapkillers zijn.

We evolueerden om te slapen en te waken met de natuurlijke cycli van dag en nacht, maar kunstlicht betekent dat we dat niet meer hoeven te doen. Later opblijven met kunstlicht is verstorend voor ons circadiaans ritme, maar het is de aanwezigheid van fel blauw-wit licht dat het meest funest is voor onze slaap. We zijn evolutionair bepaald om wakker te worden bij dat felle, blauw getinte licht: het blauwe licht van de dageraad wordt in cockpits van vliegtuigen gebruikt om de vermoeidheid van piloten tegen te gaan, en om een of andere reden bootsen veel badkamerspiegelspotjes het ook vrijwel perfect na. Maar het laatste wat je voor je neus wilt hebben wanneer je voor het slapengaan je tanden poetst, is fel blauw-wit licht. De felle spotjes die je tegenwoordig in veel huizen ziet zijn al niet veel beter. We kunnen de boel niet elke avond totaal verduisteren, maar het vermijden van felle verlichting kan het fase verschuivende effect dat nachtverlichting op onze lichaamsklok heeft, verminderen.

Een onderzoek uit 2013 van de School of Medicine van de University of Alabama bekeek of je ADHD-gerelateerde slapeloosheid kon behandelen door de hoeveelheid blauw licht die proefpersonen tijdens de avond zagen, te onderdrukken. Een groep volwassen patiënten kreeg elke avond tussen 20.30 en 23.00 uur een blauw licht blokkerende bril. De kwaliteit van hun slaap verbeterde naar verscheidene fysiologische maatstaven en ze gaven allemaal aan dat ze zich in de aanloop naar de bedtijd minder nerveus voelden.

Nog twee uur te gaan: dim de verlichting naar een oranje gloed

Een geheim om ons lichaam weer in de pas te laten lopen is fel licht 's ochtends en gedimd licht 's avonds. Zoals je je misschien herinnert uit hoofdstuk 1, is licht de krachtigste zeitgeber, of 'tijdgever', en kan het strategisch worden ingezet om onze natuurlijke ritmes weer op orde te krijgen. Onderzoekers van het Lighting Research Center in Troy, New York, testten een behandeling met licht waarbij een groep mensen twee uur aan fel licht werd blootgesteld in de ochtend en drie uur aan oranje gekleurd licht in de avond, terwijl een andere groep de omgekeerde behandeling kreeg. Na een week had de eerste groep zijn 'circadiaanse *entrainment*' ongeveer twee uur naar voren geschoven, wat inhield dat ze twee uur eerder aan hun bed toe waren dan daarvoor. De andere groep had hun lichaamsklok ongeveer een uur teruggezet, waardoor ze nog verder uit de pas liepen.

Wanneer je ons ochtendritueel volgt, krijg je een stoot licht als onderdeel van je ontwaken, en heb je hopelijk voldoende helder daglicht tijdens de dag gehad. Probeer in de aanloop naar bed de lichten te dimmen en ze zo mogelijk een oranje kleur te geven. De verlichting in je slaapkamer zou al fijn en gedempt moeten zijn, maar als je een kleurschakelaar-dimmer hebt, draai je de opwindende rode tint van de liefdessessie weg en ga je over op een zachter oranje. Gebruik anders warme peertjes en gedempt lamplicht.

Nog drie kwartier te gaan: ontspannende muziek

Een van mijn eerste opdrachten was het componeren van muziek en het creëren van soundscapes voor begeleide slaapmeditaties. Het streven naar de ultieme slaapverwekkende muziek werd een artistieke onderneming, waarbij ik in de muziek het juiste niveau van melodie, akkoordwisselingen en algemene dynamiek zocht om tot de perfecte begeleiding voor een vredige slaap te komen. Ik zat urenlang te schrijven aan lange, trage, uitgerekte stukken muziek en vroeg vervolgens vrienden om ermee te slapen. De slaapmeditaties die we creëerden deden het heel goed en we ontvingen vrachtladingen positieve feedback van luisteraars uit heel de wereld.

Een achtergrondgeluid bij het inslapen en tijdens de nacht kan heel goed helpen, vooral wanneer dat extern geluid van verkeer of natuur buiten je raam is. Slaapgeluidmachines raken steeds meer in trek, maar muziek heeft in de aanloop naar de slaap het gunstigste effect. Bij een onderzoek uit Taiwan bleek dat de slaapkwaliteit van senioren verbeterde door het luisteren naar zachte en langzame muziek. Een groep proefpersonen tussen de 60 en 83 jaar oud kreeg een selectie van ontspannende muziek en moest daar elke avond voor het slapengaan drie kwartier naar luisteren. Ze ervoeren stuk voor stuk een betere slaap, voelden zich sneller slaperig en sliepen langer. In Hongarije werd een vergelijkbaar onderzoek uitgevoerd onder universiteitsstudenten, die drie kwartier voor het slapengaan naar ontspannende klassieke muziek, een audioboek of stilte moesten luisteren. De mensen in de klassieke muziekgroep sliepen aanzienlijk beter en vertoonden lagere niveaus van stress en depressie, maar er was geen verschil tussen de audioboek- en de stiltegroep. Luisteren naar een audioboek is dus niet schadelijk voor de slaap, maar ook niet gunstig. Ontspannende muziek moet je hebben.

De muziek die je opzet tijdens de aanloop naar het slapengaan hoeft niet het soort slaapverwekkende, ambient composities te zijn die ik ooit maakte. Breid uit naar wat ambient techno als dat je ding is, maar zet anders wat kalme, zachte en aangename muziek op terwijl je door de laatste fasen van de avond gaat.

Nog een half uur te gaan: lavendel en kamille

De klassieke aromatherapie voor slaap toont een positief effect in klinische trials. Patiënten in een ziekenhuiszaal die aan slapeloosheid leden, kregen een mengsel van kamille en lavendel, wat een afname van 64 procent in de behoefte aan andere vormen van verdoving te zien gaf. Uit onderzoek bleek dat mensen die vlak voor het slapengaan lavendelolie roken dieper sliepen en meer van de heilzame 'trage-golfslaap' hadden. Ze gaven ook aan dat ze zich de volgende ochtend energieker voelden, wat de onderzoekers toeschreven aan hun betere nachtrust. Wat echter interessant was, was dat mannen en vrouwen verschillend leken te reageren. Iedereen sliep beter nadat er lavendel hun kant op was gewapperd, maar de vrouwen kregen er minder rem- er meer lichte slaap door, terwijl de mannen meer rem- en minder lichte slaap kregen.

In beide onderzoeken kregen de proefpersonen het aroma voor het slapengaan te ruiken, en niet op het moment dat ze in slaap vielen; probeer dus een lavendel- en kamillegeur in je ritueel voor het naar bed gaan te verwerken. Breng bijvoorbeeld een vleugje op je huid of beddengoed aan, zodat het aanwezig is terwijl je je klaarmaakt voor je bed. Of aromatiseer de kamer die je kiest als omgeving voor je laatste rustgevende activiteit voor het slapengaan met een geurkaars, een spuitbus of etherische olie.

Nog twintig minuten te gaan: rustgevende activiteiten

Naast de zintuiglijke prikkels in je omgeving is het de moeite waard stil te staan bij een paar aanbevolen rituelen voor het slapengaan die volgens slaaptherapeuten je geest tot rust brengen, je onrust doen afnemen en je doezelig maken zonder ongewenste hormonen of hersenactiviteit te stimuleren die al je goede werk weer tenietdoen. Aangezien je op dit moment geen tv kijkt en je telefoon allang hebt weggelegd, moet je iets anders doen. Met een paar ontspannende deuntjes op de achtergrond, de verlichting gedimd en een rustgevende geur in de lucht, kun je kiezen voor ten minste één van deze bezigheden voor het slapengaan:

Lezen Slechts zes minuten lezen kan je stress- en onrustniveau al met maximaal 68 procent verminderen, volgens onderzoek van wetenschappers aan Sussex University. Het onderzoek begon met het verhogen van het stressniveau van een groep proefpersonen met een reeks tests en oefeningen, waarna hun werd gevraagd om ofwel een kop thee te drinken, te gaan wandelen, naar muziek te luisteren of een boek te lezen. Lezen was de effectiefste onderneming en duurde slechts zo'n zes minuten voor het effect ervan optrad. Muziek was een goede tweede, met 61 procent vermindering van het stressniveau. Het onderzoeksteam, dat werd geleid door neuropsycholoog David Lewis, denkt dat lezen de geest afleidt van gevoelens en gedachten die onrust kunnen veroorzaken. Het vermindert ook spanning en vertraagt onze ademhaling en hartslag, maar zorg wel dat je een papieren boek leest en niet vanaf een led-scherm.

Maak een lijstje Een paar minuten in een dagboek schrijven voor het slapengaan is lang gezien als een nuttige bezigheid; door je gedachten op papier te zetten haal je ze uit je hoofd en kunnen ze je 's nachts niet wakker houden. Een recent onderzoek van psychologen in Texas en Atlanta probeerde het beste soort schrijven voor het slapengaan te achterhalen: de volgende dag plannen met een to-do-lijstje, of een verslag van de afgelopen dag. Vijftig mensen kregen een taak van vijf minuten die ze tijdens de aanloop naar de slaap moesten uitvoeren: een 'to-do-' of een 'gedaan'-lijstje maken. Mensen die een to-do-lijstje schreven, vielen eerder in slaap dan mensen die een 'gedaan'-lijstje maakten, en hoe gedetailleerder de to-do-lijstjes, des te sneller vielen de makers ervan in slaap. Het plannen van taken en doelen voor de komende dag of week is een krachtige therapeutische daad die onrust en zorgen verlicht en je geest tot rust laat komen.

Neem een bad Behalve dat baden op zichzelf al ontspannend is, is er een fysiologische reden waarom een bad je helpt te slapen. Een warm bad koelt je huid, al druist dat tegen je gevoel in, en het leidt daarna tot langere en betere perioden van diepe slaap. Onze kerntemperatuur daalt 's nachts, in overeenstemming met het circadiaans ritme, en geeft aan wanneer ons lichaam klaar is om te rusten. Na een bad is onze bloedstroom dichter bij de huid en straalt de warmte ervan de lucht in, waardoor onze kerntemperatuur daalt. We hoeven alleen maar zo'n tien minuten in een warm bad te gaan liggen om het punt te bereiken waarop dit gebeurt. Een wetenschappelijk advies zou je aanraden om ongeveer negentig minuten voor je bedtijd in bad te gaan, maar op enig moment snel even weken is ook goed. Het biedt ook de mogelijkheid om naar ontspannende muziek te luisteren en te genieten met een paar druppels etherische olie.

Mediteer Uit een aantal onderzoeken bleek hoe gunstig een paar minuten meditatie voor de slaap kan zijn. Een onderzoek uit 1970 toonde aan dat chronisch slechte slapers die voor het slapengaan transcendente meditatie beoefenden, eindelijk in slaap vielen, en dat het effect op de lange termijn aanhield. In een trial van zes weken in Los Angeles van een paar jaar geleden deed een groep volwassen slechte slapers mindfulness-oefeningen in de aanloop naar het slapengaan. Ze vertoonden allemaal aanzienlijk lagere niveaus van angst, depressie en stress en rustten langer en beter dan daarvoor. Bij mindfulness-meditatie concentreer je je op je ademhaling en breng je je geest in het heden, je laat gedachten en emoties voorbijgaan zonder je druk te maken en je bant de drukte van gedachten en gevoelens uit. Het is een van de vele methoden om de 'ontspanningsreactie' op te wekken, waarbij ons lichaam een diepe fysiologische verschuiving naar een kalmere toestand ondergaat. Met vijf of tien minuten mindful ademhalen zal de nacht soepeler verlopen en voel je je 's ochtends beter uitgerust.

Een glas warme melk Melk bevat een slaapverwekkend aminozuur, tryptofaan genaamd. Eenmaal in je lichaam wordt het omgezet in serotonine en melatonine, 'het slaaphormoon'. Een goed tryptofaangehalte in je lichaam is belangrijk, niet alleen voor slaap – uit onderzoek blijkt dat het tryptofaangehalte van mensen die lijden onder stress en angst vaak lager is dan normaal. Wanneer we dat gehalte in ons lichaam aanvullen, treedt er bijna meteen een gevoel van kalmte en een vermindering van de stress op, dankzij zijn rol in de serotonineproductie. Het is aanwezig in eiwitrijk voedsel zoals eieren, kip, vis, sommige zaden en ontbijtgranen. Een onderzoek zette een groep volwassenen met slaapstoornissen op een dieet van tryptofaanrijke granen voor het ontbijt en avondeten. De kwaliteit van hun slaap verbeterde: ze sliepen langer, scharrelden 's nachts minder rond en voelden zich 's ochtends minder groggy.

Je hoeft je stoot tryptofaan natuurlijk niet van een glas melk te krijgen. Je kunt ook voortdurend voedsel dat rijk is aan tryptofaan eten, maar het idee achter het klassieke drankje voor het slapengaan heeft in feite een wetenschappelijke onderbouwing, naast dat het je verwarmt en een prettig gevoel geeft. Andere slaapdrankjes die slaaptherapeuten aanraden zijn onder meer kamillethee en bananenthee, die je maakt door een halve banaan met schil tien minuten te koken in een pan met water en dan honing toe te voegen. Zowel banaan als honing bevat tryptofaan en helpt bij de melatonineproductie. Een warm drankje is op zichzelf geen activiteit voor het slapengaan, maar het is een goede begeleider van lezen of lijstjes maken.

Nog vijf minuten te gaan: temperatuur

De temperatuur van je slaapkamer speelt een belangrijke rol in hoe je zult slapen. Zoals gezegd daalt je lichaamstemperatuur 's nachts van nature, dus zal een te warme kamer dit tegenwerken, wat tot een verstoorde slaap leidt. De perfecte kamertemperatuur voor slaap ligt tussen de 16 en 19 graden Celsius, is de consensus. Dat lijkt voor sommige mensen misschien wat kil, maar op dat niveau behoudt je lichaam zijn optimale kerntemperatuur, waardoor je nachtrust effectiever wordt en je beter herstelt. Stel vlak voor je gaat slapen de thermostaat (als je die kunt regelen) in op de optimale temperatuur.

En slaap...

Sluit je ogen en glijd weg. Als je overdag alles hebt gedaan wat moest en een goed slaapritueel hebt gevolgd, zou je in een mum van tijd onder zeil moeten zijn. Onthoud dat de kracht van een goed ritueel erin schuilt dat je het zo regelmatig mogelijk doet voor het beste effect. En zo vaak mogelijk rond dezelfde tijd naar bed gaan, is een van de belangrijkste factoren.

Een zintuiglijk voorschrift voor een betere nachtrust

- Met nog twee tot drie uur te gaan: Stop met op schermen kijken. Zet al het felle blauwwitte licht uit.
- Nog twee uur te gaan: Dim de lichten. Warme oranje gloed.
- Nog anderhalf uur te gaan: Als je zin hebt in een lang bad, is dit het aangewezen moment.
- Nog drie kwartier te gaan: Zet zachte, rustige, ontspannende muziek op.
- Nog een half uur te gaan: Lavendel- en kamille-aroma, op je huid, in een kamer of in bad.
- Nog twintig minuten te gaan: Een rustgevende activiteit. Lezen, schrijven, mediteren, een snel bad, vergezeld van een warm drankje.
- Nog vijf minuten te gaan: Zorg dat de nachttemperatuur niet te warm zal zijn. 16–19 graden Celsius is het perfecte bereik.
- Sluit je ogen…

Terwijl je slaapt

Maar dat is niet alles – en zijn ook een paar zintuiglijke elementen die aanwezig kunnen zijn *terwijl* je slaapt en die zelfs een gunstig effect hebben zonder dat je je daar op dat moment van bewust bent.

Ruis en golven

Veel mensen hebben een slaapgeluidenmachine op hun nachtkastje staan om hen door de nacht te helpen. Die laat verscheidene geluiden horen die 'ruis' bevatten: een keur aan sonische frequenties die samen als een slecht afgestemde radio klinken. Het geluid is soms ook een opname van de oceaan, die vergelijkbaar klinkt maar dan met kabbelende golven. Het gebruik van deze machines bleek een gunstig effect te hebben in ziekenhuiszalen. Een onderzoek uit Teheran mat de slaapkwaliteit van ic-patiënten voor en na de introductie van een ruismachine en stelde vast dat de slaapkwaliteit verbeterde.

Een ziekenhuiszaal in Huntsville, Alabama, liet oceaangeluiden horen en zag grote verbeteringen in de kwaliteit van de slaap van hun patiënten. Onderzoekers van een slaaplaboratorium van Brown University lieten tijdens een nacht een opname horen van een ic-afdeling, met rinkelende telefoons, gesprekjes en zo nu en dan activiteit, en speelden diezelfde opname de volgende nacht weer af, maar nu met toegevoegde ruis. Mensen sliepen veel beter toen de ruis de opname van ziekenzaal maskeerde.

Het zijn de onverwachte geluiden die onze slaap verstoren of ons wakker maken, veel meer dan het algemene volume van onze omgeving. Wanneer een constante deken van geluid de plotselinge pieken van lawaai in de nacht bedekt, slapen we beter. Als je last hebt van politiesirenes, dierengeluiden of de huilbaby van de buren, kun je dus proberen om – tegen je gevoel in – het geluidsniveau in je slaapkamer te verhogen. Een opname van ruis of kabbelende golven die uit de speakers naast je bed klinkt, zal die andere geluiden effectief overstemmen; onze oren passen zich aan en stellen een nieuw 'basisniveau' van geluid in dat op de achtergrond klinkt terwijl we slapen.

We kunnen ons afvragen wat voor effect de zintuiglijke omgeving nog steeds op ons kan uitoefenen tijdens onze rustgevende sluimeringen. We verbeteren ons wakende leven door multizintuiglijker te zijn, maar kunnen we dat ook doen tijdens onze slaap? Het antwoord is ja. Ten eerste kun je wat lol beleven door je dromen zintuiglijk te sturen. En ten tweede kan de slaap een periode zijn waarin je voortbouwt op de zintuiglijke voorschriften van je dag.

Zintuiglijke dromen

Wanneer we het hebben over de invloed van geluid op dromen, is professor Richard Wiseman, bedenker van de app Dream:ON, dé man bij wie we moeten zijn. Wanneer je smartphone naast je ligt tijdens je slaap, zoekt de app uit wanneer je droomt en stelt dan een soundscape naar keuze in werking, zoals een tropisch strand, een stad of een bos. Wisemans team vraagt gebruikers een droomdagboek bij te houden; ze analyseerden in twee jaar meer dan dertien miljoen droomverslagen, met fascinerende resultaten. Het bleek dat onze dromen volkomen worden beïnvloed door waar we naar luisteren. Wanneer je luistert naar een opname van natuur, komen er in je dromen groen, bomen en bloemen voor. En je droomt over de zon wanneer je het geluid van een strand of zelfs een 'pool party' hoort. Dromen die vergezeld gaan van een natuurlijke soundscape zijn vaak vrediger, terwijl stadsgeluiden tot meer bizarre dromen leiden.

Hetzelfde effect is aangetoond bij geuren. In 1988 testte een pilotstudie een keur aan geurtjes op mensen terwijl ze in remslaap waren, om hen vervolgens te wekken en te kijken of de geur zich een weg naar hun onderbewustzijn had gewurmd. Het succespercentage lag rond de twintig. Een deelnemer, die tijdens zijn slaap citroengeur toegewapperd had gekregen, vertelde dat hij in het Golden Gate Park in San Francisco de geur van bloemen rook, maar dat ze naar citroen roken – het aroma was zeker op enig niveau de dromen van de slaper binnengedrongen. Een later onderzoek probeerde het emotionele effect van aangename of onaangename geuren vast te stellen; zou een onaangename geur tot een nare droom leiden en een aangename tot een fijne? De resultaten lieten een aanzienlijk effect zien. De onderzoekers stelden proefpersonen bloot aan de geur van rozen of rotte eieren en degenen die rozen roken hadden emotioneel positievere dromen.

Hetzelfde team probeerde later de proefpersonen zo te prepareren dat ze de geuren met bepaalde locaties in verband brachten. Sommigen keken naar plaatjes van het platteland, begeleid door de geur van rozen of rotte eieren, terwijl anderen plaatjes van een stad te zien kregen en tegelijkertijd de twee geuren roken. Toen de deelnemers eenmaal sliepen en droomden, werden de geuren verspreid; de meeste dromen hadden een bucolische setting, terwijl niemand van de stad droomde.

Als we dat alles samenvoegen, kun je jezelf prepareren voor een locatie die je sterk associeert met een geluid of een geur – een zomerweide en vers gemaaid gras, of het strand en zonnebrandcrème. Je zou ook naar een afbeelding kunnen kijken voor je gaat slapen, met daarbij de geur en het geluid, of je kunt een zintuiglijke sfeer van geluid en geur kweken die bij het thema van het boek dat je aan het lezen bent past, zoals we eerder met films en tv-programma's deden. Als je dan slaapt en de twee zintuiglijke prikkels komen vrij, zou je naar die setting getransporteerd moeten worden. Ik weet zeker dat dit technisch mogelijk is, misschien met een geurverstuiver op een tijdklok en een geluidseffecten-app zoals Dream:ON. Professor Wiseman denkt dat de laatste droom die je voor het ontwaken hebt van invloed kan zijn op je emotionele toestand en gedrag daarna; met een zintuiglijke droommachine zou je jezelf kunnen prepareren voor een goed begin van de dag.

Slaapconditionering

Een groep van Harvard Business School bestudeerde wat zij de 'taakreactivering' tijdens de slaap noemen. Het is mogelijk om voort te bouwen op de natuurlijke processen in het brein tijdens de slaap door de introductie van een zintuiglijke prikkel die tijdens de dag aanwezig was, toen je andere dingen deed. Het Harvardteam bewees in samenwerking met Nederlandse onderzoekers dat je met de toepassing van dit idee creatief denken konden bevorderen. Proefpersonen kregen voor ze naar bed gingen een video over een goed doel te zien, met een opdracht: zodra ze de volgende dag wakker werden, moesten ze nieuwe ideeën aandragen voor hoe dat goede doel vrijwilligers kon werven. Een groep bekeek de film en dacht na over ideeën met de geur van sinaasappel en vanille in de lucht. Gedurende de nacht, toen ze sliepen, werden dezelfde geuren naar binnen geblazen. De volgende dag toonden de deelnemers een aanzienlijke verbetering in hun creatieve denken en bedachten ze meer ideeën dan andere controlegroepen in het onderzoek. In een vergelijkbaar experiment in Duitsland deden deelnemers geheugentesten met een geur in de kamer voor ze gingen slapen, en werden vervolgens tijdens hun slaap aan dezelfde geur blootgesteld. Toen ze de testen de volgende morgen herhaalden, was hun score enorm verbeterd.

Deze resultaten klinken ons als muziek in de multizintuiglijke oren, en vormen de culminatie van de oefeningen van vandaag – want als we dit idee van 'taakreactivering' toepassen, kunnen we in principe voortbouwen op de effectiviteit van de zintuiglijke voorschriften. We vormen al herinneringen en associaties en koppelen geluiden en geuren aan bepaalde taken; als we die elementen 's nachts laten terugkomen, kan dat het brein helpen de informatie te verwerken en ons conditioneren om ons ernaar te gedragen wanneer we die de volgende dag horen en ruiken. Stel dat we overdag nauwkeurig kantoorwerk doen met de geur van kaneel en het geroezemoes van een café om ons heen, en dat 's nachts, terwijl we slapen, die geur en dat geluid ook weer aanwezig zijn. Ons verwerkingsvermogen krijgt dan in de nacht een enorme boost en wanneer we de volgende dag achter ons bureau omgeven worden door een vleugje kaneel en bedrijvigheid, zijn we geconditioneerd om geconcentreerd en productief te zijn. Dit kan worden toegepast op veel dingen die we vandaag meemaakten: denk creatief met boetseerklei, bedrijf de liefde met jasmijngeur of proef zoete smaken met tingelende klokjes. Je zou in feite alles kunnen verbeteren wat je maar wilt, en een nachtelijk trainingsprogramma kunnen opzetten om verbanden te versterken.

Op deze manier komt er nooit een einde aan de multizintuiglijke dag. Hoe meer we deze zintuiglijke benadering van het leven toepassen, des te sterker vormen zich herinneringen en ontstaan er des te meer diepgewortelde associaties. We beginnen onszelf opnieuw te bedraden op een multizintuiglijke manier en gebruiken de wetenschap van de zintuigen om onze dagelijkse prestaties te veranderen en meer plezier te beleven aan de mooie dingen van het leven.

Dankwoord

EEN SPECIAAL WOORD VAN DANK aan jou, Jo, omdat je altijd in mij gelooft. En aan al mijn vrienden en collega's op Sensory Experiences (voorheen Condiment Junkie), met name Lindsey, Ioana en Lou.

Het verzamelen van deze kennis was voor mij een prachtige ontdekkingsreis die in zekere zin jaren geleden begon in de Experimental Kitchen van The Fat Duck – toen ik daar gewapend met een vracht aan ideeën verscheen en Jocky Petrie, Stefan Cosser en ik voor het eerst met geluid en voedsel begonnen te experimenteren. Samen togen we met ons pas ontdekte enthousiasme naar de vreemde onderwereld van het Crossmodal Research Laboratory van Oxford University, waar professor Charles Spence en zijn team bizarre testopstellingen met afgedankte computers en geurmachines in de stijl van Heath Robinson maakten en deze wondere wereld van zintuiglijke synthese ontdekten en toegankelijk maakten. Na de publicatie van een paar artikelen met dat team breidde ik mijn terrein uit van geluid en smaak naar textuur, kleur, geur en noem maar op, en nam ik ideeën mee terug naar Oxford en de geheiligde zalen van het Centre for the Study of the Senses in Londen, waar professor Barry Smith zijn tijd verdeelt tussen het peilen van de extremiteiten van het brein en onderzoek naar die vreemde overlap van onze zintuigen.

Terwijl ik deze wereld ontdekte, wilde ik meer te weten komen. En met hulp van een aantal dappere, ruimdenkende individuen op machtige posities bij een paar van de grootste merken ter wereld, kreeg ik een kans om wetenschappelijk onderzoek en artistieke nieuwsgierigheid samen te brengen en mij over te geven aan mijn honger naar vernieuwing en informatie. Ik bof dat ik werd betaald om te experimenteren en te leren en zelfs dingen te maken met mijn ontdekkingen: het opzetten van reusachtige, spectaculaire evenementen die de zinnen prikkelen, of samenwerken met briljante wetenschappers om tot de fijnste nuances van vorm, textuur of geluid te komen die een reactie teweeg kunnen brengen en de ervaring van een drankje, shampoo of auto kunnen veranderen. En al die mensen met wie ik in de loop van de tijd heb samengewerkt wil ik bedanken voor de mogelijkheden; ik verheug me op meer gezamenlijke zintuiglijke ervaringen.

Ergens in 2019 ontstond het idee om een boek te schrijven waarin ik mijn kennis en ervaring zou toepassen op het dagelijks leven. Ik speelde altijd al met het idee te gaan schrijven en vond dat de tijd rijp was om het te proberen. Heel veel dank aan mijn agent Jon Wood om het er met mij op te wagen en om het potentieel voor een boek te herkennen in mijn eerste chaotische gekrabbel – en vervolgens vrijwel het hele format en de structuur ervoor te bedenken. Dank je, Jon. Ook veel dank aan Wayne Davies om de sprong in het diepe te wagen en mij in jullie mooie uitgeversstal op te nemen. Ik hoop dat het uiteindelijk de moeite waard blijkt te zijn.

Ik geloof met heel mijn hart in een multizintuiglijker leven. De verbondenheid met onze zintuigen en onze omgeving kan ons hele leven rijker maken. Als dit boek ook maar een paar mensen helpt meer uit hun leven te halen, dan heeft het zijn doel gediend en ben ik blij.